国家社科基金一般项目

残疾青少年体育纠纷解决机制研究

黄世昌◎著

湘潭大学出版社
XIANGTAN UNIVERSITY PRESS

序

自《中华人民共和国体育法》（以下简称《体育法》）修订工作正式启动以来，世昌教授多次受邀参与研讨与论证，积极建言献策，许多真知灼见尤其是关于体育纠纷解决的建议被政府采纳，这是对世昌教授多年潜心科研工作的最好褒奖。在参与《体育法》修订的同时，世昌教授的研究触角慢慢延伸到残疾青少年这一重要群体，开始关注残疾青少年的体育纠纷现象，并不断将所思所想诉诸理性思考，功不唐捐，最终结出《残疾青少年体育纠纷解决机制研究》这一硕果。

众所周知，残疾青少年参与体育活动，是青少年体育的重要组成，目的是通过体育运动使残疾青少年积极回归和融入主流社会，使残疾人参与“共享全面小康硕果、共绘美好生活新篇”的愿景成为现实。2006 年，由联合国大会通过的《残疾人权利公约》非常强调残疾人的融合体育。中国是《残疾人权利公约》的第一批签署国和批准国，该公约对我国具有法律约束力。中国政府高度重视残疾青少年体育权益的保障，注重“完善和发展保障残疾人健康权、生存权和发展权的制度”。2021 年，国务院印发的《“十四五”残疾人保障和发展规划》，明确提出推动残疾人体育全面发展，不断提高竞技水平，实施残疾人康复健身体育行动，提高残疾人事业法治化水平，健全残疾人权益保障法律法规体系。因此，加强残疾人体育法治建设，能使残疾青少年体育权利在有法可依的环境中得到更好的保障，使其从应有权利升华到实有权利。

然而，残疾青少年与学校、体育俱乐部和体育协会等体育活动管理各方，因其复杂的社会关系，矛盾在所难免，体育纠纷呈逐渐上升趋势。残疾青少年体育纠纷相关问题已成为国际国内体育界和法律界共同关注的焦点。目前，我国残疾青少年体育纠纷解决机制尚存在诸多不足之处，这不利于残疾青少年体育乃至整个残疾人体育事业的发展。因此，全面、综合、系统地研究残疾青少年体育纠纷的概念、特征、分类和相应解决方式，以及多元化解决机制的完善等实属必要。世昌教授的《残疾青少年体育纠纷解决机制研究》从体育法和国际法的视角，对残疾青少年体育纠纷解决机制进行了全方位的研究，形成了一套切实可行的理论模式，对化解体育纠纷、保障残疾青少年体育权益具有重要的理论意义和实践价值。

在国内外促进残疾人权利平等的背景下，开展残疾青少年体育纠纷解决机制研究，保障残疾青少年的合法体育权益，是推动我国残疾人体育事业健康、持续发展的重要保证。目前，国内关于残疾青少年体育纠纷解决机制的研究较为薄弱，尚处于介绍国外成果和提出问题阶段，相关研究成果主要集中于残疾青少年体育教育、体育活动参与和体育权利保障等方面，且大多从体育学、社会学的角度进行探讨。而国外研究主要聚焦于主流体育竞赛中残疾青少年参赛资格纠纷的解决，且多采用诉讼途径。关于残疾青少年运动员参加主流体育竞赛和残疾人体育竞赛的各类纠纷，以及参与康复健身体育相关纠纷的解决，对诉讼解决机制和非诉讼解决机制的理论和实证研究较少。

作为本书最早的阅读者，我有幸早于读者先睹为快。在书中，作者运用体育学、法学、教育学和社会学等多学科理论和方法，系统分析残疾青少年体育纠纷理论基础，阐述和比较研究域外残疾青少年体育纠纷解决机制的理论与实践，分析我国残疾青少年体育纠纷解决方式存在的问题并提出建立多元化解决机制的建议。具体来看，作者首先对残疾青少年体育纠纷解决机制进行了理论分析。对残疾青少年的概念进行了界定、对残疾青少年体育进行了阐述，并对中国残疾青少年体育纠纷的类型与成因进行了分析，这是关于残疾青少年体育纠纷解决机制的研究基础。其次，对我国残疾青少年体育纠纷解决机制的现状进行了考察，主要包括其性质、存在的问题及成因等。再次，对国外残疾青少年体育纠纷解决机制进行了比较与借鉴。从比较法的视角出发，着重探讨美国、英国、法国、日本以及澳大利亚的残疾青少年体育纠纷解决机制，并结合经典案例进行分析。最后，就完善中国残疾青少年体育纠纷解决机制展开思考。

本书是世昌教授的国家社科基金一般项目“残疾青少年体育纠纷解决机制研究”的结项书稿，内容丰富、视野开阔、结构合理、语言流畅、重点突出、论证有力，既言之有据，又言之成理。本书的出版进一步完善了我国“残疾人体育研究”体系，推进了该领域体育法学理论研究的深入，为残疾青少年体育权益保障奠定了坚实的理论基础。近日，又欣闻世昌教授再次获批立项国家社科基金项目，连同本书付梓，在此一并表示祝贺。希望世昌教授再接再厉，在未来的体育法学研究道路上开疆拓土，不断产出新的高质量研究成果。

是为序。

王家宏①

2023 年 11 月 17 日于姑苏

① 苏州大学教授，博士生导师，中国法学会体育法学研究会副会长。

目　录

绪 论

第一节 选题的背景和意义

一、选题背景

《残疾人权利公约》《改变我们的世界——2030年可持续发展议程》实施以来，保障残疾人平等权益、促进残疾人融合发展越来越成为国际社会和各国的普遍共识和共同行动。随着社会文明的不断进步，越来越多的残疾青少年参与到体育活动中，以锻炼身心、健全人格、提高健康水平，从而获得更好的生存状态，融入社会生活。其间，残疾青少年与学校、体育俱乐部和体育协会等体育活动管理各方形成了复杂的社会关系，体育纠纷也逐渐呈上升趋势。残疾青少年体育纠纷及时有效地解决，不仅有利于社会矛盾的化解，而且有助于残疾青少年体育权益的保障。

中国政府对残疾青少年的体育参与问题十分重视。2014年5月，习近平总书记强调，各级党委和政府要高度重视残疾人事业，把推进残疾人事业当作分内的责任，各项建设事业都要把残疾人事业纳入其中，不断健全残疾人权益保障制度。① 党的十九届四中全会审议通过的《中共中央关于坚持和完善中国特色社会主义制度 推进国家治理体系和治理能力现代化若干重大问题的决定》提出，强化提高人民健康水平的制度保障，健全促进全民健身制度性举措。② 青少年体育是推动体育强国建设的根本保障。习

---

① 吴晶，刘奕湛．习近平：不断健全残疾人权益保障制度［EB/OL］．http：//www.xinhuanet.com//politics/2014-05/16/c_ 1110731631.htm，2014-05-16.

② 十九届四中全会《决定》：健全国家基本公共服务制度体系［EB/OL］．http：//news.china.com.cn/live/2019-11/05/content_ 593000.htm，2019-11-05.

近平总书记在党的十九大报告中提出，要加快推进体育强国建设。[①] 在此背景下，我们要充分认识到青少年体育在体育强国建设中占据着战略性、基础性地位。2019 年国务院办公厅印发的《体育强国建设纲要》提出，全面实施青少年体育活动促进计划，推动残疾人康复体育和健身体育广泛开展。[②] 习近平总书记在谈到青少年健康时提出要文明其精神，野蛮其体魄，而后者就是强身健体。青少年是国家的未来和民族的希望，促进青少年健康也是实施健康中国战略的重要内容。[③] 这对包括残疾青少年在内的中国残疾人体育权益保障提出明确要求。在国际国内促进残疾人体育、青少年体育权益保障的形势下，开展残疾青少年体育纠纷解决机制研究，对实施健康中国战略、促进全民健身、加快推进体育强国建设具有深远意义和重大研究价值。

二、选题意义

（一）实践意义

联合国大会于 2006 年通过的《残疾人权利公约》，进一步强调残疾人的融合体育和青少年体育。中国是该公约的第一批签署国和批准国，该公约对中国具有法律约束力。目前中国残疾青少年体育纠纷解决机制尚存在诸多问题，这将对残疾青少年体育乃至整个残疾人体育事业的发展产生不利影响。对残疾青少年体育纠纷解决机制的研究，不仅顺应"完善和发展保障残疾人健康权、生存权、发展权的制度"[④] 的要求，有利于实施《全民健身计划（2021—2025 年）》、加快推进体育强国建设、深入实施健康中国战略和全民健身国家战略，而且符合《青少年体育"十三五"规划》中实现增强青少年体质的根本目标，契合《"十四五"体育发展规划》中"促进青少年体育健康发展"的方向，是不断完善体制机制，全面推进青少年体育发展的现实需要。在国际国内促进残疾人权利平等的背景下，开展残疾青少年体育纠纷解决机制研究，保护残疾青少年的合法体育权益，是推动中国残疾人体育事业健康、持续发展的重要保证，对全面推进依法治国、贯彻实施全民健身计划和共建和谐社会具有深远的现实意义。

---

① 习近平．决胜全面建成小康社会 夺取新时代中国特色社会主义伟大胜利——在中国共产党第十九次全国代表大会上的报告［J］．党建，2017（11）：15-34.

② 国务院办公厅关于印发体育强国建设纲要的通知（国发办〔2019〕40 号）［EB/OL］．http：//www. gov. cn/zhengce/content/2019-09/02/content_ 5426485. htm，2019-09-02.

③ 杨磊．习近平谈青少年健康：要文明其精神，野蛮其体魄［EB/OL］．http：//sports. people. com. cn/gb/n1/2020/0422/c14820-31683712. html，2020-04-22.

④ 鲁勇．以改革创新精神推进中国特色残疾人事业发展［N］．人民日报，2014-02-10（07）.

（二）理论意义

从比较法的视角出发，运用体育学、法学、教育学和社会学等多学科理论和方法，系统分析残疾青少年体育纠纷的概念、特点和类型，以及相应的解决方式，力图将静态与动态结合起来，阐述和比较研究国外残疾青少年体育纠纷解决机制的理论与实践，分析中国残疾青少年体育纠纷解决机制存在的问题并提出建议，以完善包括校内解纷、调解、仲裁以及诉讼等在内的多元化解纷机制，为残疾青少年体育权益保障奠定理论基础，推进该领域体育法学理论研究的深入，进一步完善中国“残疾人体育研究”体系。

第二节　国内外研究现状

一、国内研究现状述评

国内对于残疾青少年体育纠纷解决机制的研究鲜少涉及，关于残疾青少年体育相关研究主要集中在以下四个方面：

一是关于残疾青少年体育教育研究。张加贝（2003）从特殊体育的内涵和外延对特殊体育学的属性和范围进行探讨，认为特殊体育与常规体育的差异决定了特殊体育学的五个属性，即服务于特殊群体、个案化、多课堂、适应性及综合性，并指出特殊体育学的主要服务对象是中小学校残疾学生。① 陈适晖、高乐丽（2003）对融合教育的由来和定义进行阐释，提出应倡导融合教育，让残疾儿童回到正常的体育教学中。② 吴燕丹（2007）通过对我国普通高校身体练习障碍学生接受特殊体育教育的状况进行调查研究，提出教育公平和生命关怀理念是特殊体育教育改革的理论依据，应从政策保障、课程调适、支持系统完善等方面着手，寻求学生身心发展的最大值。③ 刘洋（2012）等通过实证研究，分析未来体育教师对融合体育教育的意愿态度，提出加强以融合体育教育为导向的特殊体育教育课程建设，相关机构应努力改善残疾学生接受体育教育的环境和条件。④

① 张加贝．试论特殊体育学的内涵与外延［J］．武汉体育学院学报，2003（06）：56-58.

② 陈适晖，高乐丽．从分隔到融合：让残疾儿童回到正常体育之中［J］．武汉体育学院学报，2003（06）：59-63.

③ 吴燕丹．生命关怀视野下调适性体育课程的理论与实践［J］．体育科学，2007（11）：83-96.

④ 刘洋，王家宏，陶玉流，等．融合与策略：未来体育教师对“融合体育教育”意愿态度的研究［J］．北京体育大学学报，2012，35（08）：88-94.

二是关于残疾青少年体育活动参与研究。张环宇（2014）对偏远地区残疾青少年参加冬季体育运动项目的影响因素做了调查，并提出相应的发展对策。[①] 金梅（2015）通过分析《世界残疾报告》指出，应正确认识残疾青少年参与体育活动所面临的障碍，完善残疾人公共体育服务建设，提供专业适应体育人员服务，促进学校、社区、家庭三位一体的健康环境建设。[②] 刘飏、卢雁（2015）对我国特殊需要青少年体育发展进行研究，针对社会资源联动效益不足和相应法律法规不健全等问题，提出创建融合的社会环境、加强制度保障等建议。[③] 刘洪振等（2018）对河南省6~15岁残疾青少年体育参与状况与体育活动需求进行了定量分析，发现经常参加体育活动的人数较少，他们的需求则主要体现在运动知识、运动项目、场地设施和专业指导上，而政府、学校、家庭或社区应该在残疾青少年体育方面发挥相应的作用。[④]

三是关于残疾青少年体育权利保障研究。黄彦军（2011）探讨了我国普通高校残疾大学生体育权利缺失现状，论证了残疾大学生体育活动开展的必要性和可行性，并提出残疾大学生体育权利基本保障体系模式。[⑤] 徐幼松（2021）从立法、行政、司法等方面分析残疾青少年体育权利保障现状，针对立法效力滞后、配套法律法规不健全、立法体系不完善、行政责任主体不明确、法律救济制度不完善、诉讼渠道不顺畅等问题，借鉴发达国家成功经验，提出相应保障措施。[⑥]

四是关于残疾青少年体育权利救济机制研究。刘永风、何金（2010）对残疾人体育权利救济机制的特点、原则以及存在的问题进行分析，并从立法、救济方式、监督等方面提出建议。[⑦] 周青山（2015）对体育领域残疾歧视的法律问题进行研究，其中包括残疾青少年体育参与、体育教育等歧视问题，并结合美国残疾青少年体育纠纷相关案例对诉讼救济方式进行分析，指出残疾青少年体育参与的潜在安全风险成为残疾歧视的抗辩事由。[⑧]

---

① 张环宇．偏远地区残疾青少年冬季参加体育活动的影响因素与发展对策［J］．冰雪运动，2014，36（01）：57-60.

② 金梅．从《世界残疾报告》看我国适应体育发展现状与对策［J］．武汉体育学院学报，2015，49（05）：82-86.

③ 刘飏，卢雁．我国特需青少年体育发展分析［J］．体育文化导刊，2015（11）：14-18+45.

④ 刘洪振，杨剑，吴铭，等．河南省6~15岁残疾青少年体育参与状况与体育活动需求研究［J］．中国康复理论与实践，2018，24（04）：483-487.

⑤ 黄彦军．残疾大学生体育权利保障体系的研究［J］．体育研究与教育，2011，26（06）：36-39.

⑥ 徐幼松．残疾青少年体育权利保障研究［D］．江西师范大学，2021.

⑦ 刘永风，何金．论残疾人体育权利的救济［J］．吉林体育学院学报，2010，26（01）：32-34.

⑧ 周青山．体育领域反歧视法律问题研究［M］．武汉：武汉大学出版社，2015：117-173.

二、国外研究现状述评

一是关于残疾青少年体育教育、体育竞赛和其他体育活动的侵权纠纷研究。自1973年美国《康复法》（Rehabilitation Act）颁布以来，有关残疾青少年体育侵权纠纷的研究逐渐展开。例如，美国学者安妮·玛丽·卡纳利·赫尔曼（Anne Marie Canali Hermann，1978）依据《康复法》第504条，分析当时涉及残疾学生体育参与的诉讼案件，并对法律法规的要求、体育教育和体育竞赛的要求、残疾人权利法条的实施及其规划进行了探讨。[①] 美国学者泰瑞·拉克沃斯基（Terri Lakowski，2009）列举了导致残疾青少年体育纠纷的三种歧视现象，即伪融合体育、参加主流体育活动遭受歧视和完全被排除在体育活动之外，提出了政策调整建议，以使残疾青少年运动员在体育领域获得公平竞争的机会。[②] 英国学者塞缪尔·尼古拉斯·康德莱（Samuel Nicholas Condry，2008）通过考察残疾青少年体育竞赛和体育教育中的经典案例，提出现行残疾人歧视法应针对残疾青少年参加主流体育所遇到的实际问题进行修订和完善。[③] 澳大利亚学者崔玲国（Chui Ling Goh，2020）根据《残疾人权利公约》和其他核心国际人权条约中的人权框架，探讨了残奥会通过体育运动促进残疾人（包括残疾青少年）融入社会的程度，认为残奥会发挥的作用虽然有限，但推动了残疾人体育的发展，成为残疾人精英运动盛会，使残疾人享有在社会中的基本权利和自由，并建议通过残奥会促进残疾人更好融入社会。[④]

二是关于残疾青少年体育纠纷诉讼解决机制的研究。美国学者詹姆斯·P·鲁比（James P. Looby，2012）著文分析了残疾青少年因使用辅助设备参加校际体育竞赛而产生的纠纷，指出法院完全依照判例而否定使用其他适当辅助设备的做法，可能导致残疾青少年运动员受到不公正待遇。[⑤] 美国学者杰弗瑞·蒙基洛（Jeffrey Mongiello，2011）针对残疾青少年参加校际体育比赛因最大年龄限制规则而产生的纠纷，探讨法院运用不同判例产生不同判决结果对残疾青少年参赛机会的影响，提出法院应适用遵

---

① Anne Marie Canali Hermann. Sports and the Handicapped: Section 504 of the Rehabilitation Act of 1973 and Curricular, Intramural, Club and Intercollegiate Athletic Programs in Postsecondary Educational Institutions [J]. Journal of College and University Law, 1978, 5 (2): 143-159.

② Terri Lakowski. Athletes with Disabilities in School Sports: A Critical Assessment of the State of Sports Opportunities for Students with Disabilities [J]. Boston University International Law Journal, 2009, 27 (2): 283-316.

③ Samuel Nicholas Condry. Disability, Sport and the Limits of Law [D]. University of Stirling, 2008.

④ Chui Ling Goh. To what extent does the Paralympic Games promote the integration of disabled persons into society? [J]. The International Sports Law Journal, 2020, 20: 36-54.

⑤ James P. Looby. Reasonable Accommodations for High School Athletes with Disabilities: Preserving Sports While Providing Access for All [J]. Sports Lawyers Journal, 2012, 19 (1): 227-274.

循法律精神的指导性判例，保护残疾青少年的体育权益。① 美国学者伊恩·福斯特（Ian Forster，2015）对残疾青少年在校际体育比赛的参赛资格、参赛方式和积分规则等问题上与各级赛事主办方之间的纠纷及其诉讼解决方式进行阐述，分析法院对法条和判例的适用，提出政府应不断调整政策，尽可能为残疾青少年提供更多的校际体育竞赛机会。② 澳大利亚学者安德鲁·林奇（Andrew Lynch，1998）根据1992年澳大利亚《残疾歧视法》，指出残疾青少年因达不到体育竞赛项目规定的技能和水平而遭到拒绝，体育竞赛主办方可将其作为抗辩事由，不承担相应责任。③ 美国学者西蒙·皮尔斯（Simone Pearce，2021）运用残疾人理论，对一名高中田径运动员对田径比赛结构提出的异议，即除了轮椅项目，没有为残疾运动员提供单独的运动项目类别，进行了分析，通过相关法律法规及其司法解释对该异议进行论证，提出应预防在竞技体育中出现歧视残疾青少年的侵权行为。④

由此可见，国外学者对残疾青少年体育纠纷及其解决机制的研究，主要涉及残疾青少年体育竞赛和其他体育活动中的纠纷以及诉讼解决机制，尤其是对直接影响残疾青少年运动员参赛资格的相关因素进行探讨，并对法院审理案件时适用的法律条款和判例进行分析，在法律政策的制定及其适用方面提出改进建议，以期最大限度地维护残疾青少年的体育权益。

综上所述，国内关于残疾青少年体育纠纷解决机制的研究相对而言起步较晚，研究成果主要集中于残疾青少年体育教育、体育活动参与、体育权利保障和体育权利救济机制等方面，且大多从体育学、社会学的角度进行探讨。关于残疾青少年体育纠纷解决机制的研究还较为薄弱，尚处于介绍国外成果和提出问题阶段，对残疾青少年体育纠纷的概念、特征、分类和相应解决方式，以及多元化解纷机制的完善等问题还缺乏全面系统的研究。国外对残疾青少年体育纠纷解决机制的研究大多根据各国法律实践，注重残疾青少年运动员参加主流体育竞赛的参赛资格纠纷的解决，基本上都是对诉讼解决机制的研究，而对其他相关纠纷以及非诉讼解决机制的理论和实证研究较少。

本研究对残疾青少年体育纠纷进行界定和分类，探讨残疾青少年体育纠纷解决机

---

① Jeffrey Mongiello. Title II and High School Athletics Age Limits：Individualized Assessments for Student-Athletes with Disabilities after PGA Tour Inc. v. Martin［J］. University of Detroit Mercy Law Review，2011，89（1）：35-60.

② Ian Forster. Fair Play for Those Who Need it Most：Athletic Opportunities for High School Student Athletes with Disabilities［J］. Jeffrey S. Moorad Sports Law Journal，2015，22（2）：693-726.

③ Andrew Lynch. The Disability Discrimination Act 1992（CTH）and Higher Education：Why Standards Must Be Drafted and What They Should Address［J］. Canberra Law Review，1998，5（1&2）：95-110.

④ Simone Pearce. The Fundamental Nature of Sport：Disability，Discrimination and Sport in Holzmueller v. Illinois High School Association［J］. The International Sports Law Journal，2021（21）：74-93.

制及其特点，梳理和分析中国残疾青少年体育纠纷解决机制存在的问题及成因。同时深入考察国外残疾青少年体育纠纷解决机制，探寻不同国家残疾青少年体育纠纷解决机制的机构、制度及其运作方式、程序等，从中总结残疾青少年体育纠纷解决机制的一般法理和制度规律。在此基础上，提出完善我国残疾青少年体育纠纷多元化解决机制的建议，为维护残疾青少年体育权益提供理论依据，推动残疾人体育事业科学、持续发展。

第三节　本书研究方法和结构

一、研究方法

本书的研究方法主要有以下几种：

一是文献研究法。主要运用文献内容分析方法，广泛搜集、整理国外关于残疾青少年体育纠纷解决机制的相关专著、论文、司法判例等文献。

二是比较分析法。国外的残疾青少年体育纠纷解决方式存在差异，采用此方法可以对各国残疾青少年体育纠纷解决机制的异同进行比较，归纳出发展趋势，为中国残疾青少年体育纠纷解决机制的完善提供借鉴。

三是案例分析法。通过各种方式采集相关案例，并从经典案例入手，对残疾青少年在体育教育、体育竞赛和其他体育活动中的各类纠纷以及相应解决方式进行诊断、研判。

四是法社会学分析法。主要是对残疾青少年体育纠纷与社会结构的关系、纠纷产生的直接原因等进行分析，这对解决纠纷的政策制定和解决方式的选择有重要参考价值。

二、本书结构

本书除绪论和结语外，正文共分为四章。绪论对选题的背景和意义、国内外研究现状、本书研究方法和结构、创新之处进行说明。正文主要内容是：

第一，残疾青少年体育纠纷解决机制的理论分析。作为理论起点，首先对残疾青少年的概念进行界定并分析残疾青少年的特点；其次，对残疾青少年体育进行阐述；最后，对中国残疾青少年体育纠纷的类型与成因进行分析，主要包括发生在学校、参加体育社团、参加体育竞赛以及参与社会体育活动中的纠纷，阐明残疾青少年体育纠纷的特殊性。这是关于残疾青少年体育纠纷解决机制的研究基础。

第二，对中国残疾青少年体育纠纷解决机制的现状进行研究。对中国残疾青少年体育纠纷解决机制的性质：纠纷主体的多元性、法律规范的交叉性、体育纠纷的发展性、多元化解的联动性和受理范围的广泛性进行论证，同时关于当前中国残疾青少年体育纠纷解决机制存在的问题及成因，分别对校内申诉或行政主管部门申诉、体育组织内部解纷、调解或仲裁、诉讼解纷进行了探讨，涉及纠纷解决机构的法律地位、职能、人员组成、程序和纠纷解决结果的效力等，为推动残疾青少年体育纠纷解决机制的进一步完善廓清思路。

第三，国外残疾青少年体育纠纷解决机制的比较与借鉴。根据《残疾人权利公约》倡导的非歧视和融合发展理念，世界各国残疾青少年体育纠纷解决机制在实践中不断拓展和完善。从比较法的视角出发，着重探讨美国、英国、法国、日本、澳大利亚关于残疾青少年体育纠纷解决机制的情况，结合经典案例分析其中的特点。通过比较分析各国解决残疾青少年体育纠纷的理论和实践，归纳残疾青少年体育纠纷解决机制的特点，总结残疾青少年体育纠纷解决机制的发展趋势。

第四，中国残疾青少年体育纠纷解决机制的思辨。本书在深入分析中国残疾青少年体育纠纷解决机制存在的问题及成因的基础上，汲取各国残疾青少年体育纠纷解决机制的发展经验，结合中国国情提出有价值的建议，主要从开辟校内解纷新途径、强化调解制度、发挥中国体育仲裁委员会的职能和优化诉讼机制等方面考虑，以实现校内解纷、调解、仲裁以及诉讼等解决方式的有机衔接和相互协调，引导残疾青少年选择适当的体育纠纷解决方式，满足当事人多元解纷需求，从而推进中国残疾青少年体育纠纷多元化解决机制的完善和发展。

第四节　创新之处

本研究在充分梳理并借鉴学术界已有研究成果的基础之上，从理论和实践两个方面探讨了残疾青少年体育纠纷解决机制的相关问题。创新之处在于：

一是从残疾青少年体育纠纷解决机制的视角，对残疾青少年、残疾青少年体育以及残疾青少年体育纠纷进行了重新定义，并对残疾青少年体育和残疾青少年体育纠纷分别从学校体育、健身体育和竞技体育三个方面进行了细化分类，尤其提出在构建残疾青少年体育纠纷解决机制的过程中，要注重实际，对发生在不同领域的残疾青少年体育纠纷提供有关体育权利的全方位保障。

二是运用侵权法原理，论证残疾青少年体育纠纷是一种侵权纠纷，是对残疾青少年体育权利的侵犯。这种体育权利属于残疾青少年的一种基本人权，基于残疾青少年体育权利分为应有人权、法定人权和实有人权，避免了在构建残疾青少年体育纠纷解决机制时陷入单一权利形态范畴的研究。可以说，残疾青少年体育纠纷解决机制的建构目的在于保障残疾青少年体育权利的机会均等，从而确保这一基本人权的实现。

三是对残疾青少年体育现状进行分析，对于残疾青少年学校体育，分别就普通学校、特殊教育学校中的残疾青少年体育进行阐述，对体育教学内容、评价等方面进行论证；关于残疾青少年健身体育，分别对服务、参与状况、运动内容等进行论述；关于残疾青少年竞技体育，分别对法律法规和政策、组织机构的运营与管理等进行探讨。

四是对残疾青少年体育纠纷解决机制进行探究，认为当前校内申诉或行政主管部门申诉、体育组织内部解纷、调解或仲裁、诉讼解纷均是残疾青少年体育纠纷解决的重要方式，并分别对上述纠纷解决方式进行了分析，认为不同纠纷解决方式在不同领域产生的残疾青少年体育纠纷的解决中具有不同的优势，可以结合加以适用。

五是选取有代表性的国家，对其残疾青少年体育纠纷解决机制进行全面、系统的论述，分析美、英、法、日、澳等国的残疾青少年体育纠纷解决机制，结合案例分析的方式，比较各国残疾青少年体育纠纷解决机制的异同，总结出当前残疾青少年体育纠纷解决机制的特点，并对其发展趋势做出预判。

六是提出完善中国残疾青少年体育纠纷解决机制的一些建议，基于中国法律文化传统和残疾人权益保障的现状，结合残疾青少年体育纠纷解决机制的前瞻，分别就校内解纷、调解、仲裁、诉讼等方式提出了完善的路径。其中在校内解纷当中，应从校内解纷机构的建构和完善入手，明确校内解纷机构的受案范围、人员组成，以及校内调解程序的启动与基本原则、调解的方式等，并就校内调解与诉讼的对接进行阐述；在强化调解制度当中，应从调解员的组成、调解途径、调解与诉讼的对接入手，以构建完善适合残疾青少年体育纠纷解决的调解机制；在仲裁当中，围绕我国新设立的中国体育仲裁委员会，就如何发挥其职能予以介绍；在诉讼当中，应从明确残疾青少年体育权利出发，完善相关立法、程序规范，加强配套制度建设及监督。通过上述途径，明晰残疾青少年体育权利的救济，从而全方位地对残疾青少年体育纠纷解决机制进行完善，在体育强国建设的当下，为深化体育改革的进程保驾护航。

第一章　残疾青少年体育纠纷解决机制的理论分析

残疾青少年是残疾人中的重要群体，也是青少年中的特殊群体。依据《中华人民共和国残疾人保障法》（以下简称《残疾人保障法》）、《残疾人教育条例》等法律法规和文件，残疾青少年体育包括学校体育、健身体育和竞技体育三类。其中，残疾青少年学校体育包括特殊教育学校的体育和普通学校的体育；残疾青少年竞技体育包括残疾人专项体育和主流体育。因此，残疾青少年体育涉及面广，社会关系复杂，体育纠纷也呈多样化特点。要探讨残疾青少年体育纠纷解决机制，首先需要界定残疾青少年的范围和考察残疾青少年体育现状。

第一节　残疾青少年概述

一、残疾青少年的界定

青少年是人类生长发育过程中的一个重要阶段，介于童年与成年之间，即人的青春期，处于该阶段的人身心发展迅速，具有特定的、阶段性的生理、心理特征。残疾人是指因智力、精神、肢体、心理、感官和器官受到一定程度损伤以及身患重大疾病，而对正常生活能力产生实质性、阵发性或永久性不良影响，可能阻碍其充分参与社会生活的人。[①] 由于青少年处于人生过渡时期，因而相对于其他固定的年龄组，青少年的年龄更具有流动性。关于青少年的年龄，目前尚无统一、准确的划分，国际组织和各国均有不同的表述，且各类表述中的年龄跨度较大。根据联合国相关文件，联合国将

---

① 黄世昌，谢可欣．残疾人体育权利法理分析与法律保障研究［J］．北京体育大学学报，2020，43（01）：50-58.

青少年定义为年龄介于15~24岁的人，但不影响其他会员国的青少年定义。由于青少年的定义可能会随着情况而变化，特别是人口、财政、经济和社会文化环境等因素，联合国其他机构或地区组织关于青少年的定义也有差异，例如，世界卫生组织对青少年的年龄划分标准为10~19岁。[①] 中国青少年研究中心与中国残联研究室将青少年的年龄阶段划定为7~35岁。因此，通过各方对青少年年龄的界定，结合青少年生长发育的阶段特点，以及考虑残疾青少年划分人群的覆盖面，本研究综合采用联合国、世界卫生组织、中国青少年研究中心与中国残联研究室对青少年年龄的划分标准，即残疾青少年是指7~24周岁的、具备残疾人特征的青少年，包括肢体残疾、视力残疾、聋哑残疾、智力残疾、心理和精神残疾以及多重残疾的青少年。

根据世界卫生组织统计，世界上有严重残疾的人数已超过10亿，相当于世界人口的16%。[②] 中国残疾人数有8500多万，而14~25岁青少年残疾人达400万。[③] 依据第二次全国残疾人抽样调查主要数据，6~14岁学龄残疾儿童为246万人，占全部残疾人口的2.96%。[④] 中国约有640多万（其中不包括未申请残疾证者）的残疾青少年，约占全国残疾人口7.5%。青少年时期是身体发育迅速的关键期，也是人格形成和发展的关键期。[⑤] 由于残疾青少年所处的家庭、学校、社会环境与其他普通青少年存在一定差异。因此，残疾青少年参与体育活动以及其在体育活动中所产生的纠纷也具有特殊性。

二、残疾青少年的特点

残疾青少年是一个具有特殊需求的群体，他们在生理、心理、教育、自我认同、社交等方面都表现出独特的共同点。这些特点的客观存在决定了残疾青少年体育的特殊性以及其体育纠纷的复杂性。社会各方需要关注和尊重残疾青少年自身的特点，从而在体育领域和纠纷解决方面更好地为残疾青少年提供支持和帮助。

生理特点：残疾青少年的生理特点主要体现在他们的身体机能或解剖结构上。这可能包括肢体残缺、运动功能障碍、视力或听力障碍等。这些生理缺陷会影响他

---

① DEFINITION OF YOUTH [M/OL]. https://www.un.org/esa/socdev/documents/youth/fact-sheets/youth-definition.pdf.

② Disability [EB/OL]. https://www.who.int/news-room/fact-sheets/detail/disability-and-health#:~:text=Disability%20%E2%94%80%20a%20public%20health%20issue%20Over%201，significant%20difficulties%20in%20functioning%2C%20often%20requiring%20healthcare%20services，2023-03-07.

③ 耿鸽．残障青少年家庭照顾者的压力及其舒缓机制研究［D］．江西财经大学，2019.

④ 第二次全国残疾人抽样调查主要数据公报（第二号）［EB/OL］．https://www.gov.cn/jrzg/2007-05/28/content_628661.htm，2007-05-28.

⑤ 蒋婕．12-18岁残疾青少年健全人格生成研究［D］．太原科技大学，2015.

们的日常生活自理能力、学习以及社会适应能力。某些特定的残疾类型还可能导致特定的身体反应，比如视力残疾学生的心肺功能可能相对较弱，运动素质也可能较差。

心理特点：由于身体功能上的限制以及社会观念、环境因素等多重影响，残疾青少年在日常学习和生活中往往面临比同龄人更多的心理压力和挑战。同时，由于交流对象和活动场所的限制，他们担心自己的缺陷会被他人嘲笑、误解或同情，可能体验到强烈的孤独感。部分残疾青少年可能会过度关注自身的不足，对未来的生活、学习和职业发展感到迷茫和不安，担心自己无法独立生活，或者无法融入社会，实现个人价值。但是尽管面临困难，残疾青少年往往也展现出强烈的自尊心和富有同情心的特质。因此，需要关注他们的心理健康，提供必要的心理支持和辅导。

教育特点：残疾青少年的教育需求具有多样性和特殊性。他们需要适应不同的学习方式和教学方法，以便克服生理上的障碍，发挥自身的潜能。同时，他们也需要更多的耐心和关注，以帮助他们建立自信心和培养学习兴趣。残疾青少年的教育需求相较于普通青少年，其复杂性和特殊性表现得更为突出。由于身体条件、智力发育、心理状态等方面的差异，他们对于教育的需求呈现出多元化的特点。因此，在体育教育过程中，需要针对每位残疾青少年的实际情况，采用适宜其身心特点的学习方式和教学方法。残疾青少年需要教师的耐心指导和持续关注，这包括对学习进度的跟踪评估、个性化教育计划的制定实施、心理辅导和情感支持等方面的工作。

自我认同特点：残疾青少年在成长过程中逐渐形成自己的价值观和人生观。他们可能会对自己的残疾有不同的认识和接受程度，因此，需要尊重他们的选择和决定，帮助他们建立积极的自我认同。

社交特点：残疾青少年作为社会中的一个特殊群体，由于身体条件的限制，他们的行动能力、语言表达能力和情感交流方式可能不同于普通青少年，这无疑会给他们建立和维护人际关系带来一定的困难。然而，尽管身处逆境，残疾青少年依然拥有对友谊和归属感的渴望，他们渴望通过社交活动来认识更多的人，从而充实自己的精神世界，找到属于自己的社会角色。残疾青少年在融入社会和参与各种体育活动时面临更多的挑战，需要获得各方更多的支持和理解，以帮助他们克服障碍，实现自我发展和融入社会的目标。

总的来说，残疾青少年是具有独特需求的群体。理解他们的特点，提供适当的支持和帮助，对于促进他们的全面发展和融入社会至关重要。同时，社会也需要营造一个更加包容、理解和无歧视的环境，让残疾青少年能够享有平等的体育权利和体育活动参与机会。

第二节　残疾青少年体育概述

一、残疾青少年体育之认识

（一）残疾青少年体育的积极意义

1. 改善残疾青少年健康水平

残疾青少年因肢体、器官、智力等损伤，其特殊身体机能限制了他们的体育运动幅度、强度和活动范围。体育运动的缺乏或不足则会影响残疾青少年的健康水平。无论是力量、速度、耐力等基本身体素质，还是内脏机能状况，残疾青少年的发育都要比同龄健全青少年延迟一些，其常见病和多发病的患病率也更高。残疾青少年的身体发育具有较大的可塑性，运动参与通过增强心血管健康、肌肉力量和耐力，可提高残疾青少年的机体功能。残疾青少年定时参与体育锻炼不仅可以保护其原有的身体机能，避免相关部位肌肉萎缩或神经坏死，而且能使其功能得到恢复，甚至通过适当的补偿可获得超常发展，从而提高整个体质水平。另外，体育运动还可以有效降低残疾青少年肥胖的可能性。因此，残疾青少年参加体育活动有利于增强体质、提升健康水平。①并且，残疾青少年参与体育活动具有长期的健康投资价值。②

2. 激发残疾青少年正面情绪

残疾青少年体育是青少年体育的重要组成部分。残疾青少年参与体育活动，不仅有利于恢复身体机能、提高身体素质、降低疾病发生率，也是残疾青少年融入社会生活的主要途径。许多残疾青少年由于身体原因，难免会有自卑、烦恼、孤独、寂寞等心理障碍和消极情绪。体育锻炼可以有效地帮助残疾青少年走出家门、接触社会、积极发展同伴关系，从而获得社会支持和减少孤独感。研究人员发现，相较于在家里自己单独锻炼，残疾青少年更愿意参与集体性质的体育活动。残疾青少年体育参与者的自我效能感与听力、情感和技术挑战支持这三种社会支持呈正相关。听力支持来自朋友，情感支持来自父母等家人，教练则提供技术挑战支持。③ 此外，当残疾青少年能够

---

① 刘喜文．关于残疾青少年参加体育锻炼的探讨［J］．哈尔滨体育学院学报，1995（01）：8-9.

② 杨蓉蓉，陈功．北京市残疾青少年文化体育活动参与状况与影响因素研究［J］．中国青年研究，2019（06）：61-66+86.

③ Martin J J，Mushett C A. Social Support Mechanisms Among Athletes With Disabilities［J］. Adapted Physical Activity Quarterly，1996，13（1）：74-83.

与其他残疾同伴、好友一起参与体育活动，体育运动的益处可能会极大增强。通过参与体育运动，残疾青少年可以掌握一定的运动经验和技能，从而促进有利的自我认知，增强积极的同伴关系。同时，残疾青少年从参与体育运动中可以发现自身蕴藏的巨大潜力，从而增强融入社会的自信和勇气。因此，残疾青少年的体育参与能够产生积极的心理影响。

（二）残疾青少年体育中存在的问题

1. 体育运动中的身体受伤风险

体育运动并非简单地传递益处，也存在一定的风险。体育运动中难免会出现运动者受伤等情形。残疾青少年在体育运动中也存在身体受伤的风险，而且该风险通常被认为比普通人受伤的概率更大。残疾青少年在认知、感觉和运动技能等方面存在不同程度的障碍，更有可能出现运动伤害。肢体残疾、肌肉功能差和缺乏平衡是导致运动者摔倒、轮椅运动员的肩膀过度受伤的主要因素。据研究，美国校际残疾人体育联盟的残疾高中运动员中，与曲棍球、垒球和篮球运动员相比较，足球运动员受伤最多，而孤独症青少年受伤风险最高，其次是有心理和学习障碍的参与者。据统计，一个赛季中的 210 名残疾青少年共受伤 38 次，大多数是擦伤或挫伤。虽然残疾人体育联盟基本上是安全的，但难免会出现体育受伤事故。[①]

2. 体育参与中的心理负面影响

残疾青少年生理功能的差异化导致其社会体验受到限制。残疾青少年生理功能的缺失限制了其可参与体育项目的类型，在某种程度上，降低其参与体育运动的热情。[②]不同程度的身心缺陷使残疾青少年难以融入体育运动，他们难免在体育运动中遭到社会排斥，特别是被其他身体健全的青少年戏弄和取笑而受到不同程度的心理伤害。鉴于残疾人运动的边缘化特征，残疾运动员对他们的运动员身份的认知有两个不同方面，即残疾青少年在体育竞赛中强烈地认为自己是运动员，但他们潜意识中却认为公众并未把他们当作“真正的”运动员。残疾青少年体育处于较为劣势地位，使其更难以融入健全人体育。另外，参加高水平体育竞赛的残疾青少年，相较于参与基层体育竞赛的残疾青少年，能得到更多的社会认可和支持。

总之，体育参与既能对残疾青少年的身心健康产生益处，也难免会伴随一些有损

---

① Jeffrey Martin. Disability Youth Sport Participation：Health Benefits，Injuries，and Psychological Effects［M］. New York：Nova Science Publishers，2011.

② 张晓萍，王庆妍，张森. 大数据时代残疾人体育服务平台构建刍议［J］. 四川体育科学，2017，36（06）：5-8.

于身体和心理的结果。

二、残疾青少年学校体育

学校体育教育是依据国家的教育方针政策以及包括残疾青少年在内的学生身心特点，以加强身体练习和教授卫生保健知识为基本手段，运用多种组织形式进行的一种目的性、组织性很强的教育活动。[①] 从对学校体育教育的分析来看，进行学校体育教育的范围包括大、中、小各级和普通、特殊教育等各类型的学校教育。学校体育教育的目的是让有体育能力和体育需求的、包括残疾青少年学生在内的所有适龄青少年通过特定的手段来增强体质、提高素质并掌握一定的体育知识，是一个符合国家教育政策以及学生的身心特征的，有特定计划、范围、目的和组织的，弘扬体育文化、提高身体素质、促进学生实现身心全面发展的系统教育过程。在学校体育教育当中，除了常规的体育教育，还存在“针对全年龄段无法获得基本体育教育的学生所实施的特殊体育教育”[②]。这种融合体育教育（Inclusive Physical Education）是以因伤病短期或长期运动活动受限、不能进行一般体育活动的人为主体的体育教育形式，包括特殊的体育锻炼、娱乐、比赛以及康复训练等。残疾青少年的健康成长与良好的教育是息息相关的。学校体育教育是残疾青少年受教育体系的重要有机构成。当前中国特殊教育正处于发展当中，残疾青少年作为最需要特殊体育教育的群体之一，普遍存在体质较弱的情况，更需要进行“缺陷补偿”[③]，而学校的体育教育是残疾青少年从生理、心理以及社会性上进行缺陷补偿并得到全面发展的重要途径。从医学的角度来看，学校的康复体育教育能够帮助大多数残疾青少年矫正部分体态问题或畸形，增强社会适应能力和提高生活自信心。

残疾青少年学校体育包括体育教育课程和课外体育活动。残疾青少年体育教育逐渐从分离式、隔离式向重视残疾个体、强调有效融合的残健融合式体育发展。学校融合体育教育将逐渐成为残疾人体育教育的主流。但是，由于残疾青少年的医学分级不同，以及目前社会经济、残疾认知等多种原因，特殊学校体育教育依然普遍，[④] 而普通学校的残健融合体育因诸多因素也未充分实现。

---

① 刘海元．学校体育教程［M］．北京：北京体育大学出版社，2011：25.

② Donna Goodwin. The Voices of Students with Disabilities：Are They Informing Inclusive Physical Education Practice?［M］．London：Routledge，2008.

③ 何敏学，全海英．论特殊教育学校体育缺陷补偿功能［J］．体育学刊，2010，17（05）：43-45.

④ 刘洋．变革的“残疾认知模式”影响下的世界残疾人体育教育发展与启示［J］．杭州师范大学学报（社会科学版），2020，42（06）：122-129.

（一）残疾青少年对学校体育的态度

1. 特殊教育学校体育课

残疾青少年对特殊教育学校体育课功能的认识和对体育课的需求在一定程度上反映了学校体育活动开展的情况。据调查，大多数残疾青少年喜欢上体育课和进行体育锻炼，能正确认识体育锻炼的价值，但仍有部分残疾青少年对体育课和课外体育活动的作用认识不够。现阶段特殊教育学校开设的体育课能满足大多数残疾青少年的需求，但热衷体育的残疾青少年认为现有体育活动尚未能满足其需要。特别是视力残疾的学生，他们认为可使用的体育器材缺乏，提出需要更多、更符合其生理特点的体育场地和器材。随着特殊教育体育事业的不断发展，越来越多的社会义工到特殊教育学校去辅导残疾青少年参与各类体育项目，例如舞蹈、轮滑和篮球等，这有助于社会人士了解残疾青少年，还可以促进他们与外界社会的交流与沟通。残疾青少年对这些项目很感兴趣，希望更多的人能带领他们进行各类体育活动。特殊教育学校体育活动发展迅速，进步较大。

2. 高校残疾青少年体育保健课

全国高校积极贯彻 2002 年教育部出台的《全国普通高等学校体育课程教学指导纲要》第 10 条规定："对部分身体异常和病、残、弱及个别高龄等特殊群体的学生，开设以康复、保健为主的体育课程。"[①] 据统计，"十三五"时期，全国约有 5 万多残疾学生进入高等院校学习。[②] 大部分高校中因长年患病、身体过度肥胖或瘦弱、身体有各类损伤等不能进行常规体育运动的病弱、残疾青少年进入体育保健班。但仍有部分高校因为条件所限没有开设体育保健课。

高校体育保健课的开设，与学校规模、办学水平、学校重视程度和在校残疾青少年人数等因素密切相关。体育保健课的形式主要包括：开设体育保健班、采取随班教学，以及将体育保健班与随班教学相结合。调查发现，在开设体育保健课方面，重点高校比普通高校普遍，有些普通高校并未对残疾青少年开设体育保健课，高职院校的情况则更不容乐观。其中，单独开设体育保健班的高校居多，也有高校采用随班教学的方式，在身体条件允许的情况下，让残疾青少年旁听或参与普通班体育课。未开设体育保健课的高校出于安全考虑，对残疾青少年常采用体育课免修的模式，或者依据

---

① 教育部关于印发《全国普通高等学校体育课程教学指导纲要》的通知（教体艺〔2002〕13 号）[EB/OL]. http://www.moe.gov.cn/s78/A17/twys_left/moe_938/moe_792/s3273/201001/t20100128_80824.html, 2002-08-06.

② 国务院关于印发"十四五"残疾人保障和发展规划的通知（国发〔2021〕10 号）[EB/OL]. https://www.gov.cn/zhengce/content/2021-07/21/content_5626391.htm, 2021-07-08.

自愿原则，让残疾青少年自主选择是否上常规体育课，但实际上，许多残疾青少年不会自愿去上常规体育课。有少数高校采取体育保健班与随班教学相结合的模式，这是残疾青少年体育保健课的特殊形式，由于少数学生对体育十分感兴趣，而体育保健班的学习内容不足以实现其自身的体育需求，在身体条件允许的情况下，体育保健课老师会允许学生去普通班上常规体育课，并推荐他们加入开设适合自己的体育项目的班级。这种上课模式很灵活且能最大限度地满足残疾青少年的体育需求。

（二）残疾青少年学校体育教学内容

1. 特殊教育学校体育课

基于残疾青少年生理、心理的特殊性，特殊教育学校的体育教师在教学过程中一般以提高残疾青少年的社会适应能力，矫正和补偿其身心缺陷为主。例如，对于听力、语言残疾青少年，体育课主要以平衡力的教学为主；对于视力残疾青少年，体育课主要以健身教学为主；对于智力残疾青少年，体育课主要以减少依赖、自力更生为主要教学内容。特殊教育学校体育教师一般会选用某类体操为教学内容，包括广播操、韵律操、矫正或保健体操、器械体操等。大部分体育教师还会选用游戏、跑步、乒乓球、羽毛球、跳绳等相对常见、容易，且不受场地限制的项目作为教学内容，以有效地锻炼残疾青少年的协调能力，提高身体健康水平，增强他们的自信心。因大球类项目受场地影响较大，仅少数学校开设了足球、排球课程，但由于没有正规的足球、排球场地，大多只能在篮球场和空地上进行。篮球教学一般针对高年级的听力、语言残疾学生。

体育教师在特殊教育学校体育教学中，对不同类型的残疾青少年一般采取具有针对性的教学模式。对于视力残疾青少年，大部分体育教师采用小组教学、逐个指导的模式，主要运用语言教学法，结合游戏法和练习法，使学生熟悉运动技术动作，激发运动兴趣，同时对个别困难学生实行一对一指导。对于听力、语言残疾青少年，体育教师一般以班级教学为主，运用手语与动作示范相结合的方式进行教学，并辅以练习法、游戏法和比赛法。对于智力残疾青少年，体育教师一般以班级室内教学为主，采用游戏法，对青少年加以引导。对于肢体残疾青少年，体育教师一般将示范法、游戏法、练习法和比赛法相结合进行指导。由此可见，近年来特殊教育学校的体育教学不断完善，其体育教师能根据不同残疾类型的青少年选择适合他们特点的教学内容和方法。但由于场地、器材、资金以及安全等问题，特殊教育学校体育教学的开展还存在一定的局限性。部分特殊教育学校使用特殊体育教材，但教材适用性不高，体育教学专业教材教纲有待规范统一。部分学校体育教学存在随意性，缺乏有针对性的体育教学内容，且教学方法单一。①

2. 普通学校体育保健班课程

体育保健班在课程内容安排上一般以养生操、太极、八段锦等康复训练型运动项目为主，也有个别视力残疾青少年选修足球等。残疾青少年喜欢的体育项目主要有羽毛球、乒乓球、太极拳和舞蹈，还有健身、游泳等。羽毛球、乒乓球属于隔网对抗性项目，运动不太剧烈，参与人多且有趣。太极拳是具有健身、康复效果的传统项目，深受残疾青少年喜爱，大多数高校的常规体育课和体育保健课都有这一教学内容。体育保健班的健身项目包括八段锦、五禽戏等，具有锻炼、养性和康复功效，残疾青少年体验到这类运动给自身带来的益处，对其产生兴趣。长期游泳锻炼可改善人的神经、呼吸、血液等机能，促进人的协调、全面发展。部分残疾青少年喜欢养生项目，还有部分残疾青少年喜爱篮球、棋牌、桌球等运动。残疾青少年非常希望能与健全学生一起参与体育活动，希望参与丰富多样、运动强度大的运动项目，通过体育锻炼达到改善和提升自身体质健康的目的，同时加强友谊、展现自我。②

（三）残疾青少年体育教学评价

体育教学评价是对体育教学效果进行反馈的形式。教师的教学评价方式反映了其教学侧重点，也影响到学生的学习方式和兴趣爱好。特殊教育学校体育教师已不再将百分制作为主要教学评价方式，而是逐步采用评语制、等级评定制或二者相结合的方式等。特殊教育学校体育教师对学生成绩的评定方式逐渐科学化、合理化，有助于教师了解每个残疾青少年的体育综合素质，激励他们参加体育活动，提高身体素质，从而进一步推进特殊教育学校体育活动的开展。

特殊教育学校体育教师评定残疾青少年的体育成绩时，主要考量学生的身体素质、运动技能、努力程度、运动参与、基础知识、情意表现与合作精神，其中以前五个因素为重，而情意表现与合作精神则考虑较少。如果体育教师评定学生的体育成绩时注重情意表现与合作精神，将有利于激发残疾青少年的运动兴趣，鼓励他们积极参加集体活动，凸显残疾青少年自身存在的价值，从而增强他们的社会适应能力。特殊教育学校体育教师综合考虑各方面因素来评定学生成绩，有助于发现各个残疾青少年的优点，使学生更加自信地融入集体。

普通学校体育教师在对残疾学生进行教学评价时，通常采用的评价方法包括观察法、问卷调查法、测试法等。通过观察学生的体育表现、行为变化以及态度调整等，

① 许伟．贵阳市特殊教育学校体育现状调查研究［D］．贵州师范大学，2019.

② 魏华．2002—2020 年上海师范大学视障学生的体育活动状况调查及推进策略［D］．上海师范大学，2021.

了解学生在体育教学过程中的学习效果；通过问卷调查了解学生的运动需求、兴趣爱好以及心理状态等，为个性化教学提供依据；通过测试法评估学生的运动技能掌握情况和身体素质提高程度等，为教学改进提供依据。普通学校体育教师针对残疾学生的教学评价取得了一定成效，但也存在一些问题。首先，部分学校对残疾学生体育教学的重视程度不够，缺乏科学系统的评价体系；其次，教师在实施体育教学评价时，往往缺乏针对残疾学生的特殊关注和专业指导；再次，残疾学生由于身体条件的限制，在参与体育活动时容易受到伤害，对评价的公平性产生影响；最后，教学评价资源相对匮乏，无法为残疾学生提供充分的支持。

（四）残疾青少年课外体育活动

1. 特殊教育学校残疾青少年课外体育活动

课外体育活动是在体育课之外的时间进行的体育活动，是促进残疾青少年身心健康的重要途径。由残疾青少年自主选择喜欢的体育项目进行锻炼，培养自己的体育兴趣爱好，有利于残疾青少年养成终生锻炼的习惯。早操和课间操（简称为“两操”）是特殊教育学校课外体育活动的重要组成部分，是衡量学校是否重视体育活动、重视残疾青少年身体健康的重要标志。其开展的形式和内容多为集体活动，包括矫正体操、保健体操和韵律操，但适合智力残疾青少年的“两操”相对比较缺乏。特殊教育学校一般“两操”整体状况良好，但仍有部分学校“两操”情况不理想，部分残疾青少年对“两操”积极性不高。[①]

一般条件较好的省市级特殊教育学校每天都有课外活动，而且时间长达 1 小时。大多数特殊教育学校每周课外活动有 2~6 次，每次时间约有 30 分钟以上。残疾青少年课外体育活动主要使用学校现有的体育场地器材。特殊教育学校注重残疾青少年的身心健康，积极鼓励他们进行课外体育锻炼，但由于城乡特殊教育学校体育场地、设施和器材的条件差别较大，难免制约了部分残疾青少年的课外体育活动。

特殊体育竞赛是课外体育活动的重要组成部分，不仅可以提高残疾青少年参加体育运动的积极性，培养他们顽强拼搏、团结合作的宝贵品质，还能在一定程度上增强其自信。特殊教育学校基本上每一至二年都会举办运动会。但由于残疾青少年的特殊性，运动会组织难度大，还受场地限制，召开情况一般不理想。有部分体育基础较好的残疾青少年参加比赛，例如，市、县级特殊教育学校残疾青少年一般参加市、县级中小学生运动会，与健全学生一起比赛，主要是田径类体育项目。少数特殊教育学校

① 许伟．贵阳市特殊教育学校体育现状调查研究［D］．贵州师范大学，2019.

体育优秀的残疾青少年可参加省级、市级的残疾人运动会。① 参加校外体育比赛有助于残疾青少年向社会展示自己，并加强社会交往能力。残疾青少年参加体育竞赛既可以体现特殊教育学校的体育水平，也能展示特殊教育学校的综合实力。但特殊教育学校残疾青少年外出比赛有诸多干扰因素。例如，残疾青少年群体人数相对较少，比赛也少，项目单一；有些教育职能部门对特殊教育学校体育不够重视，学校资金有限，体育经费紧张；还有安全问题；等等。

特殊教育学校开展体育活动、体育竞赛时不得不考虑残疾青少年运动员的安全问题。据调查，很多特殊教育学校出于安全考虑，为避免残疾青少年出现危险事故，某些体育项目不让残疾青少年参与，有些体育器材处于搁置状态，外出比赛也尽量减少甚至取消。造成这一局面的原因一方面是来自家长的压力，另一方面则是来自上级领导部门的压力。“安全第一”“学校无事故”的要求，使得很多学校在开展体育活动时持保守态度。如果学校出现体育事故，那么学校、教师就得承担相应的责任。因此，大多数特殊教育学校对于残疾青少年的课外体育活动或体育竞赛是能省则省。

2. 普通学校残疾青少年课外体育活动

大部分体弱、病残青少年积极参加课外锻炼，课外运动意识强，锻炼态度较端正。据调查，大部分课外活动的运动项目是羽毛球、乒乓球、游泳、篮球或散步等。超过一半的学生能主动参加课外活动，选择适合自身条件的运动项目。这与体育保健教师的教育和影响是分不开的。但还有小部分青少年不参加课外活动，缺乏体育锻炼意识。由于《国家学生体质健康标准（2014 年修订）》规定学生因病或残疾可申请暂缓或免予执行，未将病残学生真正纳入标准之内，他们因此也不会为体育成绩达标而主动进行锻炼。②

（五）残疾青少年学校体育场地、器材和设施现状

1. 特殊教育学校体育场地、器材和设施

体育场地、器材和设施是体育活动正常开展的物质保障。近年来各级特殊教育学校的体育场地、器材和设施都有了较大的改善。有的学校规模扩大，体育场地也相继扩大，体育器材和设施随之增多。如过去，县区级特殊教育学校体育场地、器材和设施匮乏，而现在兴建体育场地，购进新器材和设施的不在少数。可以说，特殊教育学校体育场地、器材和设施建设从无到有，逐步改善，但仍然存在一些问题。

---

① 黄世昌．美国残疾学生体育竞赛权保障及对我国的启示——基于麦克法登案的考察［J］．体育与科学，2015，36（04）：94-98.

② 魏华．2002-2020 年上海师范大学视障学生的体育活动状况调查及推进策略［D］．上海师范大学，2021.

由于学校建筑面积有限，资金不足，学校的场地、器材和设施不够齐全。[①]《特殊教育学校建设标准》对特殊教育学校体育场地面积、类型作了规定。各特殊教育学校体育场地类型一般以篮球场、羽毛球场和乒乓球场为主，但很少有针对性的特殊体育场地。由于残疾青少年的身体状况具有特殊性，他们使用的体育运动场地和器材需要有针对性的设计，比如视力残疾青少年的田径场周边需要绿化，弯道处需要设置触感标志等，以保障视力残疾青少年能安全使用跑道。

大多数特殊教育学校的体育场地、器材和设施配置不均衡。各特殊教育学校体育场地大小不一。大部分学校没有标准的田径场、篮球场，许多体育项目的场地重合。例如，中西部有的学校没有环形跑道，上体育课、跑步，大多在空地进行，或者围绕校园进行；羽毛球、足球和篮球等体育活动均在篮球场地或者有限的空地上进行。有的场地未达到体育用地面积标准，有的学校篮球场只有半场，有的学校环形跑道为泥土跑道，场地陈旧，较少使用。特殊教育学校室内体育场地、器材和设施较少、城乡差距较大。一般市级特殊教育学校有室内场地，而县区级特殊教育学校少有室内场地。室内场地一般多为康复训练室、练功房，没有其他体育器材和设施。大部分特殊教育学校没有室内体育馆，即使有，也仅供放器材，同时缺少体育教材或图书资料。据调查，部分特殊教育学校的体育场地只达到了国家标准的部分要求，很多细节没有完全到位，这难免增加了残疾青少年体育活动的安全隐患。[②]

各特殊教育学校的体育器材的数量也非常少，其中大部分学校仅仅只有少量的篮球、足球、乒乓球拍、羽毛球拍、跳绳等。在课外活动时间残疾青少年喜欢使用体育场地、器材和设施，特别是听力、语言残疾青少年，他们大多喜爱篮球、乒乓球、跳绳和健身器材等。但适合视力、智力残疾青少年的课外体育项目及其场地、器材较少。中西部省市的特殊教育学校体育场地和器材更加匮乏，基本难以达到国家标准，无法满足大多数体育教师的教学需要和残疾青少年的体育锻炼需求。[③] 并且，非专用体育场地、器材和设施的使用存在一定的安全隐患，在一定程度上制约了残疾青少年对体育场地、器材和设施的使用率，也限制了特殊教育学校体育活动的正常开展。

特殊教育学校的体育场地、器材和设施是残疾青少年体育活动正常开展的物质保障。而且残疾青少年体育对学校场地、器材和设施要求更高。只有不断完善学校体育场地、器材和设施建设，才能保障和提高特殊教育学校体育教学质量，促进残疾青少年体育的发展。

---

① 余璐璐．湖南省特殊教育学校体育教学现状及优化研究［D］．湖南师范大学，2017.

② 许伟．贵阳市特殊教育学校体育现状调查研究［D］．贵州师范大学，2019.

③ 许伟．贵阳市特殊教育学校体育现状调查研究［D］．贵州师范大学，2019.

2. 普通学校体育场地、器材和设施

虽然有些重点院校的运动场地、器材和设施可以满足普通学生体育教学与体育活动参与的需要。但可供残疾青少年体育活动的运动场地、器材和设施却极少。据调查，视力残疾青少年体育保健课没有设置专门的无障碍运动空间，上课的健身房有部分适合残疾青少年的健身器材，而体育馆内的“盲人乒乓球台”很少，视力残疾青少年参与体育课程和课外活动受到限制，可参与的体育项目比较单一，多为健身走、球类、器械类等，运动强度较小。①

（六）残疾青少年学校体育教学师资队伍

1. 特殊教育学校体育教师

我国特殊教育学校的体育教师整体数量基本满足教学需要，但专业体育教师数量少，专业对口程度低且缺乏培训。② 据调查，有的省份特殊教育学校体育师生比例失调，教师工作量大，任务重。许多体育教师要执教全校各年级的体育课，有的学校每名教师平均每周上 12～14 节体育课，最多的甚至要上 18 节体育课，还有早操、课间操、课外活动和运动会，以及外出比赛等都只是一个教师负责，有些偏远地区的特殊教育学校没有专职体育教师，体育课只能由其他学科教师兼任。由于高校特殊体育教育专业较少，生源不足，部分毕业生未从事本专业工作，特殊体育人才培养有限，基层教师工资待遇较低，在职教师专业结构参差不齐，专业化程度不高，基层特殊教育学校体育教师缺乏。③

2. 普通学校体育教师

高校体育保健教师队伍既有年轻教师，也有资深教师。年轻教师具有先进教育理念，对多媒体教学设备操作熟练，为残疾青少年体育保健教学注入了活力，还有部分高校的体育保健课是资历较深、教学经验丰富的教师执教。各高校对体弱、病残青少年的体育保健教师安排十分重视。由于上体育保健课的学生身体差异大，各院系专业分布较散、范围广等因素，体育保健课的上课时间与教师的教学空档时间相冲突，对体育保健班的排课有一定影响。有的高校将体育保健课安排在课外活动时间，有的高校将体育保健课安排在周末进行，只有部分高校将体育保健课安排在常规上课时间。某些高校没有足够重视体育保健课，导致残疾青少年在课程安排时被忽视。

---

① 魏华．2002-2020 年上海师范大学视障学生的体育活动状况调查及推进策略［D］．上海师范大学，2021.

② 许伟．贵阳市特殊教育学校体育现状调查研究［D］．贵州师范大学，2019.

③ 姬昆恒．近十年河南省特殊教育学校体育活动开展现状调查研究［D］．河南大学，2016.

（七）残疾青少年学校体育活动经费

体育经费是特殊教育学校体育工作顺利进行的保障。经费充足有利于完善学校场地、器材和设施的建设，也有利于残疾青少年体育活动的顺利开展。近年来我国体育环境发展良好，社会各界对各级特殊教育学校及其体育活动的开展越发重视，特殊教育学校体育经费的投入也越来越大。特殊教育学校对体育活动的支持力度明显提高，资金投入也呈逐年上涨趋势，为体育活动开展创造了有利条件。特殊教育学校的经费主要来源于国家和地方相关部门的财政拨款，还有少量的社会捐助以及学校自筹，且多是实物捐助，例如器材设施等，为开展体育活动提供一定的助力。

特殊教育学校体育经费主要来源于学校所得的财政拨款。虽然体育活动经费投入有所增长，但体育经费来源渠道少，仍然存在经费不足的情况。体育经费的需求量根据学校办学规模而各有不同，因经费来源单一，体育活动开展所遇到的问题大多与经费有关。① 由于学校没有设置体育活动专项经费，且体育经费主要是相关部门给学校划拨的公用经费，即使学校负责人对残疾青少年体育活动开展、外出比赛持支持的态度，也很难予以落实。实际情况显示，特殊教育学校体育活动的开展建立在学校力所能及的基础上。特殊教育学校体育经费短缺，只能在有限的条件下，依据实际情况合理使用。②

普通学校的体育活动经费，涵盖于健全学生体育活动经费之中，并未单设活动经费。

（八）残疾青少年学校体育运动队

运动训练和体育比赛是特殊教育学校体育的重要部分。2023 年 1 月 1 日实施的《体育法》第 27 条第 2 款规定，鼓励学校组建运动队、俱乐部等体育训练组织，开展多种形式的课余体育训练。③ 特殊教育学校也不例外。对有体育特长的残疾青少年进行组队训练，不仅锻炼学生，而且为青少年体育项目培养后备人才，还能为学校争得荣誉。

据调查，拥有校体育运动队的学校较少。就训练形式来看，有些盲校的部分项目是全年训练，而其他项目或校运动队都是赛前训练，形式单一且有一定局限性。各特

① 姬昆恒. 近十年河南省特殊教育学校体育活动开展现状调查研究［D］. 河南大学，2016.

② 许伟. 贵阳市特殊教育学校体育现状调查研究［D］. 贵州师范大学，2019.

③ 中华人民共和国体育法［EB/OL］. https://www.sport.gov.cn/n10503/c24405484/content.html，2022-06-25.

殊教育学校训练的项目一般以球类和田径项目为主，且与指导教师的专长相关。由于残疾青少年体育运动队参赛的影响因素较多，例如，师资、场地、器材以及经费等不足，能参加比赛的校运动队较少，不利于培养残疾青少年体育后备人才。

普通学校一般不会组织残疾学生的体育运动队，亦不会举办残疾学生运动会，因此竞技水平较高的部分残疾学生一般参加校级及以上运动会，或者参加残疾人专项运动会。

三、残疾青少年健身体育

健康是一切的基础，健身、锻炼是为了让生活更美好，健身体育应成为人们生活中的必要内容。① 随着社会精神文明进步和全民健身运动的深入开展，残疾青少年的健身意识逐渐增强，重视自己的身体，能够认识到体育活动对身体康复、促进健康、降低残疾程度有成效，从而积极参与健身锻炼，养成良好体育习惯。残疾青少年对参与健身体育具有较高的热情，喜欢或非常喜欢健身体育的比例超过60%。可见，健身体育在残疾青少年日常生活中占有重要地位。残疾青少年参与健身体育的价值取向呈现多元化趋势，比如，增强自尊和自信、促进社交，以加强与同伴之间的沟通和交流，特别是城市残疾青少年的健身动机主要有强身健体、兴趣爱好、休闲娱乐以及缓解压力等，② 体现了他们追求较高层次体育生活方式的需求。③ 然而，还有小部分残疾青少年尚未完全认识到体育活动对身体健康的重要性，对《全民健身计划纲要》的认知程度偏低。关于残疾人健身体育理念，相关部门的宣传力度不够。

（一）残疾青少年健身体育服务

我国残疾人体育主管单位是中国残疾人联合会（简称中国残联）和各级残疾人联合会（简称残联），包括市级残疾人联合会宣传文体部或残疾人文化体育指导中心的分支机构群众体育科、县区级和街镇级残疾人协会等，负责管理残疾人体育协会日常工作，组织开展残疾人体育工作和活动，在业务上接受各级体育主管部门指导，即省市级体育局的群众体育处。体育局的群众体育处负责全民健身的规划和设计工作，向各级残联推荐残疾人体育健身项目。县区级、街镇级残疾人协会可自行开展或与残联合办各类体育活动。残疾人专门协会组织，如盲人协会、肢残人协会、聋人协会等在残

---

① 让健身理念深入人心让体育锻炼成为习惯［EB/OL］. https://sports.qq.com/a/20110527/000537.htm, 2011-05-27 [redacted]

② 金梅，杜海燕，徐倩漪，等. 城市残疾青少年体育参与状况研究［J］. 体育文化导刊，2013（02）：32-34.

③ 窦慧慧. 济南市特殊教育学校听力障碍学生的体育活动参与研究［D］. 沈阳师范大学，2021.

疾人健身体育服务中发挥着重要作用，在每年的“全国助残日”“残疾人健身周”“国际残疾人日”等开展残疾人文体活动，不过体育活动较少，未能满足残疾人对体育组织服务的需求。

目前，各地纷纷建立社区残疾人服务组织，即依托社区或乡、镇、村级公共资源，进行无障碍改造，设立包括康复、文化体育等各种服务设施在内的温馨家园，其依次通过中国残联、省残联、市残联、县区残联、街道残联和社区温馨家园层层递进的方式进行管理。但据调查，由于温馨家园管理机构不完善、职责不清，尚缺乏专业体育管理人员，残疾人体育活动开展被动、无序，残疾青少年健身体育工作处于无管理、无标准、无要求、无目标状态。①

残疾人体育管理体系不够完善，特别是基层残疾人体育工作薄弱。部分县区残联仍然缺编，残疾人体育缺乏系统化管理、专业部门及人员，体育活动开展缺乏制度化保障。残疾人体育管理机构，上层配备充足，基层人员缺乏。据调查，黑龙江省的县区残联的专职人员 3~5 名，与社工一起也只有不到 10 人，残联驻乡村的人数更少，其中懂体育的残疾人服务专业人士极少。而市体育局或县文体局的体育专业人员却基本上不具备各类残疾人体育的相关知识。② 有的社区、村的残疾人工作甚至只有一人负责，这不免影响了残疾青少年健身体育的开展及成效。③

还有一类残疾人体育服务组织属于民间组织，即社会草根组织，由残疾人自发成立并加入组织，内部一般缺乏统一管理和主导人员。组织发展也无明确目标，缺乏相应管理机制，这类组织之间平时也无相互协调关系，不利于残疾人体育服务组织对社会公共资源的有效利用。④

残疾青少年健身体育服务组织层级结构一般依次为省、市、县（区）、街道（乡镇）和社区。这种直线型管理结构，使得相关政府部门既是制度制定者与管理者，又是残疾人体育活动的执行者。残疾人少有机会参与决策，只能接受政策的执行，这种理念在实践中离民主化、科学化还存在一定差距，影响了残疾青少年健身体育服务的质量和效率。同时，职能设置有重复，而且存在事权划分不明确等现象，残疾青少年健身体育服务组织的管理有待加强。残疾青少年健身体育服务是通过政府统筹，实现其在财政、法律和政策上的支持，但是，随着市场经济的发展，政府需要进一步完善相关措施以满足残疾青少年日益增长的健身服务需求。

---

① 常海林．北京市温馨家园残疾人体育活动现状的研究［D］．北京体育大学，2016.

② 冯其斌，黄起东，鞠明海等．从 1984-2015 年全国残运会看黑龙江省残疾人竞技体育的发展阶段和特点［J］．兰州文理学院学报（自然科学版），2019，33（01）：93-97.

③ 申充．东京残疾人体育振兴政策及其对北京的启示研究［D］．首都经济贸易大学，2017.

④ 沈柳红，杨海江．广西残疾人体育公共服务现状及改善对策［J］．体育科技，2018，39（06）：58-60+62.

（二）残疾青少年健身体育参与状况

残疾青少年由于残疾类别、分级不同，其运动能力存在差异，健身体育的参与状况也受到相应影响。肢体、视力、言语、听力、智力和精神残疾的青少年参与体育活动的情况各有不同。据统计，言语残疾青少年参与健身体育活动的概率最大，他们方便参与各项健身体育活动；肢体残疾青少年参与体育活动的比例明显高于其他类型；而听力、视力、智力、精神残疾和多重残疾的青少年，由于需要专门体育设施和相应辅助，参加健身体育活动的人数相对较少。① 肢体、听力和视力残疾青少年在社区体育生活中处于弱势；而智力、精神残疾青少年在社区或残联活动中心参与体育活动的人数更少。同时，城镇残疾青少年健身体育参与率高于乡村残疾青少年。而在城乡残疾青少年中，男性参与人数多于女性。因此，各类别残疾青少年的健身体育活动参与率具有不平衡性。②

（三）残疾青少年健身体育运动内容

残疾青少年健身体育运动的需求主要有：运动知识、科学健身、营养卫生、运动技能和康复等方面。③ 由于残疾青少年自身身体的局限性，其参加体育锻炼的内容有限。目前，残疾青少年健身体育的一般项目多为棋牌、羽毛球、乒乓球、柔力球等，没有形成系统的健身体育活动。④ 社区残疾青少年健身体育活动项目较少，某些农村社区的残疾青少年健身体育一般以散步、徒步和跑步为主。残疾青少年健身体育的内容和形式较为单一，专门针对残疾青少年的健身体育基础设施以及健身体育活动均较少，并且残疾人奥林匹克运动会（简称为残奥会）、残疾人运动会（简称为残运会）等中的专项竞技体育项目在残疾人群众性健身体育活动中也很少开展。⑤ 健身体育运动内容远未达到令残疾青少年满意的程度，该现状不利于残疾青少年参与健身体育活动。

（四）残疾青少年健身体育活动场地

适宜的活动场地是残疾青少年健身体育的首要需求。目前，公共体育场所和体育

---

① 张硕．济南市城区残疾人体育参与现状及对策研究［D］．山东体育学院，2014.

② 杨蓉蓉，陈功．北京市残疾青少年文化体育活动参与状况与影响因素研究［J］．中国青年研究，2019（06）：61-66+86.

③ 金梅，杜海燕，徐倩漪，等．城市残疾青少年体育参与状况研究［J］．体育文化导刊，2013（02）：32-34.

④ 申充．东京残疾人体育振兴政策及其对北京的启示研究［D］．首都经济贸易大学，2017.

⑤ 冯其斌，黄起东，鞠明海，等．从1984-2015年全国残运会看黑龙江省残疾人竞技体育的发展阶段和特点［J］．兰州文理学院学报（自然科学版），2019，33（01）：93-97.

场馆的无障碍设施建设有显著提高，为残疾青少年健身体育活动提供了便利空间。残疾青少年健身体育活动场地，主要集中于自家庭院、社区活动点、公共体育场所（绿地、广场、公园）等，就读于特殊教育学校的残疾青少年一般到学校体育场馆进行锻炼，① 只有较少残疾青少年会去收费的体育健身场所锻炼。残疾青少年运动员一般在残疾人体育训练基地锻炼，但体育训练基地及设施对普通残疾青少年不具有开放性和福利性。

残疾青少年进行健身体育的前提条件是场地和器材。在社会公共体育设施建设中，城乡社区基本上设有公共体育活动场地和健身器材，但是这些健身场地和器材一般是为健全人所提供，残疾人群体的健身运动场地没有专门配给。残疾青少年群体进行健身运动只能使用大众体育场地、器材，没有适合残疾人健身的专用体育场地和器材。这些器械对残疾青少年运动而言，存在安全性隐患，无法满足特殊群体的健身体育需求。② 对于我国社区健身器材的发展，政府的关注力度和社区资金投入还不足以满足残疾青少年健身体育需求。国内的体育器材公司基本没有研发各类残疾人专用的健身体育器材，而只有几种适合坐轮椅的残疾人使用的健身器材。③

为促进残疾青少年的体育参与，中小学体育场馆、收费体育场馆为残疾青少年体育活动提供优惠。公共体育场馆供免费使用的很少，很多场地缺乏无障碍设施，不适合残疾青少年健身使用。有些体育场馆为避免人身安全责任，拒绝接纳残疾人。④ 面向残疾青少年开放的健身体育活动场所，基本是残疾人联合会开设的康复中心和社区的残疾人活动中心，如温馨家园等。康复中心一般配备了较为齐全的残疾人医疗设备，但运动康复的场地数量少、面积小，参与人员有限，体育健身器材短缺；温馨家园等残疾人活动中心一般未设置体育健身室，残疾青少年只能使用公共体育健身器材。⑤ 温馨家园尚未针对残疾青少年体育需求设计体育活动。⑥ 有些中心仅有乒乓球桌、跑步机或棋牌等，且数量有限；体育活动内容、方式较为单一，与残疾青少年健身需求存在较大的差距，⑦ 无法充分满足各类残疾青少年的个性化健身体育需求；还有部分残疾人的健身、康复场地和器材存在不对外开放和利用率低等状况；部分运动康复功能器材因长期闲置而成为摆设。另外，社区出行障碍是影响残疾青少年参与健身体育的重要

---

① 金梅，杜海燕，徐倩漪，等．城市残疾青少年体育参与状况研究 [J]. 体育文化导刊，2013（02）：32-34.

② 张晓萍，王庆妍，张森．大数据时代残疾人体育服务平台构建刍议 [J]. 四川体育科学，2017，36（06）：5-8.

③ 张硕．济南市城区残疾人体育参与现状及对策研究 [D]. 山东体育学院，2014.

④ 沈柳红，杨海江．广西残疾人体育公共服务现状及改善对策 [J]. 体育科技，2018，39（06）：58-60+62.

⑤ 常海林．北京市温馨家园残疾人体育活动现状的研究 [D]. 北京体育大学，2016.

⑥ 张硕．济南市城区残疾人体育参与现状及对策研究 [D]. 山东体育学院，2014.

⑦ 沈柳红，杨海江．广西残疾人体育公共服务现状及改善对策 [J]. 体育科技，2018，39（06）：58-60+62.

因素。社区缺乏残疾青少年使用的“无障碍场地”，而残疾青少年出行不便，一定程度上限制其参与健身体育活动。[①] 残疾青少年健身的愿望强烈，但受到场地、器材、人文环境等各因素制约。[②] 由于政府未充分考虑残疾青少年健身体育的特殊需求，大多数残疾青少年尚未完全融入全民健身行列，影响了残疾青少年健身体育的大规模普及和开展。[③]

（五）残疾青少年健身体育指导人员

体育健身指导是残疾青少年健身体育的社会需求之一。在校残疾青少年希望在学校获得健身指导，或者通过社会体育组织、社区以及政府相关机构等获得相应指导。[④] 残疾青少年的生理特殊性决定其健身体育运动的特殊性。残疾青少年喜爱健身体育运动，如果自行盲目练习，不仅达不到健身效果，还可能造成二次伤害。因此，对于如何运动，如何选择恰当的运动项目、锻炼方法以及有针对性的运动方案，还需要残疾人体育指导员的专业指导。

当前，残疾人社会体育指导员的数量虽然有大幅增长，但仍然严重不足。《中国残疾人体育事业发展和权利保障》白皮书显示，截至 2020 年全国残疾人健身示范点累计建设 10675 个，培养、发展残疾人社会体育指导员 12.5 万名，二者较 2016 年均实现大幅增长。然而，与我国 8500 万的残疾人人口基数相比，体育软硬件资源存在巨大缺口，[⑤] 平均每名残疾人社会体育指导员需要指导约 680 名残疾人。全国各地的残疾人体育指导员配备不均衡。例如，经济发达地区，2021 年北京市培养社会体育指导员 204 名；[⑥] 上海市建立残疾人体育健身点 230 个，街镇覆盖率达 100%，并统一标准配置，包括提供无障碍环境、残疾人健身设备、专业健身指导员等；[⑦] 黑龙江省预计“十四五”期间培养 1000 名残疾人健身指导员。[⑧] 但是有的基层社区几乎没有残疾人体育指导员，一般由社区工作人员或卫生员充当体育指导员，缺乏专业性，不能科学有效地

---

① 吴筱林．残疾青少年儿童文化权益保障与政府责任［D］．浙江工商大学，2013.

② 沈柳红，杨海江．广西残疾人体育公共服务现状及改善对策［J］．体育科技，2018，39（06）：58-60+62.

③ 申充．东京残疾人体育振兴政策及其对北京的启示研究［D］．首都经济贸易大学，2017.

④ 金梅，杜海燕，徐倩漪，等．城市残疾青少年体育参与状况研究［J］．体育文化导刊，2013（02）：32-34.

⑤ 十四届全国人大一次会议第 7150 号建议及办理复文［EB/OL］．https：//www.cdpf.org.cn/ztzl/zyzt1/qgl-hjytafw/2023nlhjytablfwgk/qgrdjyblfw2023/ee7c62f240204838a9adb16795bed299.htm，2023-12-14.

⑥ 2021 年北京市残疾人事业发展统计公报［EB/OL］．https：//www.bdpf.org.cn/cms68/web1459/subject/n1/n1459/n1508/n1524/n2452/c133902/content.html，2022-06-21.

⑦ Two Hundred and Thirty Sports Fitness Outlets for the Disabled Have Been Set up in Shanghai，Covering All Neighborhoods and Towns［EB/OL］．https：//touch.shio.gov.cn/jsp/jrsh_ detail_ en.jsp？id=8361，2022-03-27.

⑧《黑龙江省“十四五”残疾人保障和发展规划》速读［EB/OL］．https：//www.hlj.gov.cn/hlj/c107856/202204/c00_ 31192096.shtml，2022-04-27.

训练指导残疾青少年。体育健身指导员人才缺乏，且存在区域差异，不利于残疾人体育事业的持续健康发展。① 现有的残疾人体育指导员，无论是数量还是专业，都难以满足残疾青少年健身体育活动需求，影响了残疾青少年参加体育活动的积极性。

残疾人社会体育指导员的培训在建设残疾人体育服务体系中具有重要推动作用。《残疾人文化体育工作“十三五”实施方案》明确指出要在全国培养10万名在残疾人健身康复体育方面具有咨询指导、项目拓展和活动组织能力的社会体育指导员。② 但是，残疾人社会体育指导员培训是长期性和系统性工作。残联举办残疾人社会体育指导员培训，参与人员覆盖面小，培训时间短，培训与后续发展脱节。体育指导员缺乏相应的岗位和激励机制，有的指导员并未能长期进行残疾人健身体育指导工作，而是回到各自原来岗位，导致专业人员流失和资源浪费，少有残疾青少年享受到实质性健身体育指导。③

（六）残疾青少年健身体育信息服务

对于众多不同类型、分级的残疾青少年而言，让他们感知到政府、社会对残疾青少年健身体育的高度重视，激发他们积极参与体育运动的热情，及时准确地将健身体育信息传达到位，对于推进残疾青少年健身体育的发展至关重要。为促进残疾人健身体育发展，党和政府出台了一系列政策文件。残疾青少年获得健身体育相关政策和活动信息，常用的咨询途径是广播、电视、专栏和网络。而网络具有方便、快捷的优势，能更好发挥传播残疾人健身体育信息的作用。④

残疾青少年体育信息咨询机构主要有残联、民政局、社区和特殊教育学校等。但是，部分省市的残疾人健身体育政策宣传缺乏力度。体育综合性网站主要发布竞技体育、体育赛事等内容，而关于残疾人健身、康复训练的相关信息则较少。地方电视台会开设残疾人专栏，偶尔对残疾人体育文化进行宣传。政府部门网站和残联的公告栏上往往公布残疾人活动结束后的成效，而活动前的宣传较少，这使得残疾青少年常常因体育活动信息获得不及时而错过参与机会。社区、街道等对残疾人健身体育缺乏重视。城镇社区宣传专栏对残疾人健身体育宣传非常少，农村社区宣传专栏则几乎没

---

① 申充．东京残疾人体育振兴政策及其对北京的启示研究［D］．首都经济贸易大学，2017.

② 残疾人文化体育工作“十三五”实施方案［EB/OL］．http：//cl.wuxi.gov.cn/doc/2016/11/03/1172196.shtml，2016-11-03.

③ 申充．东京残疾人体育振兴政策及其对北京的启示研究［D］．首都经济贸易大学，2017.

④ 金梅，杜海燕，徐倩漪，等．城市残疾青少年体育参与状况研究［J］．体育文化导刊，2013（02）：32-34.

有。[①] 由于政府部门上下级的政策文件和活动信息传递不到位，没有充分利用网络、电视等进行有效宣传，以及职能部门人员的残疾人服务意识欠缺，直接影响了残疾青少年健身体育的开展。由于在财力、物力、人力和信息传播途径等方面供给短缺，残疾青少年与社会的双向流动性差、体育活动宣传不到位、无障碍信息沟通不畅等，健身体育活动规模小众化。[②] 这在一定程度上限制了残疾青少年健身体育的顺利发展。

为实现残疾青少年健身体育资源最大化，使残疾青少年有效获取健身体育信息，比如体育场馆开放、残疾人体育指导员配置、体育活动开展和运动项目推广等信息，需要在政府相关部门和残疾青少年之间建立一个双向互动的体育公共服务平台，设立互联网界面，及时发布体育资源开放信息，使残疾青少年实时获得相关信息，并有效合理地利用体育资源。残疾青少年的生理功能决定其体育参与主体的多元化，尤其是对视力、语言、听力残疾的青少年，网站需提供特殊的体育讯息服务，设立有声版和手语版，使各类残疾青少年能畅通获得相关体育资讯，增加体育锻炼机会，丰富健身运动项目，不断满足其健身体育需求，使残疾青少年健身体育锻炼更加科学化，从而推动全民健身计划有效实施。[③]

（七）残疾青少年健身体育保障机制

残疾青少年健身体育属于体育强国建设的民生工程。依据中国残联与国家体育总局联合出台的文件，残疾人康复健身体育工作已被纳入全民健身大局。截至 2020 年 12 月，全国社区残疾人健身示范点累计达到 13313 处，培养残疾人社会体育指导员近 14 万名。[④] 上海市徐汇区开设的“智慧阳光康健苑”，使残疾青少年在“家门口”就能进行体育锻炼，并能得到专业人员的指导。这充分展示了中国的优越制度和残疾人体育事业的长足发展。

我国政府颁布的残疾人健身体育政策为残疾青少年健身体育发展提供资源保障。各省均出台了残疾人保障条例等政策文件，如《黑龙江省残疾人保障条例》第 32 条第 1 款明确规定：“各级人民政府应当根据本地区经济和社会发展水平，新建、改建、扩建适应残疾人需要和特点的文化、体育等公共活动场所。有条件的县级以上人民政府

① 冯其斌，黄起东，鞠明海，等．从 1984-2015 年全国残运会看黑龙江省残疾人竞技体育的发展阶段和特点［J］．兰州文理学院学报（自然科学版），2019，33（01）：93-97.

② 沈柳红，杨海江．广西残疾人体育公共服务现状及改善对策［J］．体育科技，2018，39（06）：58-60+62.

③ 张晓萍，王庆妍，张淼．大数据时代残疾人体育服务平台构建刍议［J］．四川体育科学，2017，36（06）：5-8.

④ 我国残疾人康复健身体育事业快速发展［EB/OL］．https：//www.gov.cn/xinwen/2021-10/22/content_5644377.htm，2021-10-22.

应当建立残疾人文化活动中心和体育训练中心。”《贵州省残疾人保障条例》第30条第1、2款规定，县级以上人民政府及其有关部门应当有计划地兴建、改建、扩建残疾人体育活动场所，鼓励帮助残疾人参加各种体育活动。残疾人凭残疾人证免费进入体育场馆，盲人、重度残疾人等需要陪护的可有1名陪护人员免费进入。① 《上海市实施〈中华人民共和国残疾人保障法〉办法》第37条第1款第5项规定，文化旅游、广播电视、电影、新闻出版、体育等部门应当指导有关单位广泛开展残疾人群众性体育活动，举办残疾人体育运动会，推广适合残疾人身心特点的健身康复项目，在公共体育设施和残疾人综合服务设施中配置适合残疾人的健身康复器材器械。其第二款更是明确有关部门和相关单位应当为残疾人参与体育活动进行专业指导，提供优惠服务；②等等。

但从各地法规政策的执行来看，一般只有大城市有条件设立残疾人体育活动中心，管理残疾人群众性体育活动开展工作。而各县残疾人体育公共活动场所的建设、改造不尽如人意，体育训练中心几乎很少，体育公共服务不能满足残疾青少年需求，基层残疾青少年体育活动匮乏、城乡发展不平衡，残疾青少年体育活动参与率不高。

部分政策执行者存在形式主义，表现为残疾人体育服务政策实行过程中，资金、人员、物资落实不到位，上级检查时走形式等。基层残联一般在几个重要时间节点组织残疾人体育活动，例如“全国助残日”“国际残疾人日”“全国特奥日”“残疾人健身周”等，一般以政策宣传、辅助器具捐赠、运动会等形式为主，覆盖面不够广，形式较为单一。街道、社区残疾青少年体育活动更少。部分残疾青少年对健身体育活动服务满意度不高。③

随着全民健身意识增强，政府对残疾青少年体育的投入力度不断加大，但仍存在资源配置失衡、匮乏的状况。从体育财政拨款来看，国家对残疾人体育的投入呈增长趋势，但远不及体育财政投入，④ 且地方资金投入有限。由于人们更多关注残疾青少年康复运动和竞技体育，而健身体育较少提及，因此不利于调用社会有效资源发展残疾青少年健身体育。有的省份的政策规定：每年2%的体育彩票公益金用于实施“残疾人自强健身工程”。⑤ 但这些资金无法满足残疾青少年日常健身体育锻炼。残疾人健身活

① 贵州省残疾人保障条例［N］. 贵州日报，2014-05-21（010）.

② 上海市实施《中华人民共和国残疾人保障法》办法［EB/OL］. https：//law. sfj. sh. gov. cn/#/detail？id=61ad88d0e4b09116e3107ed2，2021-12-01.

③ 李小凤. 北碚区残疾人公共文化服务政策执行梗阻及治理对策研究［D］. 西南大学，2018.

④ 张晓萍，王庆妍，张森. 大数据时代残疾人体育服务平台构建刍议［J］. 四川体育科学，2017，36（06）：5-8.

⑤ 关于印发《黑龙江省残疾人体育工作“十二五”实施方案》的通知［EB/OL］. http：//www. hljcl. org. cn/ZCFG/2278. jhtml，2012-11-20.

动点经费主要来自政府投入，社会投入较少。目前，关于各级残疾青少年体育工作经费标准尚无政策规定，且申请困难。现有政策扶持力度不足、执行难以到位，体育组织力量较弱，残疾青少年健身体育运动参与率低。① 残疾青少年健身体育经费缺乏保障，影响了残疾青少年健身体育活动的顺利开展和推广。②

（八）残疾青少年健身体育服务监督评价体系

通过对各级残联和体育局等职能部门进行调查，在“残疾人健身周”，有专业人员进行残疾青少年健身体育指导和督导。而大部分市县残疾人群众性体育活动并未真正落实，残疾青少年健身体育服务的监督评价基本处于零状态。③ 监督评价机制的缺乏在一定程度上造成残疾青少年健身体育工作的失效，不利于相关职能部门利用社会资源开展残疾青少年健身体育服务事业，实现资源有效配置。监督评价体系是保障残疾青少年公共服务体系正常运行的关键，缺乏相应的监督评价将使人无法意识到目前服务体系所存在的不足，难以实现对现行服务体系的完善。

残疾青少年健身体育服务主体方面的监督评价，即对服务目标、服务环境、服务主体、服务客体和服务方法缺乏量化标准，测评指标体系的选取缺乏科学评价标准和评价方法。因此，建立健全残疾人健身体育服务监督评价机制是目前相关职能部门急需解决的问题。④

四、残疾青少年竞技体育

随着国家和全社会对残疾人体育重视的不断加强，中国残疾人竞技体育迅速发展，在重大国际体育赛事中表现优异。在东京残奥会上，中国体育代表团以 96 金 60 银 51 铜，连续 5 届残奥会位列金牌榜和奖牌榜第一。残疾人（包括残疾青少年在内）竞技体育的发展壮大与竞技体育法律法规和政策、组织机构的运营与管理、运动员现状、教练员队伍管理、运动训练场地与器材、运动的经费现状、运动员队伍的选拔和管理、体育赛事医疗保障现状等方面密切相关。

（一）残疾青少年竞技体育法律法规和政策

2018 年新修正的《残疾人保障法》颁布，为残疾青少年体育发展提供了保障。该

① 沈柳红，杨海江．广西残疾人体育公共服务现状及改善对策［J］．体育科技，2018，39（06）：58-60+62.
② 常海林．北京市温馨家园残疾人体育活动现状的研究［D］．北京体育大学，2016.
③ 沈柳红，杨海江．广西残疾人体育公共服务现状及改善对策［J］．体育科技，2018，39（06）：58-60+62.
④ 沈柳红，杨海江．广西残疾人体育公共服务现状及改善对策［J］．体育科技，2018，39（06）：58-60+62.

法第 43 条第 4 项规定，政府和社会可通过组织、扶持残疾人开展群众性体育活动，举办残疾人体育运动会，参加国际性比赛和交流的措施丰富残疾人的精神文化生活。2016 年，中国残联、中央宣传部、文化部、国家新闻出版广电总局、国家体育总局联合制定的《残疾人文化体育工作"十三五"实施方案》对残疾人竞技体育发展作出具体部署，提出设立国家级残疾人体育训练基地 40 个，培养高水平运动员和发展项目，在竞赛、训练、活动、培训、科研等方面提供保障与服务；培养培训 1 万名高水平残奥和听障运动员、10 万名特奥融合运动员；完善四级联动的残疾人运动员业余训练体系，举办青少年选拔赛和训练营，加强后备人才培养；培养残疾人体育教练员 6000 名、裁判员 2000 名、分级员 200 名，实施领队和教练员运动周期内聘任制；创新国内残疾人体育竞赛模式和制度，各地每年举办省级单项残疾人体育赛事至少 6 次，地市级至少 4 次，县级至少 2 项。① 国务院于 2021 年 7 月颁布的《"十四五"残疾人保障和发展规划》对残疾青少年竞技体育作出规定，明确提出筹办好北京冬残奥会，实施残疾人奥运争光行动；办好杭州亚残运会和第十一届、第十二届全国残运会暨特奥会等重大赛事。②

各省、市依据《残疾人保障法》也相继出台了相应配套法规。例如《贵州省残疾人保障条例》第 32 条规定，县级以上人民政府应当组织举办残疾人体育运动会，县级以上人民政府及其有关部门应当有计划地培养残疾人体育运动员，且在集训、比赛期间，残疾人所在学校或单位应当保留其学籍或保障其工资福利待遇不变。该条例第 33 条规定，县级以上人民政府应当采取特殊措施，解决好作出突出贡献的优秀残疾人运动员的就学、就业等问题，给予重大赛事获奖的残疾人运动员及其教练员奖励。③ 上海市也作出相应规定，要求体育、人力资源社会保障、教育、财政等部门和残疾人联合会应当采取措施，培育、选拔残疾人竞技体育后备人才，完善残疾人运动员补贴、就学、安置等方面的保障措施。④

（二）残疾青少年竞技体育组织机构的运营与管理

1. 中国残疾人体育运动管理中心的组织管理

随着中国残疾人竞技体育不断发展壮大，残疾人竞技体育组织管理体系已经相对

---

① 【聚焦"十三五"】《残疾人文化体育工作"十三五"实施方案》日前下发［EB/OL］. https：//mp. weixin. qq. com/s/OQsTIpN_ ak14NSZZgb5YYA，2016-11-01.

② 国务院关于印发"十四五"残疾人保障和发展规划的通知（国发〔2021〕10 号）［EB/OL］. https：// www. gov. cn/zhengce/content/2021-07/21/content_ 5626391. htm，2021-07-21.

③ 贵州省残疾人保障条例［N］. 贵州日报，2014-05-21（010）.

④ 上海市实施《中华人民共和国残疾人保障法》办法［EB/OL］. https：//law. sfj. sh. gov. cn/#/detail? id = 61ad88d0e4b09116e3107ed2，2021-12-01.

成熟，形成了以中国残疾人体育运动管理中心为核心的残疾人竞技体育管理模式。中国残疾人体育运动管理中心作为中国残联直属公益性事业单位，以残疾人体育运动项目发展、残疾人全民健身活动繁荣以及为国家队提供保障服务与管理指导为主线，负责组织开展残奥、聋奥、特奥和残疾人群众体育领域的训练、国内赛事、出访参赛和全国性活动；全面保障残奥会、聋奥会、特奥会、亚残运会等重大国际赛事的备战任务；承担残疾人运动员的注册、分级、反兴奋剂管理和器材装备保障任务；创新推进残疾人体育科研和运动员、技术人员的培养工作；承担国家残疾人体育综合训练基地的运行和管理工作。①

管理组织结构稳定，为残疾青少年竞技体育后备人才培养、教练员培训、训练基地建设、经费投入等方面提供了保障，其与备战残奥会成立的高效型任务型组织，共同构成了中国残疾人竞技体育在奥运阶段高水平表现的双重组织保障。②

2. 地方残疾青少年竞技体育管理组织结构

省残联下设的宣传文体部，指导省残疾人体育协会工作，指导组织开展省残疾人体育活动，负责选拔、培养残疾人体育后备人才，组团、组队参加各类综合运动会、国内外各项赛事。由于省残联宣传文体部人员的数量和体育专业水平有限，各运动训练队分散到有相应训练基地的下级残联，由所在地残联代替省残联行使行政监督管理权，而业务上接受省体育局或各级体育局专业人员指导。但是，分散在各地的残疾青少年竞技体育训练队，由于行政和业务管理分开，管理组织结构较为松散，不利于训练队长期、稳定、持续发展。③

（三）我国残疾青少年竞技体育运动员现状

我国残疾青少年运动员呈年轻化趋势，具有较大发展空间和潜力。各省会城市和东南部沿海等经济发达地区的残疾青少年竞技体育发展较好，而其他地区的残疾青少年竞技体育相对偏弱。运动员更多是在临赛前进行短期集训，有针对性的专项训练手段并未被广泛应用到各运动队训练中。由于缺乏长期的系统性训练和比赛经验，竞技水平的提高难以保障。比赛成绩与训练年限密切相关，任何竞技类运动项目水平的提升，都必须经历长期、系统的科学训练，以强化和积累运动的技术；而参加更多赛事，增加比赛经验也必须以时间作为条件和基础。例如，由于竞技轮椅篮球项目

① 中心介绍［EB/OL］. https：//www. caspd. org. cn/sample-page/.

② 杨安禄，姚蕾，王永顺. 动力与障碍：中国残疾人竞技体育发展研究［J］. 体育科学研究，2019，23（06）：54-58+66.

③ 冯其斌. 2000~2016：从悉尼到里约看黑龙江省残疾人竞技体育的发展［J］. 湖北体育科技，2018，37（06）：524-528.

的特殊性，运动员的力量、速度、耐力和经验均与其年龄紧密相关。竞技轮椅篮球青少年运动员匮乏，人才储备短缺，在梯队建设上存在问题。由于少有机会参加国际性赛事，运动员与国外竞技轮椅篮球队交流较少，制约了我国竞技轮椅篮球发展，需要认识到通过与高水平队伍的交流竞技，能不断提高国内竞技轮椅篮球的水平。竞技轮椅篮球运动在运动员训练、教练员配置和队伍建设方面缺乏完整的系统保障，后备力量较为薄弱。

我国冬残奥会国家队运动员平均年龄较小，基本在 20 岁左右，运动潜能大。年轻运动员较多，获得优异成绩的潜能较大。但冬残奥会国家队组队时间短，运动员参加冰雪运动的时间普遍较短，经验不足。运动员每天进行雪上训练和力量训练，缺少理论知识的学习，训练模式较为单一，容易产生负面情绪。残疾人竞技体育国家队一般是在国际大赛之前组建，国家集训队进行为期三四个月的针对性训练，这种短期训练更多是恢复运动员体能，却难以实质性提高各个项目的竞技战术。不仅教练员与队员需要一段时间来适应、熟悉，而且参与集体项目的运动员之间需要更多时间来培养默契。这种比赛训练模式一定程度上制约了残疾青少年竞技体育的发展。①

残疾青少年运动员的训练理念、方法和周期有其特殊性。受自身状况、参赛的数量、场地、器材等各种因素的影响，很多运动员无法坚持全年训练，而处于多种训练模式的状态。残疾青少年运动员对于场地、器材要求较高，有的运动员必须有人协助，才能进行训练、比赛。例如，径赛中盲人运动员需要有领跑员，田赛中下肢残疾运动员需要裁判抱到专业投掷椅上，聋人运动员需要专业手势和标志，盲人运动员跳远则需要依靠教练员声音辅助，等等。有些地区只有比赛时才提供残疾人运动员训练经费和场地器材，所以很多运动员处于赛时训练、赛后回家，间断性训练、赛前集中训练的模式。长期、系统的运动训练是运动员成绩提高的基本要求，这就需要把赛前临时集训、间断训练尽可能变成长期的系统训练，而且有教练员指导，如此才能有效保证残疾青少年竞技水平的提高。政府相关部门需要做好残疾青少年体育工作，加强残疾青少年运动员培养以及后备人才的建设，以促进我国残疾青少年竞技体育的持续性发展。

我国残疾青少年运动员可以通过比赛实现个人价值、集体价值，也可以同时提高生活质量。分析残疾青少年运动员的参训动机，大约 80%以上的运动员是“为自己和集体争荣誉”和“获得比赛奖金”。由于目前国家对高水平残疾青少年运动员的精神和物质奖励相对较高，许多残疾青少年选择进入竞技体育队伍，积极刻苦训练，以期参

① 李春璐．我国残疾人体育发展的障碍及解决方法的研究［J］．当代体育科技，2015，5（31）：226-227.

加比赛并获得名次，这既可增加信心和勇气，又能改变生活状况。① 此外，残疾青少年运动员的参赛动机还有为残疾人体育事业作贡献，并结交朋友，消除社会歧视等等。

（四）残疾青少年竞技体育教练员队伍管理

教练员与运动员一样是残疾青少年竞技体育发展的基石。目前我国残疾青少年竞技体育教练员的组成，主要有特殊教育体育教师、普通中小学体育教师、高校体育专业毕业生、优秀的普通或残疾人退役运动员等。由于残疾人竞技体育专业人才缺乏，国内残疾青少年竞技体育裁判员、教练员平时基本上从事健全人运动员的裁判和教练工作，较少对残疾青少年运动员的生理、心理以及医学分级进行了解和学习，他们的专业性有待提高。

由于残疾青少年竞技体育竞赛模式长期是“赛前集训，赛后解散”，教练员很多是“体制外”人员，没有签订聘用合同，在临赛前需要进行临时抽调或选拔。对教练员的管理也处于随意状态，没有相应的管理规章制度，没有建立教练员人才档案库，没有考评与奖励制度保障，不利于调动教练员的积极性。例如，我国竞技轮椅篮球的教练员普遍执教年限较短，平均为 1 年左右，这些教练员带队经验不足，与运动员磨合不够，技战术方面难以充分发挥，造成该运动项目发展相对滞后。② 残疾青少年冬季项目的教练员基本是从事健全人冬季运动项目的教练员，对残疾人冰雪运动执教经验不足，缺少有针对性的阶段性课时训练方案，难免影响备战冬残奥会的系统训练规划，等等。

长期稳定的教练员队伍亟须建立。③ 据调查，大多数教练员几乎未参加过或参加过极少数的岗位培训，且培训一般以讲座形式居多，难以实质性提高教练员专业水平。相关政府部门需要重视教练员岗位培训工作，提升教练员与运动员之间的契合度，促进我国竞技运动员技战术水平的提高，推动中国残疾青少年竞技体育持续健康发展。目前，天津体育学院、广州体育学院和北京体育大学等已经开设了运动训练、运动康复等专业，主要培养从事残疾人体育和教学的教练员、指导员，即热爱残疾青少年体育事业，了解残疾青少年生理、心理特征和规律，熟练运用科学系统训练方法的高水平专职教练员、指导员。

---

① 杨安禄，姚蕾，王永顺．动力与障碍：中国残疾人竞技体育发展研究［J］．体育科学研究，2019，23（06）：54-58+66.

② 李春璐．我国残疾人体育发展的障碍及解决方法的研究［J］．当代体育科技，2015，5（31）：226-227.

③ 王顺．湖南省残疾人竞技体育发展现状调查与分析［D］．湖南师范大学，2010.

（五）残疾青少年竞技体育运动训练场地与器材

残疾青少年竞技体育运动训练场地与器材是不可缺少的硬件保障。残疾青少年运动员自身的特点决定了其竞技体育运动所需场地、器材具有特殊性。特殊训练场地需要无障碍通道及相应配套设施，例如盲道、专用扶手和轮椅通道等；而专用器材的配备是运动员正常训练的物质基础，根据残疾人的医学功能分级，运动员参与不同的体育项目需要各种具有针对性的训练器材，有的训练器材常常是具有高科技含量的辅助器材，一般价格昂贵且损耗快。

中国残疾人竞技体育训练基地分为国家级、省级、市级三个级别。截至 2023 年 10 月，全国共建有 40 个国家级残疾人体育训练基地。由于国家级残疾人体育训练基地仍然较少，各省、市也建立了各级残疾人体育训练基地。例如，截至 2016 年底，河南省有省、市级残疾人体育训练基地或场地共 19 个，其中省级训练基地 6 个；四川省省级训练基地数量为 17 个；山东省省级基地为 4 个。残疾人训练基地的建立，能加强对残疾青少年运动员的科学管理，提供更为完备的专业场地和器材；能对残疾青少年运动员进行训练监控和医学恢复，加强对运动员队伍的统一管理。[①] 但整体而言，残疾人体育训练基地仍然相对较少。目前的训练现状是，大部分省市的残疾青少年运动员与健全人运动员共用体育训练场地和运动器材，训练环境几乎没有差别，可以说场地与器材是残、健同一化。如果残疾青少年运动员与健全人运动员训练时间冲突，只能利用健全人运动员训练间歇时间来训练，这不利于残疾青少年运动员提高训练成绩和模拟真实比赛。例如残疾青少年乒乓球队用省乒乓球队的场地，而轮椅冰壶也用国家冰壶队的场地，他们的训练时间是健全人运动员的午休和晚上时间，难以保证效果。冬残奥运动员的训练场地也是和健全人运动员共用的外租场地，没有专门的训练场地，缺少专业录像设备以及生理测试仪器，这不利于运动员生理生化指标的日常监测和运动技术动作的分析。[②] 有些省份的残疾青少年田径运动员没有固定的训练场地，准备比赛时只能借用其他高校或市、区的健全人运动员的训练场地进行训练，如果双方训练时间出现冲突，一般优先健全人运动员训练，而残疾青少年运动员只能等待。例如，湖南省残联组织的训练项目只有田径和游泳，而且经过多方协商，才租借到高校或体育馆作为长期训练场地。而其他竞技项目，如举重、聋人篮球、盲人柔道和盲人门球等则需要临时租借特殊教育学校、基层残联场地。羽毛球、乒乓球项目也

---

① 张又文．河南省残疾人竞技体育发展现状与对策研究［D］．河南大学，2018.

② 张晓萍，王庆妍，张森．大数据时代残疾人体育服务平台构建刍议［J］．四川体育科学，2017，36（06）：5-8.

没有专门的残疾人训练场地。由于场地中的器材使用未区分健全人与残疾人，很多残疾人运动员在比赛时才首次使用比赛标准的场地与器材，不免适应困难，难以取得理想成绩。

残疾青少年运动员有比赛就集训，没有比赛就解散的状况，使其训练时间和质量难以保证。① 有的省份残疾青少年运动员进行专项训练时，使用健全人体育训练队所淘汰的器材，训练场地缺少无障碍设施、设施简陋，缺乏具有高科技含量的器材，许多项目无法正常开展。例如，河南省残疾人田径队没有省残联的专门场地，队员训练需要去田径运动管理中心。自行车项目的日常训练是在几条路况良好的省道，而每当有比赛时，队员会到河南省自行车现代五项运动管理中心进行赛前集训。此外，我国部分竞技轮椅篮球队没有固定的专业场地，多数训练场地为篮球馆，有的训练场地为水泥地。同时，无论是租借场地，还是使用各学校的体育场馆，均需支付高昂场地费用，并且为了不与其他项目的训练时间相冲突，必须选择不同时间训练。训练场地短缺、训练时间被动，在一定程度上影响了残疾青少年运动员的竞技和心理状态，不利于残疾青少年各项竞技体育的发展。而先进的、设施完备的训练基地有利于各体育项目向更高水平发展，有利于残疾青少年竞技体育水平的整体提升，并带动残疾青少年健身体育的普及和发展。②

残疾青少年运动员相对于健全人运动员而言是一个特殊的群体。适合项目特点的、专门的训练场地和器材是残疾青少年运动员实施训练的有效保障。尽管一般的运动器材暂时可以满足训练需要，但没有专门的配套设施和器材，例如，轮椅项目训练队由于训练配套资金不足很难购买较好的比赛轮椅，或者一些好的轮椅只在比赛时候才可使用，在一定程度上制约了我国残疾青少年运动员竞技体育水平的提高。残疾青少年体育运动的特殊性，决定了其训练场地与器材需要与健全人运动员区分开来。由于训练所需的专用场地、器械均要付费使用，科学系统的训练和比赛都需要大量的资金作物质保障，只是依靠政府财政拨款还是不够，而这是影响我国残疾青少年竞技体育发展的重要原因。只有经费投入加大，残疾青少年竞技体育才能不断发展。

（六）残疾青少年竞技体育运动的经费现状

经济基础决定上层建筑，残疾青少年竞技体育的经费投入是其持续、健康发展的一个重要因素。目前，各省市残疾青少年体育经费大部分来源于国家财政拨款，体育局、残联专款，公益体育彩票、福利彩票，还有国内外慈善机构和个人捐赠等，但后

---

① 王顺．湖南省残疾人竞技体育发展现状调查与分析［D］．湖南师范大学，2010.

② 张又文．河南省残疾人竞技体育发展现状与对策研究［D］．河南大学，2018.

者的赞助几乎很少。这种经费模式决定了残疾青少年体育对政府的依赖程度高。例如，2022 年北京冬残奥会举行，冬残奥国家队是由国家体育总局和中国残联联合进行管理，有政府政策保障，经费支持充足。①

然而，各省市残疾青少年竞技体育经费短缺问题普遍存在，导致一些体育项目发展缓慢。例如，竞技轮椅篮球运动员有日常训练经费和比赛经费，但普遍反映经费不足，其只能满足赛前集训和比赛期间费用。此外，竞技轮椅篮球项目的主要训练器材是轮椅，但其价格高昂，经费不足在客观上影响了我国竞技轮椅篮球的发展。

中国残疾青少年运动员在训练和比赛期间有一定的生活福利保障，但脱离训练和比赛，则无其他经济来源。据调查，训练前无收入的残疾青少年运动员比例较大，仅有 1/3 的运动员在训练前有收入。没有收入的运动员在参加训练后可以实现生活保障。由于残疾青少年体育属于业余体育，多是赛前集训或阶段性训练，赛后队伍解散，就意味着其不再有经济来源。从某种意义上说，获得一定经济收入可更加激励运动员进行训练。为了维持生计，他们会专心投入专业的运动训练中。由于现有的机制并不足以保障残疾青少年运动员的日常生活，个人经济状况的好坏直接影响着运动员训练水平的高低。如果残疾青少年运动员有良好的经济基础作保证，就能积极地进行高水平训练，从而保持一个稳定的竞赛水平。

（七）残疾青少年运动员队伍的选拔和管理

残疾青少年体育人口是残疾人竞技体育发展的主要动力。随着我国政府对残疾人体育的不断重视以及相关法律法规和文件的颁布实施，各地各类残疾人了解体育、接触体育、参与体育，残疾人体育活动蓬勃开展，残疾人健身示范点的建立呈上升趋势。残疾青少年体育人口的增长，有利于扩大残疾青少年运动员的选拔空间，让更多优秀运动员脱颖而出。在后备人才的选拔上，残疾青少年竞技体育逐渐形成一套较为完整的人才培养体系。②

残疾青少年运动员后备人才选拔主要有四种途径：一是地市级比赛筛选；二是各级残联推荐；三是特殊教育学校培养输送；四是教练员走访选拔。省、市级残联主要负责组织体育比赛、队员训练及参赛工作。而区残联由于熟悉了解本区具有体育特长的残疾青少年，因此适合承担残疾青少年运动员的选拔推荐工作。残疾青少年自愿参

---

① 张卫卿．我国冬残奥会雪上项目运动员参训过程保障研究［D］．哈尔滨体育学院，2019.

② 杨安禄，姚蕾，王永顺．动力与障碍：中国残疾人竞技体育发展研究［J］．体育科学研究，2019，23（06）：54-58+66.

加体育训练的比例较低，多是由残联组织推荐。[1] 区残联积极举办各类残疾青少年体育赛事，以挖掘残疾青少年竞技体育才能，使残疾青少年的自我价值得以展示。在地方政府主导下，各级残联与部分特殊教育学校建立残疾青少年运动员的选拔与培养输送关系，使残疾青少年运动员队伍能得到长期、持续、及时地补充，以形成较为成熟的、具备一定规模的人才培养梯队。[2] 而国家队运动员的选拔多注重运动员的比赛成绩，通过选拔有大赛经历、竞技高水平和心理素质好的运动员，以确保国际大赛上的获奖牌率。

当前，残疾青少年运动员的后备资源仍然不足。例如，北京市残疾人运动员从年龄分布上看，残疾青少年运动员较少。由于残疾青少年竞技体育保障制度不够完善，即残疾青少年运动员大多是业余的，有训练任务时，能得到一定的生活补助，没有训练任务时，就无法得到稳定收入，家长往往不愿让自己的孩子参加体育训练。另外，退役安置问题也未得到较好的解决，从而影响了残疾青少年竞技体育后备人才的发展。[3]

（八）残疾青少年体育赛事医疗保障现状

体育赛事医疗保障能够确保迅速、有效、合理救治赛事中突发疾病或受伤的运动员。当前体育赛事医疗救治多以健全人运动员的常见运动损伤为主，而较少对残疾人体育运动保障进行考虑。残疾人体育赛事医疗保障体系建设应得到重视和加强。

中国政府重视发展残疾人体育事业，为残疾青少年体育发展提供了较为良好的社会环境与政策基础，残疾青少年体育赛事举办数量逐渐增多，但相关基础建设仍较为薄弱。例如，残疾青少年体育赛事医疗保障沿用普通竞技赛事的医疗保障措施，而少有对残疾青少年体育赛事医疗保障的针对性举措。残疾人体育赛事医疗保障的政策法规、体系研究和实施方案较为缺乏，影响了残疾青少年竞技体育的健康发展。

残疾青少年运动员由于存在不同类型、级别的残疾以及参与不同运动项目，其伤病类型存在差别。同一项目运动员由于残疾程度不同、运动辅助用具等因素，其损伤亦产生差别。例如，轮椅篮球运动员可能在投篮时出现上肢损伤，也可能出现因轮椅碰撞产生的肢体挫伤。因此，赛事医疗疾病预案需要具备针对性和专门性。现阶段的医疗配备不能充分满足残疾青少年运动员的需求，很多竞技体育运动队没有队医或医

---

① 宋宇．我国残疾人田径运动员队伍发展现状研究［D］．首都体育学院，2017.

② 武巧玲．残奥会竞技项目与我国残疾人体育资源配置策略研究［J］．廊坊师范学院学报（自然科学版），2019，19（02）：97-101.

③ 申充．东京残疾人体育振兴政策及其对北京的启示研究［D］．首都经济贸易大学，2017.

疗保健人员。另外，对运动员残疾类别、程度和运动能力进行分级、评定的医疗人员非常匮乏，使得某些运动员在参赛级别、资格上作假的异化现象层出不穷。① 运动员训练和比赛的医疗保障是残疾青少年竞技体育发展迫切需要解决的问题之一。②

第三节 中国残疾青少年体育纠纷的类型与成因

中国残疾青少年是一个数量庞大的特殊群体③，他们正处在人体迅速生长发育的关键时期。在这一阶段，体育教育、体育活动对残疾青少年这一群体来说非常重要，可以在增进健康、磨炼意志、运动康复和塑造品格等方面发挥十分重要的作用，是残疾青少年实现自我发展、融入社会的重要途径。但是长期以来，有关残疾人尤其是残疾青少年的体育权利的定义一直比较模糊。以往的研究认为残疾人体育权利是指"法律规定的残疾人在有关体育的各项活动中所获得的利益、资格、自由和权能等权利。"④ 从学界开始深入探讨体育与人权的关系以来，对残疾人体育权利的研究也从"义务"的角度向"人权"发生转变，汪习根等提出残疾人体育权利是一种包含健康权、平等权和文化权在内的人权。⑤ 这种人权应具有应有人权、法定人权和实有人权3种形态⑥。而如何实现残疾青少年的实有体育权利，首先就要对常见的残疾青少年体育侵权纠纷进行梳理。当前残疾青少年体育和社会资源逐步整合，由此带来的体育侵权纠纷也错综复杂，一般而言，学校、体育社团、俱乐部和体育协会等均是导致残疾青少年体育权利受到侵犯的主体。

残疾青少年体育纠纷属于体育纠纷的一种，但是其又存在属于自身的独特属性。首先，残疾青少年的体育纠纷多涉及主体地位不平等。在一般的民事纠纷中可能存在残疾青少年体育纠纷，例如，在残疾运动员之间或体育俱乐部之间的纠纷中，由于残疾青少年特殊的社会地位，其体育权利的实现又涉及政府帮扶政策和社会保障措施的落实等问题，这就属于政府机构侵犯残疾青少年体育权利而引起的纠纷，是不平等主体之间产生的纠纷。其次，残疾青少年体育纠纷对社会造成的危害较小。残疾青少年

---

① 李春璐．我国残疾人体育发展的障碍及解决方法的研究［J］．当代体育科技，2015，5（31）：226-227.

② 石磊．我国竞技轮椅篮球运动开展现状及发展对策研究［D］．成都体育学院，2016.

③ 汪永涛．残疾青少年的康复发展状况研究［J］．中国青年研究，2015（04）：5-9+17.

④ 刘永风，汤卫东，何金，等．我国残疾人体育权利研究［J］．体育文化导刊，2010（03）：17-20.

⑤ 汪习根，安效萱．2030可持续发展议程下体育权利理念的优化［J］．北京体育大学学报，2018，41（03）：1-7.

⑥ 黄世昌，谢可欣．残疾人体育权利法理分析与法律保障研究［J］．北京体育大学学报，2020，43（01）：50-58.

体育纠纷大多发生在专门的体育场所或者运动机构中，例如，残疾青少年在规定场地运动时遭到管理者的阻拦，或是与其他体育活动参与人员发生冲突等，由此产生的纠纷大多数不会造成严重的社会危害。再次，残疾青少年体育纠纷事件极易在社会中传播，造成不良社会影响。体育事件，尤其是体育比赛本身就具有极强的公开性和社会性，随着信息通信行业的快速发展，体育活动中发生的纠纷很容易发展成为社会新闻。特别是在残疾青少年的纠纷中，因为社会弱势群体的特殊地位，其被侵权的现象可能更容易发酵成社会事件，所以此类纠纷必须得到及时有效地解决。此外，残疾青少年体育纠纷需要专业人士进行解决和评判。指导残疾青少年进行体育活动的人员、残疾青少年运动员以及残疾青少年运动场地都具有特别规定，一般人很难针对某个侵权事件作出准确的判断。小到某个技术动作是否规范，大到某个政策的实施是否符合要求，都对裁判者的专业素质和道德素养提出了较高的要求。因为残疾青少年主体和体育纠纷的特殊性，普通人员难以胜任此项工作。最后，残疾青少年体育纠纷具有时效性的特征。残疾青少年在竞技体育中遇到的侵权现象往往情况比较紧急，而且残疾青少年的生活大多比较困难，如果相关部门没有及时介入，会导致残疾青少年的体育权利迟迟无法得到保障，且漫长的诉讼过程会给残疾青少年的家庭带来沉重的负担，所以残疾青少年体育纠纷的解决需要有“绿色通道”。

因此，在我国有关残疾青少年体育权利的法律体系的基础上，从实际出发，结合残疾青少年所处的特殊阶段，下文将分别对残疾青少年在包括普通学校和特殊教育学校在内的学校中接受体育教育、参加体育活动时产生的侵权纠纷，残疾青少年参加体育社团时遭遇的侵权纠纷，残疾青少年运动员参加主流或专项体育竞赛以及民间体育竞赛的参赛资格与侵权纠纷，残疾青少年参与其他社会体育活动时发生的侵权纠纷及其成因逐一进行梳理。

一、残疾青少年学校体育相关侵权纠纷

残疾青少年在接受体育教育、参加体育活动的过程中，由于其先天或后天存在的身心障碍，时常处于弱势的地位。实践当中更是普遍存在“残疾人不需要体育、与体育无关”的狭隘思想，这是长期以来受到儒家文化对“废疾者”“以养代教”“重养轻教”观念①的影响。中国政府对残疾青少年学校体育十分重视，出台了各项法规政策，以保障残疾青少年在学校体育领域获得平等地位，并通过体育锻炼获得康复和融入社会的机会。就学校体育领域而言，针对残疾青少年的侵权行为主要存在于学校体育教

① 周秋光，张少利，许德雅，等. 湖南慈善史（湖湘文库）[M]. 长沙：湖南人民出版社，2010：325-326.

育和体育活动当中，而学校包括普通学校和特殊教育学校。

（一）残疾青少年接受学校体育教育侵权纠纷

体育教育是残疾青少年应享有的基本权利。而这种由法律赋予的权利分为应然权利和实然权利。应然权利是权利现实的基础。就我国而言，目前已经通过了多部法律法规和制定指导方针为残疾青少年的体育权利提供法律保护。如《中华人民共和国宪法》（以下简称《宪法》）、《残疾人保障法》、《体育法》、《特殊教育学校暂行规程》等均明确规定残疾人有权参与到体育教育、体育活动当中来。2017 年新修订的《残疾人教育条例》，进一步扩大了残疾人特殊教育对象的范围和目标。将脑瘫、孤独症、唐氏综合征等多种其他类型疾病的患儿纳入进来，提出“融合教育”的概念，建议并鼓励残疾青少年跟班就读于普通学校，除非普通学校实在不能提供某类型残疾青少年适合的受教育环境，才由专门的特殊教育学校进行接收。通过创建平等但有区别的无障碍教育计划，以提高残疾青少年受教育的质量，这一系列的法律法规都在残疾青少年教育形式中发挥着重要作用。但是，当前我国残疾人体育相关的法律和政策在很大程度上是宏观驱动的，缺乏微观层面上的针对残疾人体育权利具体实施的措施，也鲜有侵权后相关的监督和申诉机制，亦即这一系列的法律法规体系的范围和目的相对有限①。可以说在残疾青少年的体育权利方面，法律法规的供给端与需求端之间存在一定的差异和矛盾。因此，需要在现有的体系之上，由承担残疾青少年体育教育的各学校、组织和俱乐部制定更加具体、直接和有效的措施来进行维护。

如上所述，许多残疾青少年的体育权利确实已经体现在相关法律法规当中，诸如《体育法》《残疾人保障法》和地方性体育法规等在内的各级法律法规不仅清楚地构建了残疾青少年体育权利的基本框架，而且这一系列权利也得到相关机构和部门的背书。但是在实践当中，残疾青少年的体育教育侵权现象时有发生，主要是由于在残疾青少年体育教育方面，教育的观念和模式相对滞后。其中相对突出的问题在于残疾青少年难以在普通学校入读，多数学校以“条件不足”等理由将这一特殊群体拒之门外，一般只有轻度肢体残疾和智力发育迟缓的青少年能够进入，但他们也很容易遭受来自学校其他同学的异样的眼光。包含残疾歧视在内，侵犯残疾青少年体育教育权的行为及其表现方式，大体可以分为体育教育权侵权、体育人身权侵权和申诉申辩权侵权三类，其中最常见的侵权表现在体育教育权当中。

---

① 彭霞光. 保障所有残疾儿童的义务教育权利——《残疾人教育条例》解读［J］. 中国特殊教育，2017（06）：13-17+62.

1. 体育教育权侵权纠纷

“受教育权既具有自由权特性，又具有社会权特性”①。因此，体育教育权作为受教育权的一种，从自由权和社会权的角度来看，残疾青少年接受学校体育教育的权利同样兼具这两重特性。考量到残疾青少年所处的特殊阶段，其在接受体育教育方面，将不可避免地从最初的认知需求转变为更高的多重需求，从这个意义上说，残疾青少年接受体育教育的自由权即结合自身爱好、前沿思想和优良人文精神进行体育实践的权利。而从社会文化的角度来看，残疾青少年的需求主要在于通过体育锻炼和其他教育获得更为广泛的社会认同。②

从法定权利上看，残疾青少年不仅有权接受教育，而且有权选择教育并更进一步发展自己的权利。1995 年颁布的《体育法》第 18 条第 2 款明确规定：“学校应当创造条件为病残学生组织适合其特点的体育活动。”③ 作为义务性规定，学校作为义务主体，不仅应当开设体育课程，还应当为残疾青少年开设合适的体育保健课。具体而言，学校负有的义务主要包括：（1）按规定开设适合残疾青少年的体育课程；（2）配置适合残疾青少年的体育场地、设施和器材；（3）配置适合残疾青少年的体育教师；（4）配置用于残疾青少年教学的体育经费；（5）开展适合残疾青少年的课外体育活动；（6）为残疾青少年安排适合的体育活动以及为残疾青少年进行体格健康检查。但在实践当中，学校所组织的健康检查系统并不完整，有许多的学校由于经费有限、不够重视或者其他主客观原因，难以做到区分残疾学生的健康检查和普通学生的健康检查。结果就是残疾青少年对其身体状况知之甚少，从而无法选择正确的体育锻炼方式，学校也难以为这部分残疾学生制定符合其特点的培训计划。④ 普通学校的残疾青少年由于人数较少，在体育教育中面临一定的歧视，学校有限的体育教育资源主要用于满足健全学生，通常没有为残疾青少年学生配备特殊运动器材，受软硬件的限制，残疾青少年在普通学校的体育教育难以实现，即便在特殊教育学校，也以培智扫盲教育、卫生知识和自理生活教育为主，对体育教育重视程度不够。当然，在我国残奥会、特奥会以及听障奥运会等取得丰厚成就的背后，作为高水平残疾运动员的学生基本能够得到合适的体育教育，但是开设残疾人高等体育教育的高校寥寥无几，同时也没有专门针对残疾青少年的高水平运动员招生。诚然，《体育法》提议保护有特殊需要的残疾青少年的

---

① 温辉，阮丹生．论未成年人受教育权的平等保障［J］．预防青少年犯罪研究，2012（10）：24-30.

② 刘波．体育与社会化关系研究［J］．体育科学，2012，32（11）：90-97.

③ 中华人民共和国体育法［J］．中华人民共和国国务院公报，1995（22）：879-885.

④ 汪斯斯，邓猛，赵勇帅．培智教育教师对智力残疾学生自我决定教学认识与教学实践的混合研究［J］．教师教育研究，2018，30（03）：86-94.

体育权利，但是在其第 3 章有关学校体育的相关规定中均未建立相应的量化标准，也没有具体可供操作的推荐措施，亦即“权利法律化只是实现权利的一种手段，离实有的具体权利还存在一定距离。”①

当残疾青少年无法享有平等的体育教育权时，即法定的体育教育权无法转化为实有的体育教育权，则是对残疾青少年接受学校体育教育的限制和侵权。在许多情况下，中西部相对落后地区跟班就读的条件尚不成熟，每个县（市、区）也仅配备一所特殊教育学校，并且在功能上不能完全覆盖盲聋哑以及智力残疾的青少年。② 因此，残疾青少年需要离开家人去上学，而部分残疾青少年因生活自理不便而放弃了学习机会，这进一步导致许多残疾青少年，特别是农村地区的残疾青少年被实质上剥夺了受教育的机会。另外，在学校层面，对残疾青少年体育教育权的限制和侵权主要表现在学校能够提供给他们选择的体育方式和领域不够广泛、专项从事特殊教育的体育教师人才队伍缺乏以及缺乏供残疾青少年使用的特殊体育场馆和设备。身体处境不利的残疾青少年作为接受学校教育的主体，学校积极依照法律或政策向残疾青少年提供特殊体育课程、改造无障碍体育场所是其实现体育权利的重要保障，使其可以通过适当的体育运动，改善身心健康和身体状况。

不同类型、性别的残疾青少年学生对体育教育的项目有着不同的需求，在智力障碍学生当中，球类运动可以说是男生的首选，他们对篮球、足球和排球等相对剧烈、充满对抗性的运动需求很高；而女生更倾向能塑造身形、提高美感进而增强自信的运动，如体操、跳绳、跑步和毽子等。听力和语言障碍的学生则不同于智力障碍学生，除了不能进行听说以外，他们在身体机能、体育能力上并不异于普通学生，因此，在接收听力和语言障碍学生的特殊教育学校，体育教育可以参照普通学校来进行，即学校需要考虑残疾青少年学生的数量与适当的运动器材的数量之间的关系，杜绝体育教育经费的挪用、体育馆及其训练器材以及运动服使用当中的区别对待。在实践当中，残疾青少年学生体育教育权侵权的现象主要有：（1）学校管理部门和教学部门以安全防范等理由通过各种措施阻碍、限制或禁止残疾青少年学生使用体育场馆及其器材、设备；（2）学校管理部门克扣或削减体育教育的经费来满足学校其他学科的需求。这些现象并不只局限于残疾青少年学生当中，普通学生的体育教育权侵权亦然。针对上述两种常见的侵犯体育教育权的现象，《体育法》作出了相应规制，这也反映出学校体

① 黄世昌，谢可欣．残疾人体育权利法理分析与法律保障研究［J］．北京体育大学学报，2020，43（01）：50-58.

② 张玉红．新疆特殊教育学校项目建设现状、问题与对策［J］．中国特殊教育，2013（11）：25-30.

育教育的现实与法律规范之间的矛盾。[①]

在跟班就读普通学校以外，专门的特殊教育学校也是残疾人教育不可或缺的重要组成。与普通学校不同，特殊教育学校是专为残疾青少年教育设置的，使用特殊设计的教科书、教学方法、课程、组织形式和设备的，使残疾学生能够接受体育锻炼、学习基本运动技能、养成良好卫生习惯并从身心残疾中恢复的学校。事实证明，特殊教育学校的重要目标是通过体育运动来使残疾青少年学生的身心残疾得到“缺陷补偿”。这意味着特殊教育学校的教育规划当中体育要起到更为关键的作用。在这一过程中，学校体育设施是为残疾青少年学生提供体育教育和训练的基础所在。根据《特殊教育学校建设标准（建标 156—2011）》的要求，特殊教育机构的主要场所、设施的建设和器材的配置都有明确的标准，在标准的要求下，大多数特殊教育机构都配有包括篮球场、足球场、田径场和专门的康复室在内的必要体育场所。[②] 但是在当前阶段，特殊教育学校的场所、教师、设备等相对不足，即便配备有各种各样的体育设备，但是也会由于残疾青少年学生个体的差异与所处环境的不同，不适合残疾青少年学生的实际情况而没有被充分使用，闲置率较高。因此，特殊教育机构通常只能满足一般体育教育的需求，不足以进行体育活动和训练。体育设施无法满足残疾青少年学生个体差异的问题是特殊教育学校在体育教育方面的困难和挑战。

基于上述问题，教育部发布了三个关于义务教育阶段盲校[③]、聋校[④]、培智学校[⑤]教学与医疗康复仪器设备配备标准。当前，我国绝大多数特殊教育机构所配备的盲用电脑和助听器数量符合国家标准；电镀哑铃、踏步机、组合拉力绳、柔力球拍等通用体育设备也基本满足残疾青少年学生的一般需求。但综合训练器、分离按摩器、健身车（轮椅）、视障阅读器、纯音听力计、辅助沟通训练仪、情绪与行为干预仪等康复训练设备在大多数中西部特殊教育机构配置不足，难以满足残疾青少年学生学习、运动康复和社会适应的需求。[⑥] 另外，由于特殊教育体育教师普遍认为残疾青少年体育教育的目的在于训练其独立生活的能力，提升体力、促进康复和增强自信心则在其次，改

---

① 汪全胜，陈光，张洪振．体育法律责任的设定及其完善［J］．体育学刊，2010，17（02）：12-17.

② 中华人民共和国教育部．特殊教育学校建设标准（建标 156—2011）［M］．北京：中国计划出版社，2011.

③ 中华人民共和国教育部．义务教育阶段盲校教学与医疗康复仪器设备配备标准（JY/T 0403—2009）［S］．北京：中华人民共和国教育部，2010.

④ 中华人民共和国教育部．义务教育阶段聋校教学与医疗康复仪器设备配备标准（JY/T 0404—2009）［S］．北京：中华人民共和国教育部，2010.

⑤ 中华人民共和国教育部．义务教育阶段培智学校教学与医疗康复仪器设备配备标准（JY/T 0405—2009）［S］．北京：中华人民共和国教育部，2010.

⑥ 徐知宇，徐思思，王雁．三类特殊教育学校贯彻落实课程标准的现状分析与建议［J］．中国特殊教育，2020（09）：22-28+8.

善人际交往和提升竞技能力并没有放在特殊体育教育的重心。加之一些特殊教育体育教师认为残疾青少年学生过度运动会导致继发伤害，从而导致特殊体育教育以田径、踏步机、乒乓球、羽毛球、哑铃卧推等非对抗性项目为主。即使在配置较高的东部沿海特殊教育机构当中，也存在器材得不到充分使用的情况，教师等关于体育运动可能引起继发伤害的顾虑与残疾青少年学生对运动康复的需求之间产生矛盾，影响了残疾青少年体育教育权的实现。

2. 体育人身权侵权纠纷

残疾青少年学生体育人身权的内容包括两个方面，即体育人格权和体育身份权。其中最为基础的是残疾青少年学生所享有的生命健康权，是至高的人格利益，其作为物质性人格权，是诸如姓名权、隐私权、名誉权之类的精神性人格权等一切体育人格权得以实现的前提。同样，涉及荣誉权等非亲属法意义上的部分身份权，也在体育人身权的范畴之内。

体育人身权侵权与其他侵犯人身权的场合不同，体育领域的人身权侵权相对特殊，其侵权构成要件的条件也要高于一般侵权，针对体育人身权的“不当”侵权行为必须首先违反所参与的体育教育活动的最低要求、道德规范和专业规范。因此，体育人身权侵权行为除了具备人身侵权的一般特征外，还要考虑到频繁的身体接触和体育本身的高风险特征，亦即：（1）侵权主体是直接或间接参与到体育教育活动当中的教师、教练、学校、裁判、俱乐部、组织者和管理者；（2）侵权行为发生于体育教育、训练和比赛等活动当中；（3）归因原则主要采用过失原则，同时也在特殊情形下考虑无过失原则和公平责任；（4）侵权后果以人身伤害和伤害其他个人权益的形式表现出来，而自甘风险、受害人同意等事由可以作为侵权行为的例外。①

根据侵权客体的不同，体育领域中的人身侵权可分为：（1）侵犯生命权，即在具有安全隐患的场所、设备上进行体育教育，在高强度体育教育当中未做好保障工作等，导致学生因受到严重伤害而死亡，如让胡路区海洋星特殊教育培训学校等侵权纠纷一案②中残疾青少年学生因溺水死亡事件等；（2）侵犯健康权，即由于体育设施不符合相关标准导致体育参与者受到伤害或引发疾病，如 2015 年左右，由于我国环境标准滞后、市场竞争激烈、行政监管不到位，各地中小学校频发“毒跑道”事件，③ 造成许多学生的健康受到侵害；（3）侵犯身体权，即非法搜身和非法的身体检查，这一点在中

① 韩勇.《民法典》中的体育自甘风险［J］. 体育与科学，2020，41（04）：13-26.

② 大庆市让胡路区海洋星特殊教育培训学校等教育机构责任案，黑龙江省大庆市中级人民法院民事判决书（2020）黑 06 民终 1522 号。

③ 丁国民，高炳巡．校园“毒跑道”的症结及法律对策研究［J］. 武汉体育学院学报，2016，50（11）：36-41.

小学当中表现得尤为明显，主要是由于多数中小学规定禁带手机，仅新闻报道影响较大的就有：温州泰顺二中搜身事件（温州都市生活频道，2012）、南昌少春中学保安殴打拒绝被搜身学生事件（江西都市频道，2018）等；（4）侵犯人格尊严权，即由于残疾青少年学生存在身体缺陷而在体育教育当中受到讽刺、嘲笑、侮辱等，残疾青少年对此做出“冲突性抗争”，自杀作为最后也是最极端的方式，高发于听障青少年群体中，特别是有残余听力的听障青少年①，因此也可以说侵犯人格尊严权有可能伴生侵犯生命权的情形；（5）侵犯体育自由权，即在体育教育当中存在的体罚（尤其指罚站、罚跪）、强迫指令行为以及不当地禁止学生自由参加体育活动等；（6）侵犯隐私权，即非法刺探或公开残疾青少年学生的身体缺陷、疾病，任意披露有关学生身体状况和相关经历的信息等；（7）侵犯荣誉权，即对残疾青少年体育教育、比赛过程中的恶意诽谤，对其所获荣誉的非法剥夺，对其所获奖金、奖品的扣留和挪用。

实然，体育人身权侵权可依据《中华人民共和国民法典》（以下简称《民法典》）人格权编和侵权责任编中所列权利的相关条款来规制。但如上所述，在残疾青少年学生体育教育当中，侵犯其体育人身权的情况仍然较多。而出现这一系列侵权行为的主要原因在于：（1）负责残疾青少年体育教育的机构、组织、人员以及其他体育教育、活动的参与者忽视了体育人身权是残疾青少年应当享有的权利；（2）残疾青少年往往难以意识到体育教育中所存在的风险，权利意识较为模糊；（3）残疾青少年学生与特殊教育机构之间主体地位不平等，导致其难以维护自身的合法体育权利；（4）在现有评价体系下，部分办学机构在升学指标需求的驱动下，重视文化学习而损害残疾青少年学生的体育运动权利。这也反映出为残疾青少年提供教育的教学机构存在缺乏体育法治观念、价值判断和规制意识的现状，而要有效地建立体育教育中侵害体育人身权行为的预防机制，需要同时强化体育本身和法律机制，形成依法治体、内外联动的有利局面。

3. 申诉申辩权侵权纠纷

残疾青少年学生作为弱势群体，其年纪尚小、身心缺陷、受教育程度低、社会阅历不足，导致了权利意识的薄弱。首先体现在绝大多数残疾青少年学生通常对权利的含义认识不够，往往无法完全理解什么是他们应有的权利，在许多情况下倾向于将权利与物质利益等同，因此他们对体育教育权的概念理解存在偏差。进而言之，残疾青少年学生对体育教育权的具体内容知之甚少。我国法律体系对体育教育权的保护不仅仅局限于《宪法》、《民法典》、《体育法》、《中华人民共和国教育法》（以下简称《教

---

① 杨运强．听障青少年的污名及其应对策略［J］．当代青年研究，2016（05）：47-53+78.

育法》），相关规定还分散在行政法、经济法和国际法等领域的各种法律当中。残疾青少年学生很少有机会接触到相关专业法律知识，这也就导致了残疾青少年学生难以使用法律手段捍卫自己的权利。必要的、易于实现的申诉申辩权便成为残疾青少年学生体育教育权保障的关键，亦即“法律对残疾学生在体育教育和体育活动中的权利和自由规定得再全面，如果他们在权利受到侵害时不能获得有效的救济，则残疾学生的体育教育权和体育活动权无法真正实现。”①

因此，我国《教育法》第 43 条的规定虽然几乎涵盖了受教育者接受体育教育时所享有的所有权利，也包括了对体育教育权、体育人身权和体育财产权等权利受到侵犯时的申诉权。但是由于当前仅仅在《普通高等学校学生管理规定》中确立了学生组织、学生代表大会制度，中、小学（也包括特殊教育学校）当中实际上没有建立起学生对教育活动提出意见、建议的机制，亦即在中、小学当中学生并没有对学校制定的不合理的规则、章程表达意见的通道，同样也无法得到学校有关部门的认可和改变。另外，虽然《教育法》第 43 条明确了学生拥有申诉申辩权，但是在受到学校的处分、处罚后，学生与学校之间不平等的地位而使得其无法及时地通过有效渠道主张权利，难以进行申诉。就一般情况而言，申诉申辩权不仅是残疾青少年接受体育教育所拥有的救济途径，也是普通公民保护自己合法权益的重要手段。近年来，学生因违反学校体育教育规定而被处分、处罚的数量日渐增多，缺少救济途径使得残疾青少年学生难以维护自身合法权益的现状与依法治体、依法助残的思想是相矛盾的。

申诉申辩权侵权频发，主要是由于以下原因：（1）学校认为自身在体育教育领域的处分、处罚权与行政处罚不同，因此也无须安排类似于行政复议、行政诉讼的程序。（2）学校认为可以根据自己制定的规章制度进行处分、处罚的法律依据在于学校是教育部门依据法律法规授权进行管理的组织。因此，处分、处罚的做出也仅需要对法律法规、上级管理部门以及自身规章制度负责，作为受管理的残疾青少年学生自然应当遵守。（3）到目前为止，包括学校、教师乃至家长仍然相对漠视体育教育的重要性②，从而也导致了残疾青少年学生对自身的体育教育权的认同度不高。教育主管部门、学校和残疾青少年学生自身共同导致了体育教育上申诉申辩权的缺失。

---

① 黄世昌．中外残疾学生体育权利保障比较研究［M］．湘潭：湘潭大学出版社，2017：110.

② 2020 年 10 月 16 日，教育部就“体育老师当班主任遭家长反对”新闻作了回应，认为这是社会思想观念和现行的师资教师评价乃至学生评价体系所带来的问题。在建设体育强国、国家教育改革的背景下，中共中央办公厅、国务院办公厅也就加强和改进新时代学校体育、美育工作出台重要意见，其中明确提出到 2022 年，配齐配强体育教师，开齐开足体育课；到 2035 年，多样化、现代化、高质量的学校体育体系基本形成

（二）残疾青少年参加学校体育活动侵权纠纷

由于残疾青少年体育运动能力受限，加之受培智教育、应试教育内卷化趋势的影响，残疾青少年学生体育活动的重要性被低估，除了一般的学校体育教育外，课外可供残疾青少年学生用于体育活动的时间也被压缩。2021 年 9 月 3 日，教育部发布第八次全国学生体质与健康调研结果。结果显示，我国学生体质健康达标优良率逐渐上升，这一调查结果也囊括了普通学校的残疾青少年在内。[①] 通过多样化的学校体育活动来确保残疾青少年学生在学校拥有足够的日常体育锻炼时间，无疑是提高当前残疾青少年身体状况最快、最有效的措施。《“健康中国 2030”规划纲要》规定学生校内每天体育活动时间不少于 1 小时；《关于全面加强和改进新时代学校体育工作的意见》规定应着力保障学生每天校内、校外各 1 小时体育活动时间。这些学校体育教育目标相关文件都将“一天一小时课外体育活动”作为一项重要建议。经历体育教育改革的倡导和摸索，针对包括残疾青少年在内的青少年学生“一天一小时课外体育活动”的建议基本已经达成共识。但是目前学校体育部门直接指导开展的课外体育活动在中学、小学、特殊教育学校当中较为少见，直接针对残疾青少年学生开展的课外体育活动则更是鲜有。课外体育活动大多基于学生自发组织，加上残疾青少年学生能够正常进行的体育运动种类不同，导致课外体育活动缺乏固定的实施计划和可操作性，参与人数、开展积极性等各方面也并不令人满意。亦即“一天一小时课外体育活动”在实际执行过程中仍然面临许多困难。

而难以满足“一天一小时课外体育活动”要求的原因主要在于：（1）应试教育导致文化课程挤压体育活动的时间，这一现象高发于初、高中阶段，甚至除了高水平运动员、部分体育加分考生外，在初三、高三年级取消、禁止体育活动司空见惯。（2）体育教师缺乏是无法有效开展课外体育活动的重要因素。根据 2022 年教育统计数据[②]来看，全国特殊教育在校学生 918502 人，专任教师 72714 人，生师比例较普通学校略高，这主要是由特殊教育性质所决定的，但其中缺少特殊教育学校体育教师的数据。李立新[③]等人的一项研究显示，在对特殊教育学校的抽样调查当中，发现有超过四分之一的学校并没有配备专门的体育教师，配备有体育教师的学校，体育教师和教学班的比例也达到了 1∶5.24，近 1/3 的体育教师每周需要承担超过 16 课时的教学任务，亦

① 第八次全国学生体质与健康调研结果发布［J］. 中国学校卫生，2021，42（09）：1281-1282.

② 2022 年教育统计数据［EB/OL］. http：//www.moe.gov.cn/jyb_ sjzl/moe_ 560/2022/quanguo/，2023-12-29.

③ 李立新，李亚龙，张梦娣. 特殊教育学校体育教师的配备及工作状况［J］. 成人教育，2011，31（06）：105-106.

即在特殊教育领域，缺乏体育教师的情况相对而言更为明显。（3）体育设施不足导致残疾青少年学生无法选择适合自身的课外体育活动，不言而喻，运动场馆和设备的完善对于全面落实“一天一小时课外体育活动”具有十分重要的意义。设备和器材短缺的问题尚且易于解决，但场地（尤其是大型体育馆、足球场等）的建设对于学校可谓是束手无策。（4）课间活动落实不到位是课外体育活动难以有效开展的又一因素，自20世纪50年代以来，课间活动就开始兴起，90年代初，《学校体育工作条例》明确规定普通中小学校要“保证学生每天有一小时体育活动的时间（含体育课）”。2007年，中共中央、国务院发布《关于加强青少年体育增强青少年体质的意见》，“确保学生每天锻炼一小时”再次以文件的形式确立下来并在全国范围内迅速推广普及。虽然课间活动是确保学生拥有足够体育活动最行之有效的方法，但也存在教育部指导性内容较为简单，学校自发组织活动难以面面俱到、均衡发展，而以跑步为主的自由活动又难以坚持且存在安全隐患等问题。基于上述原因，课间活动在体育教学实践当中的发展并不乐观，学生的体育锻炼主要受场地、学校教育倾向的限制，无法保证班级之间大型体育课外活动的正常开展。同时学生对于常规类型的课外体育活动的参与积极性也不高，相对而言参与度较高的运动会也鲜有残疾青少年学生参加。

由于残疾青少年自发进行学校体育活动存在困难，学校应当对残疾青少年学生予以一定的帮助，并且在辅助进行课外体育活动的时候有所区别，如智力障碍的学生容易缺乏对时间的概念，① 需要在学校指定的时间进行体育活动，但是除早操、课间活动和眼保健操等常规活动外，几乎不存在其他体育活动的组织形式，因而难以保证这些体育活动对智力障碍的学生是有作用的。另外在常规体育活动中，也存在实际执行不到位的地方，用简单部颁操敷衍甚至不作要求，导致残疾青少年学生在学校里花在运动上的时间越来越少且变得越来越不感兴趣。而听力障碍的学生虽然由于信息沟通不畅而难以融入社会，但在体育活动当中不存在明显的限制，加上体育活动能够缓解听力障碍学生的交流障碍，在许多有条件的特殊教育学校中，校运动队中多见听力障碍的学生，校内、校际乃至更高层级的运动会不仅能为残疾青少年学生提供培训和参与的良好机会，而且还可以培养他们的竞技精神、增强自信心、提高运动潜能，并与其他残疾人交往以更好地融入社会。通过与部分特殊教育学校体育老师的访谈得知，有语言和听力障碍的学生相比其他类型残疾青少年学生更为积极地参加体育训练和学校运动会，几乎可以全天接受体育教育、参加体育活动。但是无论是普通学校还是特殊教育学校，对于文化课程的要求相对严格，每节课之间的时间相对较短，除极个别高水平运动

① 刘嘉秋，昝飞．智力障碍者自尊与社会比较研究的综述［J］．中国特殊教育，2011（08）：31-35.

员以外，一般的语言和听力障碍学生的体育活动需求是难以被满足的。另外，不作为的侵权也有可能存在于残疾青少年学生参加课外体育教育、活动、训练和比赛当中。

二、残疾青少年参加体育社团侵权纠纷

体育社团在促进体育事业发展中起着重要作用，旨在维护人们的健康和改善人们的生活质量。《全民健身条例》提出“国家推动基层文化体育组织建设，鼓励体育类社会团体、体育类民办非企业单位等群众性体育组织开展全民健身活动。”① 在健康中国政策的引导下，公民普遍对于体育运动产生了较大的需求，使得体育社团发展迅速。但在取得一系列成就的同时，我们也要看到体育社团在建设当中向健全人、中老年人群体有所倾斜，专门化的残疾青少年体育社团却寥寥无几。习近平总书记指出：“残疾人是人类大家庭的平等成员。在全球范围内推进可持续发展，实现‘一个都不能少’的目标，对残疾人要格外关心、格外关注。”②体育运动向残疾人群体的顺利推进是实现其身心健康发展和加强社会认同的重要一步。残疾青少年除了参与群众性体育社团外，其身影在高等学校当中的学生社团也能常常见到。因此，本书将体育社团概念定义为社会体育类社团，同时也对高等学校当中的体育“社团”（如武术社、跆拳道社等学生社团）进行一定的讨论。

（一）社会体育类社团侵权纠纷

《全民健身条例》颁布以来，在政策的大力扶持和鼓励下，以社会体育类社团为代表的基层文化体育组织发展迅速，为条例的有效实施起到了促进作用。社会体育类社团是各项体育运动爱好者以及其他有体育需求的特定群体基于其共同的兴趣、愿望、目标和利益构建的集合。同时各社会体育类社团的建立，也使得有体育需求的群众能够更有力地发声，通过社团的平台积极打通与政府沟通的渠道，有了来自基层群众的意见和要求，政府也可以更好地了解人们的体育需求并制定更符合其利益和期望的体育政策，引导社会体育类社团在政府的指导下进行有效的管理和运作，发挥维护社会稳定、发展群众体育的作用，从而满足“人民日益增长的美好生活需要”，为公共体育机构的深化改革和职能转变创造必要的先决条件。

1. 残疾人体育社团侵权纠纷

在社会体育类社团当中，残疾人体育社团存在的任务和原因主要在于开展残疾人

---

① 全民健身条例［EB/OL］. https：//www. tyrc. org. cn/uploads/soft/201224/1-201224161204. pdf，2023-08-18.

② 习近平向 2013-2022 年亚太残疾人十年中期审查高级别政府间会议致贺信［N］. 光明日报，2017-12-01(01).

体育活动、倡导残疾人参加康复运动。相比于其他单项体育社团等，残疾人体育社团在我国的发展较晚。残疾人体育社团是针对具有共同利益残疾人的非营利性、互利性和自愿性社会体育类团体，从本质上说，残疾人体育社团成立的目的是在政府的指导下、在专业人士的帮助下使残疾人能够根据自己的兴趣利用空闲时间进行体育运动，并通过这一过程增进人际关系、促进身体健康、加强生活自理技能，此外寻找乐趣、树立自我观念、促进残疾人体育事业的发展、促进社会体育文化建设等也是残疾人体育社团的使命所在。但就我国现今情况而言，残疾人体育社团也存在一定的问题，现有法律保护尚不完善、社团自身管理不够规范而使得资源获取困难，从而导致场地设施难以建设，不利于体育项目的开展；在个体层面，自卑心态、社会偏见、家人不支持等因素影响了残疾人参与体育社团的积极性。

在残疾人体育社团的建设当中，政府的指导和政策的支持是离不开的，其通过宏观调控为残疾人提供了重要的体育资源。党委领导、政府负责、社会参与、残联牵头的多层级管理系统是残疾人体育社团的制度基础。但是，正是这种多层级的管理体系和治理机制存在诸如分工不明确，职责、职权重叠的问题，导致了残疾人体育社团的发展出现体育资源分配不均衡的现象，针对一般残疾青少年的体育资源分配明显低于竞技领域的残疾运动员。另外在实践当中，有部分省、市对于残疾人体育社团的领导是由体育局（教体局）群体处（科）负责，残联为辅；但是也有些省、市则是由残联体育部领导残疾人体育社团，体育局（教体局）为辅。鉴于当前的情况，无论由体育局（教体局）还是残联主导，在向残疾青少年分配体育资源的时候，由于偏重于竞技体育、忽视公益性体育，残疾青少年竞技体育方面能够分配到绝大多数的资源，这不利于一般群众性残疾青少年体育运动的开展，也使得全民健身难以真正落到实处。[①] 这一现象在由残联领导残疾人体育社团的省、市当中尤为明显，体育局（教体局）设置有专门的群体处（科），资源配置首先分配到了群体处（科），由群体处（科）继续向下分配时，残疾人作为弱势群体容易在政策方面获得一定的关注与支持；而反过来，在残联的机构设置中，管理体育事业的二级部门则为体育部。残疾人竞技体育由于其实现收益的周期短，一旦本地区残疾人运动员在各项赛事当中赢得金牌或奖牌，便可以获得更多关注和资源，政府部门也可同时受益。另外，作为一项公益事业，一般群众性残疾青少年体育运动必须通过相当长时间的发展才能做出看得见的效果，因此也就难以引起各级残联工作人员的关注和重视。

总而言之，在残疾人体育社团当中，由于近年来残疾人竞技体育的杰出成就和

① 王凯．论“新举国体制”［J］．体育学研究，2018，1（04）：8-15.

2008 年北京残奥会、2022 年北京冬残奥会等重大体育赛事的举办，社会对于残疾人体育的关注度不断升高，从而影响到全社会对残疾人的关怀水平以及政府的决策行为，为残疾人体育事业的发展奠定了坚实的基础。虽然残疾人体育事业发展如火如荼对于一般群众性残疾青少年体育事业的发展有所帮助，但是大部分残疾青少年还是难以获得有效的体育资源，主要在于政府、社会对于全民健身中的残疾青少年体育重视程度不高，同时也受市场经济规律的影响，资源配置难以向这一部分残疾青少年群体倾斜。而残疾人体育社团的指导单位、部门及其领导人员出于自身利益的考量也有可能忽视残疾青少年的需求，从而导致在残疾人体育社团当中对一部分残疾青少年的偏见、歧视和侵权现象的发生。

2. 其他类型体育社团侵权纠纷

安格斯·迪顿（Angus Deaton）指出，研究大众体育社团福利功能的出发点在于人类生活质量的提升。非政府（民间）体育社团的作用旨在改善民众的生活方式、塑造心理个性，从而使人们能够拥有适应社会的健康身心。由于多数大众体育社团扎根于基层，他们组织的各种“草根”健身活动更贴近群众，也更能满足人们对健康生活方式的需求并帮助他们形成良好的健身习惯。① 从康复医学角度来看，残疾青少年在不同程度功能障碍影响下，需要保持进行一定量体育活动、精神活动和社会活动的能力。因此，需要找寻残疾青少年运动的规律，将体育运动的强度调整到适当水平从而达到锻炼效果。从运动量的对比来看，其他类型体育社团针对健全人和残疾人所提供的体育项目、类型和运动量大致相同，这表明其他类型体育社团制定的体育运动计划并不能满足大多数残疾青少年的需求。只有根据残疾青少年的具体身体状况来发展和扩大团体项目的范围，才能方便更多的残疾青少年出去参加运动和社交，通过团体运动加强残疾青少年之间的人际交流。

当前我国体育社团的发展呈现多元化的趋势，在奥运项目中，在篮协和足协的指导下，篮球、足球类体育社团的发展较为突出。而在非奥运项目中，太极拳和健身气功项目的体育社团则相对受大众欢迎。我国重视残疾人体育事业的发展，特别是无障碍公共体育设施的建立，截至 2019 年底，全国已竣工的各级残疾人综合服务设施 2341 个，总建设规模 584.5 万平方米②。政府通过提供场所等各种方式鼓励残疾青少年参加体育运动，但是残疾青少年参加体育社团的热情仍然不高、比例仍然很低。而存在这

---

① 〔美〕安格斯·迪顿（Angus Deaton）. 逃离不平等：健康、财富及不平等的起源（The Great Escape: Health, Wealth, and the Origins of Inequality）[M]. 崔传刚，译. 北京：中信出版社，2014：133.

② 中国残疾人联合会. 2019 年残疾人事业发展统计公报 [EB/OL]. https://www.cdpf.org.cn/zwgk/zccx/tjgb/0aeb930262974effaddfc41a45ceef58.htm，2020-04-02.

些问题的原因在于：（1）其他类型体育社团当中，残疾青少年需要同健全人一起参与体育运动，其由于残疾而在精神上感到自卑，不愿与健全人一起参与运动；（2）由于宣传力度有待加强，加之残疾青少年的受教育水平较低，大多数残疾青少年并不了解体育社团的存在以及加入体育社团的好处；（3）受"重养轻教"传统观念的影响，残疾青少年普遍认为参加体育锻炼是健全人的事情，这也导致了他们很少主动积极加入体育社团进行体育锻炼。反观当前的实践，诸如太极拳、舞蹈体操、台球、保龄球、象棋、围棋乃至电子竞技等运动是非常契合残疾青少年特性的，但这一类的体育社团本就少见，其中更是鲜有残疾青少年的身影，使得他们难以活跃于体育社团当中。残疾青少年体育专项经费是保证残疾人有效参与体育社团活动的基础所在，丰富针对残疾青少年运动的项目、场所、计划，使得不同类型和程度的残疾青少年都可以参加适合其自身特性的运动，是残疾青少年参加体育社团的未来发展方向。

（二）高等学校体育社团侵权纠纷

《中华人民共和国高等教育法》第 57 条以及各高校的规章制度规定，高等学校的学生可以在校内组织学生团体，残疾大学生当然享有这一权利。但是实践当中残疾大学生的权利大多还未充分实现，普通高校基本上没有针对这一特殊群体进行平衡。就高校的设立而言，南京特殊教育师范学院是我国第一所也是唯一一所独立设置的本科层次特殊教育领域的高等院校，设立特殊教育学院的高校（主要是师范类院校）也寥寥无几，亦即其他普通高校普遍缺乏残疾大学生体育社团运行的物质基础和文化背景，也缺乏针对残疾大学生进行体育社团活动的保障体系。① 当前，我国普通高校当中，较常见的体育社团有传统的足球社、篮球社，兴趣类的轮滑社、街舞社、滑板社以及新兴的电竞社、桌游社等。

大学体育社团的设立通常依托于学校各行政部门、学院部，在此之上，高校党委是社团组织的领导机构。而在具体实践当中团委、社联则直接管理，负责体育社团的批准设立、组织活动和经费安排等事项。但是由于社团数量众多以及团委老师、社联干事人数的不足，对于社团的指导效率相对较差，多数学校只能对诸如学生会、青年志愿者协会、艺术团等社团进行重点指导和管理，导致体育类社团能够获得的赞助不够，活动难以有效开展，进而导致学生参与的积极性降低，不能得到有效的发展。其主要原因在于：（1）《全民健身计划（2021—2025 年）》等政策还未完全落地，高校大多拥有自身的高水平运动队（一般不包括残疾青少年运动员），注重高水平运动队的

---

① 王振洲．我国高校残疾人招生考试政策的历史、现状及趋势［J］．残疾人研究，2019（03）：46-55.

成绩和荣誉，而对“阳光体育”的关注度不够，导致许多大学体育社团存在经费不足、重视程度不够的弊端，其中残疾大学生体育基本上游离在政策边缘；（2）组织性不强，相比于学生党支部、学生会、研究生会等学生组织，体育社团的组织性相对薄弱，直接管理体育社团的团委、社联、体育学院（部）常常需要同时管理许多社团、组织，体育社团难以受到其重视，加之上述管理部门对体育社团的真正运行情况不清楚，也造成了政策执行出现偏差；（3）内部管理不完善，体育社团的内部管理采用的是在社长领导下的民主集中制，由于社团干部基本是大二、大三年级的学生，缺乏一定的管理经验，除此之外，管理人员服务意识不强，甚至个别人员存在官本位主义思想，也造成了内部管理的困难。

在体育社团当中，与健全学生相比，残疾青少年大学生的身体素质存在较大差距，并且这种差距会由于体育锻炼活动的差异逐渐扩大。如果不能得到来自学校、社团各方面的支持，残疾青少年大学生进行体育运动的机会就会大打折扣。另外，当前大学体育社团还存在一定的残疾歧视，这使得他们不敢、不想加入体育社团，更进一步地限缩了其社交范围，加大了其不良心理状况。因此，大学体育社团中缺少合适的体育活动以排解他们内心的自卑，在这种情况下也就导致了他们对体育活动的抵触和疏离。

体育社团作为大学生活的重要组成部分，无疑是有助于残疾青少年大学生康复训练和融入团体的。但是在当前各种体育社团如雨后春笋般发展的同时，却没有太多适合残疾青少年大学生的体育社团或体育项目，违背了《全民健身计划（2021—2025年）》等相关政策的规定，也扩大了残疾大学生与健全大学生之间的差距。

三、残疾青少年运动员参加体育竞赛的参赛资格与侵权纠纷

残疾青少年运动员参加体育竞赛的过程并不是一蹴而就的，其随着残疾人体育教育、体育活动和体育组织的发展而逐步形成和完善，从最初的斯托克·曼德维尔运动会（Stoke Mandeville Games），发展成为正式的残疾人奥林匹克运动会（Paralympic Games）①，再到如今残疾人运动员的身影出现在一些主流体育竞赛当中，但无论参与哪一类体育竞赛，参赛资格都是一个应当关注的问题，早在古希腊时期的奥林匹克运动会上就出现了参赛资格的雏形，即仅限希腊公民参与，不包括奴隶、外邦人和违反过法律、教规的人。从这一角度而言，根据权利的概念和理论，参赛资格是残疾青少年运动员经过艰苦的训练之后，有获得精神上和物质上的实际利益的资格，亦即参赛资格是对运动员的肯定。

---

① 谢清，裴东光. 残疾人体育起源、残奥会与奥运会的关系［J］. 首都体育学院学报，2014，26（03）：206-208+222.

（一）参加主流或专项体育竞赛的参赛资格与侵权纠纷

如上所述，残疾青少年运动员除了能够参加残疾人专项体育竞赛外，也可以与健全人同台竞技，参与一些对运动员的种族、国籍、是否残疾等方面没有进行限制的体育竞赛，因此，需要从主流体育竞赛和专项体育竞赛两个方面对残疾青少年运动员参赛资格与侵权纠纷分别进行探讨。

1. 参加主流体育竞赛的参赛资格与侵权纠纷

在2008年北京奥运会上，右手肢残的纳塔利娅·帕尔蒂卡（Natalia Partyka）作为波兰体育代表团的一员参加了女子双打乒乓球项目，她也同时参加了同年的北京残奥会。[①] 残疾人运动员越来越多地进入到主流体育竞赛的角逐当中，给广大的残疾青少年运动员带来了更多机会，他们虽然在身体上存在一定的障碍，但这并不妨碍他们向健全人发起挑战，但是参赛资格的问题仍不可回避，残疾人运动员能够有资格参与主流体育竞赛的毕竟是少数，这主要由于：（1）残障的客观事实不可避免地影响了残疾人运动员的体育水平，主流体育竞赛对参赛运动员身体、心理的要求更高，所以在各主流体育竞赛中有资格参与的残疾人运动员，几乎都在同级别残疾人专项竞赛中取得过冠军或位于绝对的前列，就以纳塔利娅·帕尔蒂卡为例，其便是极为罕见的残奥会（雅典、北京、伦敦、里约）F10级乒乓球女单四连冠得主，即便她付出比健全人更大的努力，也取得了巨大的成就，但在奥运会的赛场上仍难以取得奖牌，残障所导致的不平衡起点，是残疾人运动员难以弥补和跨越的鸿沟。（2）由于当前医疗技术的局限性，残疾人运动员并不能通过医疗手段完全恢复受残疾影响的身体功能，只能一步步向健全人身体素质靠近。同时在以健全人运动员为主的主流体育竞赛当中，大多都明令禁止运动员获得任何可增加其竞争优势的辅助工具或人员，这里工具的定义也包括轮椅、假肢和其他可穿戴设备，人员则主要指引跑员，亦即在残奥会中被允许使用的器械、辅助人员都排除在外，残疾人运动员只能和健全人运动员采取同样的方式参与主流体育竞赛。在这种情况下，残疾人运动员的参赛资格受到严格的限制，也就导致主流体育竞赛中鲜见残疾人运动员的身影。

2. 参加专项体育竞赛的参赛资格与侵权纠纷

残疾人专项体育竞赛同主流体育竞赛相比是存在许多差异的，前者需要对运动员进行医学和功能分级，亦即对各项目参赛资格的获得作出明确规定。[②] 对运动员进行医学和功能分级是残疾人专项体育竞赛组织中的一项独特工作，与主流体育竞赛不同，

---

① 纳塔利娅·帕尔蒂卡：乒坛维纳斯［N］. 北京日报，2008-08-14（003）.

② 黄莹，常肖雯. 伦敦残奥会与北京残奥会分级管理的比较分析［J］. 残疾人研究，2015（01）：35-38.

分级工作是程序公平的重要保证，直接关系到残疾人专项体育竞赛是否能够成功举办。随着我国对残疾人体育竞赛逐步重视，在医学和功能分级上取得了一些进展，但也存在着一些挑战，为了更好地组织残疾人专项体育竞赛，明确残疾人运动员在不同级别的参赛资格，并将具有参赛资格的残疾人运动员进行分组是非常有必要的。由于残疾程度的不同，功能障碍的程度也会随之发生变化，运动功能的不同水平直接影响残疾人运动员之间体育竞赛能力的差异。因此需要对残疾人运动员参加每项赛事的标准作出明确的界定，亦即对残疾人运动员进行医学和功能分级的目的在于确定参赛资格。

同样，在进行医学和功能分级的过程中，给予残疾青少年运动员救济的渠道是非常必要的。在救济渠道上，我国残运会基本参照残奥会的标准，运动员及其教练都可以对自身或者另一位（多位）运动员的分级认定提出申诉，同时主分级师也可以提出。通常而言，针对参赛资格的分级需要在赛前进行，组委会会给出一个明确针对医学和功能分级的专门申诉期，申诉提出后由主分级师评判是否合理以决定是否启动申诉程序，如果有充分理由则会由专门的评定委员会重新评估运动员的分级，无论是对原项目级别的维持还是重新分配到新的组别，这一结果都会及时向各方进行公布。

医学和功能分级工作作为残疾人运动员参赛资格确定的前置程序，后续则需要进行项目参赛资格的分配、运动员具体参赛资格的分配以及相关的审查，以确保这一过程顺利、公平、公正、公开地进行。在这一系列程序当中，残奥会确立的道德和精神原则的保护、认可和尊重相对翔实，能够确保国际残疾人奥委会（International Paralympic Committee，IPC）及其附属机构的基本权利和义务得到保障。残奥会框架下的参赛资格一般规定主要包括：（1）国籍标准，参加残奥会的运动员必须在 IPC 运动员国籍标准下是其会员国的国民；（2）年龄标准，虽然 IPC 并没有规定具体的最低、最高年龄要求，但实行最低年龄标准是奥运精神的一项普遍性原则，具体年龄标准被下放到每个残疾人体育组织，要求其选拔参加比赛的运动员符合自身的规定，因此残疾青少年在达到参赛成绩标准的前提下，其所属协会可以酌情决定并向 IPC 进行注册；（3）资格标准，残疾人运动员必须遵守、满足 IPC 资格标准的要求并在获得批准后签署相关法律文件方可作为其参赛运动员候选；（4）协会标准，IPC 充分尊重各会员协会所制定的关于运动员的参赛标准，在不违背其原则性规定的前提下，所有参加残奥会的运动员及其所属代表队都必须遵守所属国、所属单项体育协会有关残疾人运动员的选拔规则；（5）分级标准，残疾人运动员必须符合 IPC 的相关规则并获得分级认证，同时各会员协会有义务确保其运动员分级的可靠性。

3. 依法治体背景下的参赛资格与侵权纠纷

我国残疾人竞技体育长期处于优势地位，优秀残疾青少年运动员层出不穷，但竞技体育活动的安排受时间、设施、场地以及举办组织等多方面的限制，导致能够参与的人数有限。也就是说，要平衡参赛人数与组织能力之间的矛盾，需要建立一套参赛资格的标准或要求，限制赛事各参赛单位运动员的数量。毫无疑问，残疾青少年运动员的参赛资格问题是保护运动员权益的关键所在。在当前积极推动依法治体的背景下，参赛资格的问题也凸显了出来。当前存在的问题主要在于：（1）在我国传统优势项目中，甚至是可以包揽金银铜的项目中，即使不派出最好的残疾青少年运动员，依然可以在比赛中赢得冠军，从而导致在这一系列项目中的资格选拔可能会更关注于利益而非成绩，侵犯了部分残疾青少年运动员的体育竞赛权，也违背了奥林匹克公平竞争的精神和体育道德的要求；（2）残疾青少年运动员与体育行政部门及残联之间的主体地位不平等，由于体育行政部门和残联掌控着行政管理、绩效管理、资格分配、资源分配等有关的各种决策权，运动员的身份、训练和行为乃至个人的发展都受到严格的控制。对于运动员来说，参赛资格是其最重要的权利之一，但主体间的不平等关系会影响到他们权利的实现。

就我国残疾人竞技体育的管理而言，残奥委会、特奥委会是审查残疾人运动员资格的机构。自 1993 年残疾人体育工作由国家体育运动委员会归口为中国残联管理①以来，残联体育部归口管理各单项残疾人体育协会。从理论上讨论，残、特奥会宪章规定残疾人运动员的选拔和审核应当分离以便互相监督。但各单项残疾人体育协会主管人员又多兼任残联体育部职务，导致权力过于集中，存在既当运动员、又当裁判员的情况。

此外，我国残疾青少年运动员的参赛资格问题具有复杂性。首先就选拔和审核的程序而言，自由裁量的存在可能会在一定程度上产生干扰，目前评估残疾青少年运动员的选拔标准有主观、客观以及主客观相统一三类。就主观标准来看，通常出现在体操、跳水、跳马、单杠等项目当中，通常这种主观标准也隐含一些规则在内，但如果事前得到主管部门的指示，在某些情况下可能会出现偏差；反过来客观标准则可能会受到预先设定的实体或程序规则的影响，如资格赛的排序、规则中的有利设计等。其次，我国残疾人体育行政管理部门在解释选拔标准、程序和结果方面留有一定的余地，主要针对竞赛类别的定义、适用的竞赛截止日期、允许运动员参加不同级别的竞赛以及对排名和积分的认可等。根据我国残疾青少年运动员的参赛资格实践，行政监督、处罚和调解是监督和解纷的主要手段。这种自上而下的管理体制使得残疾青少年运动员的参赛资格成为体育系统内部的问题。当出现矛盾和纠纷时，首先在内部解决和消

① 谭丽清．我国残疾人体育运动发展历程的思考［J］．中国特殊教育，2005（12）：21-24.

化。在行政性救济中，大多数解决结果只是行政处罚，对当事人的权利救济效果微乎其微。

（二）参加民间体育竞赛的参赛资格与侵权纠纷

在很长的一段时间里，学界对于国家体育事业发展的上层公共结构关注较多而对自发性的民间体育竞赛关注较少。诚然，针对我国体育事业顶层设计的各种问题研究具有深刻的实践意义，对满足人民群众日益增长的体育文化需求非常重要，但是由民间内部需求塑造的非政府形式的体育赛事也在日益制度化和组织化，能够弥补政府公共体育资源的不足。尤其是在北京、上海等发达地区，已经涌现出极具组织性、自治性的民间体育竞赛，如“江湖篮球大擂台”“我是三分王”“‘湘湖杯’足球联赛”等。[①] 与传统体育竞赛组织机构和组织形式不同，民间体育竞赛一般由民间体育社团、民营企业乃至个人（联合）主办，打破传统青少年以校队或俱乐部为建制的参赛门槛，运动员可以直接以个人身份报名，报名后由主办方负责协调组建运动队并指定教练，如此一来，大大地破除了参赛的壁垒。互联网的高速发展也使得举办非官方体育赛事具有了竞争优势，可以通过不同的方法和渠道获得足够的赞助和场馆支持，民间体育赛事正日益发展成为我国体育竞赛的重要组成。

在新形势下，民间体育组织推动了大众体育纳入国家体育战略发展，其重要的配套便是将体育竞赛组织也纳入了“放管服”改革当中，无疑为我国大众体育的发展提供了新的动力。但是在这一过程中，我们也要看到在民间体育竞赛中鲜有专为残疾青少年运动员所设置的竞赛，随着健身运动总体需求的增长，基于残疾青少年基层体育和健身的需要，有必要积极倡导残疾青少年民间竞技体育运动的发展，旨在根据年龄、性别、残疾类型、身体素质和教育水平来适应特殊人群的需求。这就要求民间残疾青少年体育竞赛的举办注重以人为本、内容丰富、形式多样，包括为残疾青少年举办体育竞赛和社区活动；同时也应当注意竞技活动的灵活性、可行性以及运动康复的目标，根据当地不同的情况，在社区、学校、体育场、公园等地组织小型、简单的体育竞赛。通过民间体育组织举办的体育活动，“以赛促练”吸引残疾青少年能够持续不断地进行体育锻炼，有效改善其身体各个器官和系统的生理功能。

与正式组织的体育竞赛活动相比，由社会力量组织的民间体育竞赛实际上存在许多的不足：（1）社会力量的非正式性质决定了其获得资源、赞助以及场地支持、公安备案的困难；（2）由于举办方多为非官方体育社团、民营企业甚至是个人，组织者对

---

① 丛湖平，杨升平．民间足球竞赛组织的发展阶段特征及主导环境因素［J］．体育科学，2015，35（04）：3-11.

民间体育竞赛的组织缺乏一定的经验，加之许多体育资源都是由政府和各个官方体育协会所掌握，如高水平的裁判员几乎不会出现在民间体育竞赛中，这就直接导致了在民间体育竞赛中裁判人数、质量的不足；（3）由于极大地降低了参赛的门槛，在奠定了良好群众基础的同时，也导致参赛运动员来自各个行业、阶层，良莠不齐，他们与组织者之间不存在隶属等身份关系，一旦管理不当或者产生冲突将可能影响整个赛事的举办。

四、残疾青少年参与社会体育活动侵权纠纷

在重农抑商、渔猎农耕的历史长河里，缺乏劳动力的残疾人被排除在主流社会之外，自然也不存在参与社会体育活动的可能。但随着社会的进步，残疾人问题逐步得到改观，影响残疾人参与体育活动的因素很多，而缺乏适合残疾人的健身文化是其关键。毫无疑问，鼓励残疾人参与社会体育活动本身就是一种健康、文明的生活方式，也是残疾人健康文化的一种表达。为残疾青少年建立体育锻炼基础设施是确保其能够参加全民健身计划的基础。当前，我国主要为残疾人设置了康复活动中心，比如“温馨家园”，为一部分需要康复的残疾人提供了活动场所，但没有为残疾人提供体育锻炼的专用体育场所，从而导致了残疾青少年想要锻炼而缺乏设施、服务和相关辅助人员等。

残疾青少年参与社会体育活动存在客观、主观、内在和外在的多重困难。通过对残疾青少年参与社会体育活动的障碍进行分析，可以发现经济、思想、设备和心理因素是造成残疾青少年难以参与社会体育活动各种障碍的主要原因。具体而言，缺少合适设备，尤其是专为残疾青少年使用的无障碍体育设施是主要因素，没有足够的无障碍空间也是导致残疾青少年较少地参与到社会体育活动当中的重要因素。在尽可能短的时间内改善残疾青少年运动和健身的条件和特殊设施，并改善残疾青少年运动和健身的可及性和舒适性，对于解决运动场所的问题至关重要。另外，心理障碍也是阻碍其参与到社会体育活动当中来的内部因素，部分残疾青少年表达出“对健身活动没有兴趣”“单纯生活就已经足够累了”“害怕参与体育活动时受到嘲笑”等说法。我国残疾青少年群体尚未完全融入现代社会生活，他们对其周边的环境和陌生人有一定的不信任感。反过来看，健全人不能正常对待、歧视和不信任残疾青少年，是阻碍残疾青少年参与社会体育活动的深层次因素。而随着市场经济的发展和残疾青少年对体育健身需求的增长，残疾青少年体育健身管理组织应采取何种运营模式，以及如何保障经济条件较差的残疾青少年参加体育健身活动，增进他们的健康水平和提高生活质量是一个值得重视和思考的问题。生活贫困、收入无保障是残疾青少年群体的主要标签，

由此，缺乏资金保障、时间保障、兴趣保障也导致了他们难以参与社会体育活动。具体而言，其主要原因在于：（1）我国基层残疾人体育组织服务功能略显单薄。当前由于没有充分重视残疾青少年在锻炼和健身方面的管理，我国地市一级鲜有设立残疾人健身协会，单独或小范围组合进行健身活动是残疾青少年的主要选择。自发、放松和散漫的状态是我国残疾青少年社会体育活动发展不理想的重要原因。因此，尽快改善残疾人体育健身设施和专用设备，增加残疾人体育健身的可及性和便利性是工作中要解决的主要问题。社区需要更好地为残疾人体育和健身进行工作。（2）基层体育组织为残疾青少年提供的服务范围过于狭窄。作为社会团体的一员，残疾青少年在体育、娱乐和健身方面享有与公众相同的权利。但是在实践当中，虽然大多数基层社会组织为残疾青少年提供了体育运动的机会，但其中大多数活动主要基于高度竞争性的运动和竞赛，更适合残疾青少年参加的大众体育、健身活动寥寥无几。不能更好地保证大多数残疾青少年的身体健康和康复活动，也就导致了国家、社会和基层自治组织的体育政策支持与福利无法在残疾青少年个体上有所体现。（3）资金来源受限导致实效性不足。鉴于目前的场所、设备以及人员等存在不足，我国残疾青少年获得足够运动的需求无法满足。当前我国政府将残疾青少年的身体健康作为社会服务的一部分，但实际上并没有将残疾青少年体育纳入健康保障范畴之内，没有为这项社会保障服务提供充足的日常资金，就导致我国残疾青少年社会体育活动普遍存在诸如空间不足、人员不足和服务经验差的问题，并且这种残疾青少年体育活动的服务难以长期维持。另外，社区缺乏能够为残疾青少年提供专业运动训练服务的专业社工，因此即便在存在相关政策和指导原则的情况下，实际效果似乎也相对较低。当前迫切需要解决如何高效利用社区资金来改善残疾青少年社会体育活动受限的问题。（4）残联、体育总局分层次、多层级的残疾人体育组织系统结构存在掣肘。为了有效解决残疾青少年参与社会体育活动所存在的问题，迫切需要适当的体制保障和支持系统来消除障碍。当前基层体育健身组织和系统相对全面，但是针对残疾青少年的特定体育健身服务系统尚不够完善，尤其是残疾青少年体育组织的社区网络管理服务系统更为松散。我国存在针对基层社会体育的多层支持体系，但基层仍缺乏专职体育社会工作者为残疾青少年提供专业的体育健身工作服务，志愿服务网络组织为残疾青少年自发组织和邻里体育提供社会支持网络，但即便存在一些志愿服务和自助小组，也面临着诸如缺乏专业社工的帮助、服务无响应以及活动连续性差的严峻挑战。由此，我国残疾青少年的生活环境急需改善，就残疾青少年参加体育健身确立必要的保障制度，增进他们的健康是进一步提高残疾青少年体育健身水平的前提条件。

小　结

本章是关于残疾青少年体育纠纷解决机制的理论分析。

首先，对残疾青少年进行分析和界定，包括国际文件对于残疾青少年的定义。研究发现不同国际组织和国家所界定的残疾青少年范围不一，但本书从保护范围尽可能大进行考量，结合联合国、世界卫生组织、中国青少年研究中心与中国残联研究室的定义，确定残疾青少年为7~24周岁的存在某种残疾的青少年。

其次，对残疾青少年的特点进行分析和概括，主要从生理、心理、教育、自我认同和社交等方面探讨，从而有利于残疾青少年体育工作者了解他们的独特需求和挑战，提供必要的支持和帮助，营造一个更加包容、理解和无歧视的体育环境，保障残疾青少年能够平等参与体育活动。

再次，对残疾青少年体育进行了分析，提出残疾青少年因肢体、器官、智力等损伤，其特殊身体机能限制了他们的体育运动幅度、强度和活动范围。残疾青少年体育有助于改善残疾青少年健康水平，同时也有利于激发残疾青少年正面情绪，但是在残疾青少年体育发展的过程中，受伤风险和社会排斥也是其中存在的问题。

在具体了解了残疾青少年学校体育、健身体育和竞技体育后，最后对中国残疾青少年体育纠纷的类型与成因进行了分析，分别就发生在学校、参加体育社团、参加体育竞赛以及参与社会体育活动中的纠纷进行了论述，提出残疾青少年体育纠纷多属于侵权纠纷，其侵权客体——体育教育权、体育人身权、申诉申辩权、参赛资格等都需要有健全的法治加以保障。

第二章　中国残疾青少年体育纠纷解决机制的现状分析

第一节　中国残疾青少年体育纠纷解决机制的性质

探讨中国残疾青少年体育纠纷解决机制的性质，应该将其纳入中国特色社会主义法治体系进行考察，尤其是考察其中的多元化纠纷解决机制。从中可以看出作为中国特色多元化纠纷解决机制的有机组成，残疾青少年体育纠纷解决机制是在法治参与体育治理的框架下形成的法治、协治和自治[①]共同构建的纠纷解决机制。

一、纠纷主体的多元性

纠纷主体的多元性意味着在残疾青少年体育纠纷解决机制当中存在许多不同角色的参与者，包括体育纠纷解决机制的立法者和监管层，体育纠纷涉及的残疾人体育协会、俱乐部、青训队和残疾青少年运动员各方以及体育行业的消费者乃至普通公众。纠纷主体的多元性打破了传统纠纷解决机制当中行使审判权的一方与被审判一方的二元性。这种现象是法治建设过程中出现的新情况，不只残疾青少年体育纠纷解决领域，其他行业组织的领域也出现了纠纷主体多元化的现象。

在这一变化过程当中，体育纠纷解决机制的立法权主体是不变的，主要是全国人大及其常委会、国务院及体育总局等相关部委，其实质上是立法机构和行政机构。在残疾青少年体育纠纷解决机制建立的过程中，尤其是体育仲裁机制的建立，需要

① 高升，周学荣，陆在春．我国竞技体育纠纷仲裁机制缺陷与司法审查的介入［J］．安徽师范大学学报（自然科学版），2014，37（01）：79-85.

符合 2023 年修正的《中华人民共和国立法法》（以下简称《立法法》）第 11 条第 10 项①的规定，即有关诉讼制度和仲裁基本制度的事项只能制定法律，同时也根据《立法法》的精神，国家体育总局作为主管体育行业的行政机关，虽然对体育行业的实际情况更为了解，但其在体育领域的主张只能根据上位法的规定在部门权限范围内颁布部门规章，如果是提出针对《体育法》《残疾人保障法》的修改意见仍需要通过国务院才能将立法、修法议案提交到全国人大及其常委会上升为法律。在这一精神指导的立法实践当中，也正是由于国家体育总局在体育领域以及残联在残疾人权益保障领域所具有的主管和监管地位，国务院提出的大多数残疾青少年体育相关法律议案及颁布的行政法规都是由国家体育总局和（或）中国残联牵头起草的，经国务院审议并批准后，行政法规由其直接颁布，法律案则提交全国人大及其常委会表决颁布。由于国家体育总局对体育行业、中国残联对残疾人权益保障事业的实际情况更为了解，由其牵头草拟残疾青少年体育领域的立法草案，具有一定的合理性，但牵头部门不一定代表部门利益，而是代表国家利益。

因此，从当前的《体育法》《残疾人保障法》的相关规定可以看出，体育纠纷解决机制已经建立，在《残疾人保障法》中，一种“准用性规范”使残疾青少年体育领域的纠纷适当地纳入现有的司法系统加以解决。但是近年来司法体制改革的推进，以行政区划设立的四级法院系统和专门法院系统都进行了一定的调整，尤其是知识产权专门法院的建立，对体育行业的诉讼解纷机制带来了新的发展。此外，《体育法》与其他行业立法不同，其专业仲裁机制建立的准备工作相对完善。在多元化纠纷解决机制提出的当下，体育咨询专家库、仲裁机制和调解机制等纷纷建立起来。这种体育纠纷的庭外解决方案更能适应体育的专业特征。同时，从立法上来看，《残疾人保障法》对体育监管层（中国残联，第 8 条）进行了规定。类似的，《体育法》也对体育监管层（国务院体育行政部门和国务院其他有关部门，第 4 条）、体育组织（中华全国体育总会和地方各级体育总会，第 62 条；中国奥林匹克委员会，第 63 条；全国性单项体育协会，第 65 条；青少年体育俱乐部、社区健身组织，第 68 条）、运动员（第 4 章）以及普通公众（第 2、3 章）等的权利义务作出了原则性规定。分别而言，体育监管层是《体育法》规制的重要主体，但其设立主要依据《中华人民共和国国务院组织法》而非《体育法》，需要做到法无授权不可为。而体育组织作为承上启下的关键，也是《体育法》及其相关法律法规重点规范的对象，中华全国体育总会、奥委会、残奥委会及

---

① 中华人民共和国立法法［EB/OL］. https：//flk. npc. gov. cn/detail2. html？ZmY4MDgxODE4NjVlZGMxNDAxODZkOWQ2ZjFjYjI1MDM%3D，2023-03-13.

残疾人体育协会都制定了相应的章程作为规范，对体育组织的定义、内部成员资格、权力机构、议事规则和职权职责作出了具体的规定。俱乐部和残疾青少年运动员作为受监管的主体，关于其的规范主要表现为义务性。而就涉及普通公众的体育纠纷而言，主要体现在与体育相关的法律法规的制定过程中，尤其是社会体育的发展和全民健身计划的执行。

二、法律规范的交叉性

所谓法律规范的交叉性，是指残疾青少年体育纠纷解决机制相关的规范和需要协调的法律关系众多。从纵向角度看，有关体育纠纷解决机制的法律规范包括《宪法》《立法法》《体育法》《仲裁法》《残疾人保障法》等法律、《全民健身条例》《学校体育工作条例》等行政法规、《湖南省全民健身条例》等地方性法规，《最高人民法院关于适用〈中华人民共和国仲裁法〉若干问题的解释》等司法解释、《蛋白同化制剂和肽类激素进出口管理办法》等部门规章、《国际体育仲裁委员会与体育仲裁院仲裁章程与规则》《世界反兴奋剂条例》等国际条例以及《湖南体育强省建设规划（2020—2030 年）》等规范性文件。而从横向的角度来看，法律规范的类型包括民商法、行政法和刑法，包括程序法和实体法，还包括相关技术标准等。

残疾青少年体育法律规范主要针对残疾青少年体育社会关系以及由此形成的残疾青少年体育法律关系，并对残疾青少年体育纠纷解决机制的建立和运行产生根本的影响。如上所述，无论是纵向还是横向来看，残疾青少年体育法律规范种类繁多，刚好契合残疾青少年体育法律关系的复杂性，这些不同残疾青少年体育法律规范涉及民事、行政和刑事法律关系的调整。从公法和私法的角度来看，残疾青少年体育法律规范体系中一定存在私法与公法相重叠的情况①，并且这也是残疾青少年体育法律规范体系和残疾青少年体育纠纷解决机制建立所必须考虑的问题。同时，残疾青少年体育法律规范在公法和私法之间的区分并不十分清晰，容易混淆。如在公共体育设施使用纠纷当中，就存在着至少三方的法律关系：体育设施、无障碍设施的所有人（通常是国资委）、服务提供者（通常是具体管理体育设施的机关、企事业单位）以及使用者（通常是公民，包括残疾青少年学生和残疾人等），前两个主体之间的纠纷通常基于行政管理关系而发生，而后两个主体之间的纠纷则通常属于行政许可关系之间的纠纷，而非民事关系，这样一来纠纷的产生和解决具有一定的不平等性。不同的体育法律规范对应着不同的法律关系，同时也对应于各自不同的法律责任，因此，残疾青少年体育法

① 孙笑侠. 论行业法［J］. 中国法学，2013（01）：46-59.

律规范之间的交叉性也带来了相对复杂的法律责任认定，必然存在着民事责任、行政责任和刑事责任之间的分类和交叉，甚至存在两种或多种责任的竞合。承担何种法律责任以解决残疾青少年体育纠纷，也是残疾青少年体育法律规范交叉情况下的法律适用问题。

法律规范的交叉性还表现在残疾青少年体育行业整体实际上可以看成一个由有着共同特点、爱好和专长的人群组成的小型社会结构，尤其是其中存在着调整内部各种法律关系的规范。换句话说，传统的法律部门（一般法）在各行业中都能得到一定的适用，但是这种法律规范并不能满足残疾青少年体育行业中的应用需求。残疾青少年体育法律规范在其行业内部适用时具有更灵活、高效的特点，能够根据残疾青少年体育事业的发展和变化，针对残疾青少年体育事业的特殊性，更好地发挥其在残疾青少年体育纠纷解决当中的作用。同时，随着时代的发展，未来我们将面对人工智能和互联网+等新兴产业的兴起所带来的深刻法律变革，如体育赛场上、训练场上的智能机器人可能会从作为人类简单工具的地位上升到具有一定的法律主体资格，虚拟财产和其他新的法律客体的出现也会给体育领域带来新类型的权利义务关系。只有在法律和技术之间找到合适的平衡，才能实现二者的良性互动。残疾青少年体育纠纷解决机制中涉及的法律关系将会变得越来越复杂。这种复杂的法律关系所引起的残疾青少年体育纠纷解决机制的变革具有传统纠纷解决机制所不具备的特征，也就是说在法律规范交叉性和法律关系复杂性的特征下，残疾青少年体育纠纷解决机制的建立对体育行业的治理至关重要。

三、体育纠纷的发展性

所谓体育纠纷的发展性，就是在残疾青少年体育纠纷解决机制的运行方面，需要考虑到残疾青少年体育事业和残疾青少年体育纠纷的变化和发展。新兴体育事业和旧的体育事业所产生纠纷的不同，不仅体现在主体的权利义务不同，也体现在体育事业发展和成熟程度的不同。随着科技进步、治理体系与治理能力的现代化，体育事业也在不断的变化当中日趋成熟，新的体育领域不断出现，部分体育事业也在发展中不断革新或是逐渐消失，亦即体育事业处于不断的动态变化当中，比如，国际奥委会公布2028 年洛杉矶奥运会初步设项 28 个，而举重、拳击和现代五项等 3 个传统项目暂未列入其中。[①] 因此，残疾青少年体育纠纷解决机制也需要跟随其变化以摆脱纠纷解决的滞后性。在这一过程中立法、修法是相对较好的解决策略，如近年来兴起的《体育法》

① 曹林波．2028 年奥运会公布了 28 个初选项目，中国金牌大户举重为何不在其中？［EB/OL］．https：//baijiahao. baidu. com/s？ id＝1718988088379807746，2021－12－13.

修改的浪潮，涌现了对“深化改革”[①]“或裁或审”[②]“体育仲裁”[③]和“残疾人体育竞赛纠纷特殊解决机制”[④]等方面的一系列思考，对残疾青少年体育纠纷解决机制的调整产生了较大的影响。这也意味着要在体育纠纷解决机制多元化发展的趋势下，对体育行业的特征和差异加以考量，从而采取不同的策略以符合体育事业和体育纠纷整体的变化和发展。简而言之，残疾青少年体育纠纷解决机制同时具有统一性和差异性。它既具有纠纷解决机制的一般性，又具有自身的特点。

残疾青少年体育事业在不断发展和变化，更需要新的法律制度及其相关体育纠纷解决机制的完善以配套体育行业进行深化改革，建立满足体育深化改革需求的规范模型和关系。也就是说残疾青少年体育纠纷解决机制必须回应这种变化，回应体育改革、残疾人权益保障和法治建设的政策要求，因时制宜、因事制宜、因势制宜。比如，在美国，体育事业是完全自治的，[⑤]残疾人权益保障事业则以平等为原则，排除了国家行政监督或司法干预，其残疾青少年体育纠纷解决机制亦运行良好，但由于国情、文化和地域等不同，我国有着较大的差异，不能一味效仿。目前中国体育治理模式是由国家体育总局、中华全国体育总会和奥委会“一个机构，三块牌子”，中国残疾人体育协会、中国残疾人体育运动管理中心和残联、体育部门多重领导的行政体制，残疾青少年体育纠纷解决机制需要契合我国体育行政部门、残联和单项体育协会的特点来进行，但在未来“政事分开”和“政企分开”的趋势下，又要结合体育新的基本情况和特点来发展。

简而言之，在残疾青少年体育行业中无论是新兴领域还是传统领域，都需要相应的纠纷解决机制对其中产生的纠纷加以有效解决。只有真正适应新时代体育事业发展的新要求，契合“依法治体”的总目标，才能真正促进残疾青少年体育事业的快速发展，真正为体育法治的建设作出贡献。体育新兴领域纠纷的出现推动了残疾青少年体育纠纷解决机制的革新，这不仅涉及在体育各个领域出现的法律问题，而且涉及体育相关的其他方面。随着体育事业的不断发展，以《体育法》为核心的“体育法”概念更加明显地展露出来，[⑥]以《残疾人保障法》为核心的残疾人权益保护概念的地位也日

---

① 王家宏，刘广飞，赵毅，等．中国体育深化改革相关法律问题研究［J］．体育科学，2019，39（11）：3-14.

② 姜熙，王家宏，谭小勇．我国体育纠纷解决“或裁或审”制度研究［J］．体育学刊，2019，26（03）：58-64.

③ 熊瑛子．瑞士法框架下体育仲裁“裁决修正”探讨［J］．武汉体育学院学报，2020，54（06）：39-45.

④ 黄世昌．残疾人体育竞赛纠纷特殊解决机制比较研究［J］．成都体育学院学报，2018，44（03）：39-44+75.

⑤ 刘洋，陶玉流．业态自治与自制：美国残疾人体育服务人才培养与启示［J］．武汉体育学院学报，2015，49（11）：11-17.

⑥ 向会英，谭小勇，姜熙．法律多元视角下的体育法概念［J］．武汉体育学院学报，2015，49（04）：33-38.

益凸显。可以说，目前残疾青少年体育的独立性和自治性逐渐得到加强，其趋势在于构建一套完整的体育法治体系，残疾青少年体育纠纷解决机制也应当在这一过程中顺应体育事业的发展情况而制宜。

四、多元化解的联动性

所谓的多元化解的联动性体现在三个方面，包括前述的残疾青少年体育纠纷解决机制“纠纷主体的多元性”“法律规范的交叉性”以及运行机制的多元性。这种残疾青少年体育纠纷的多元化解机制意味着残疾青少年体育纠纷化解机制是一种基于体育权力运行多重分布的包容性化解机制。在中国特色社会主义法治建设中，多元化解的联动性强调社会力量的参与，旨在使残疾青少年体育纠纷解决机制从国家主导向多元参与做出改变。这种包容性化解机制的观念契合体育事业朝着多样化的治理方向发展的趋势，是业界多年来在体育纠纷解决机制构建上达成的共识。具体而言，这种残疾青少年体育纠纷多元化解机制是在法律规则框架内对体育事业共同管理的一种表达，亦即残疾青少年体育治理的主要思想既不是行政机关的直接领导，也不是体育完全独立的自主管理，而是一个相对独立的治理体系。它是在残疾人权益保障的前提下、体育相对独立的基础上形成的法治、协治和自治。

因此，法律规范下的残疾青少年体育纠纷多元化解机制意味着其必须在共享共治的法律监督、残疾人权益保障和行业自治的环境中发挥作用。对于这种基于法治建设并具有监督和自治双重含义的残疾青少年体育纠纷多元化解机制，构成监督基础的规范属于“硬法”的范畴，而构成自治基础的规范则属于“软法”的范畴。虽然“硬法”的地位要高于“软法”，但在不违背上位法规定的情况下，体育组织章程等“软法”应优先于一般法并得到适用，其对内应当是具有一定约束力的，“硬法”与“软法”之间的相互作用实际上是国家与社会、政府与体育行业之间的相互作用。而就这种法治和自治的关系而言，应当将自治作为体育治理的原则，而国家公权力则处于兜底状态，使体育组织对其内部纠纷的解决具有权威性。同样，这也是符合我国“放管服”改革要求的，国家权力的下放为体育的发展创造更多的空间。

在中国高度集中的体育体制中，许多体育协会以“一套人马，两块牌子”的形式存在。名义上它们是非政府性质的公共体育组织，但实际上它们受法律法规管制，又具有一定的行政属性。但是，学术界在界定我国公共体育组织是公权力机关还是私权利组织上存在很大的不同。实践当中，这种亦公亦私、可公可私的公共体育组织，在需要行使权力的时候，以公权力的身份出现，但在发生行政纠纷时，为了避免承担责任，又可以私权利的身份出现。包括中国奥委会、足协在内的体育组织与运动员、俱乐部之间的纠纷，由于无法明确是民事纠纷还是行政纠纷，经常出现法院不予受理的情况。如长春亚泰足球俱乐部诉足协一案，即长春亚泰足球俱乐部有限责任公司（简称“亚泰足球俱乐部”），因不服中国足球协会在2001年10月16日作出的足纪字(2001) 14号《关于对四川绵阳、成都五牛、长春亚泰、江苏舜天和浙江绿城俱乐部足球队处理的决定》（简称“14号处理决定”）中涉及对亚泰足球俱乐部及其教练和球员的处罚，而于2002年1月7日，向北京市第二中级人民法院正式提起两起行政诉讼。该案引起法学界的热烈讨论，马怀德教授认为，中国足协的行为如果涉及公权力，自然就有司法介入和司法监督的必要性；如果它是一个私权力的行为，那么也有必要通过其他的方式加以规范。[①] 因此，从法律的角度阐明公共体育组织的性质，可以避免在解决体育纠纷时适用解决方案的混淆。总而言之，体育自治、协治和法治在我国体育纠纷解决机制图景的构建当中都是不可或缺的一环，集合诉讼、和解、仲裁和调解的体育纠纷多元化解机制也是未来体育治理的重点突破方向。

在“依法治体”建设的道路上，正式的法律规范仍起到决定和引导的作用，主要体现在我国的法治建设的自上而下的模式，在建立以法治为基础的社会中，将社会主义核心价值观纳入体育自治章程，使自治章程更为符合国家法律法规的内在品质和总体要求。将法治精神纳入体育自治章程中，将“硬法”纳入“软法”当中虽然可行，但更重要的是立法实践将体育自治章程纳入国家法律当中。存在于民间的习惯、乡规民约、社区规约等在调整社会关系中具有不可低估的作用。这表明在新的历史情况下，关于体育治理的法律应当大量吸收体育领域多年实践经验形成的行业章程，使《体育法》等相关法律法规更好地服务于残疾青少年体育事业的发展。“软法”与“硬法”之间的有效互动，使体育行业内部的一些规范上升成法律法规，也能更好地使“硬法”得到更为广泛的认可，确保在实施当中不会产生较大的阻力，促成良法善治的形成。在“依法治体”的背景下，对残疾青少年体育纠纷的联动化解使我们可以更加清楚地看到，法律监督与体育自治之间的关系不是相互排斥的，而是互补的。当然，法律监督和体育自治也是密切相关的。体育纠纷解决机制的依法自治意味着体育内部纠纷应当排除干预，由体育行业本身进行解决，但残疾青少年体育纠纷解决机制也必须在立法框架内实施。换句话说，体育自治不是无条件的，不是完全排斥法治的，是既要遵照法治体系，又要遵守自行制定的章程。正是由于法治、协治和自治之间的彼此相互作用，才形成了体育纠纷解决机制多元化解的联动性。

① 足协不是法外桃源——法学专家剖析亚泰行政诉讼案［EB/OL］. https：//sports. sina. com. cn/b/2002-01-24/24230164. shtml，2002-01-24.

五、受理范围的广泛性

法谚云："徒法不足以自行"。传统观点认为，法律法规所具有的指引、评价、教育、预测和强制功能，一方面只能规范社会和人们的外部行为，另一方面其评价和强制功能也受到严格的限制。也就是说单纯依靠法治来解决纠纷并不能规范所有的行为，因为不同的解纷机制有各自不同的优点和不足，尤其对于残疾青少年体育行业内部的纠纷，很难找到单一、有效的解决方案。就残疾青少年体育纠纷解决机制而言，只有真正深入到残疾青少年体育纠纷当中，才能真正理解纠纷产生的根本问题，并从内部的角度有效地化解这种纠纷，而从外部的角度进行判断往往是不够的。在中国特色社会主义法治体系中，法律仅对具有外部特征的行为进行规范，不足以实现调整全部社会关系的目标。需要更深入地研究现有的残疾青少年体育运行体系，通过对其内部的各领域、各环节以及纠纷的产生和化解作出具体的规范，从法律外部性过渡到体育内部性，才能实现法治建设对于体育领域有效治理的目标。

体育组织自治章程之所以可以调整残疾青少年体育内部法律关系，能更好地符合残疾青少年体育领域自身需求，能对残疾青少年体育领域产生的所有纠纷进行更为广泛地调整，主要是因为体育组织自治章程体系具有"软法"的性质。残疾青少年运动员的参赛资格、转会条件、兴奋剂问题，裁判员的临场执裁、事后处罚，俱乐部的设立解散、资格问题，体育组织内部解纷、仲裁与调解规则，学校体育教育、体育伤害以及新兴的体育技术等问题如何调整，如何才能确保处理结果公平公正、使各方都能欣然接受，都是残疾青少年体育领域较为专业的问题。以权利义务配置作为规范方式的法律，是不能对上述这些专业问题给出统一答案的。因此，在体育"软法"治理的模式下，残疾青少年体育纠纷解决机制弥补了法律不能调整和解决内部问题的缺陷。简而言之，在"硬法"和"软法"协同下，残疾青少年体育纠纷解决机制不仅可以依据"硬法"解决外部纠纷，也可以通过"软法"解决内部纠纷，从而体现了残疾青少年体育纠纷解决机制受理范围的广泛性。

第二节　中国残疾青少年体育纠纷解决机制存在的问题及成因

体育纠纷解决机制因体育纠纷解决机构、规则和过程的不同具有不同的特点，相较于其他社会纠纷，体育纠纷存在技术性强、时效要求高等一系列特征，加之残疾青少年在体育纠纷当中维护自身权益的能力较弱。因此，在讨论中国残疾青少年体育纠纷解决机制的现状时，有必要对包括校内申诉或行政主管部门申诉、体育组织内部解纷、调解或仲裁以及兜底的诉讼解纷等一系列各种不同的纠纷解决方式逐一进行梳理，以分析其中存在的问题并找出成因。

一、校内申诉或行政主管部门申诉

体育组织内部解纷机制、仲裁和调解大多是作为残疾青少年竞技体育领域纠纷解决的方式存在，但是除了残疾青少年运动员以外，更多的残疾青少年尚处于受教育阶段，所参与的体育活动也以校园体育为主，对于在校园体育当中发生的纠纷，校内申诉途径应是其最有效、最便捷的方式。另外，残疾青少年作为社会不可或缺的一员，在参与社会体育活动中也是较为容易受到侵害的群体，向行政主管部门申诉则是校园之外社会体育纠纷的一种有效解决机制。

（一）残疾青少年学校体育纠纷校内申诉

残疾青少年学校体育纠纷校内申诉是保障和促进学生体育教育权实现、维护学校规章秩序、解决学校体育纠纷的有效措施，对于降低教育管理负担、减少体育纠纷激化进入行政或诉讼程序具有相当重要的意义。随着《关于全面加强和改进新时代学校体育工作的意见》《体育法》等法律法规相继修订和实施，以及依法治体、依法治校的全面推行，残疾青少年权益受侵害后的校内申诉问题逐步明确，扩大了残疾青少年学生申诉范围、延长了残疾青少年申诉时效，为残疾青少年学生创建了一个更公平、更独立、更专业的申诉机制。

基于残疾青少年申诉和纠纷解决机制一直是学校治理的重要组成部分，是依法治校和依法治体的有机构成，作为学校管理过程中的弱势群体，为残疾青少年学生建立申诉机制是保障其基本体育教育权的重要手段。

1. 依法治体、依法治校框架下的校园体育法律关系

从我国体育教育的历史和教育制度的发展来看，我国的现代体育教育体系是在计划经济时代开始逐步形成的，具有一定的行政属性。随着我国经济、政治和文化的深入发展，特别是随着依法治体、依法治校的进一步发展，学校作为管理一方与残疾青少年学生之间的校园体育法律关系发生了一些有益的变化，由原本计划型的体育教育管理逐渐转变为法治型的体育教育法律关系。一般而言，残疾青少年体育教育法律关系是一种基于参与体育教育活动的权利义务关系。残疾青少年学生作为受体育教育的一方与学校等教育机构之间存在着一对基本范畴为“受体育教育权”和“体育教育权”的法律关系，在不断发展的法治建设中对受教育权的确认和保护是当前依法治体、

依法治校的目的和核心所在。[①] 现代教育法制的内容也符合教育制度的内部逻辑。以保护受体育教育权为基本目标的体育教育法律关系体现在以权利和义务为基础的社会关系中。

在校园体育法律关系当中，残疾青少年学生校内申诉系统主要涉及学校的管理及与学生之间的体育教育关系。残疾青少年学生申诉的动机一般是学校的体育教育行为或决定出现了对残疾青少年学生不利的情况或者残疾青少年学生在体育教育活动当中受到了来自学校或第三方的侵害。在学生发起校内申诉时，学校作为受理申诉的管理者和组织者，对于被管理的残疾青少年学生而言是不平等的主体，有义务对其申诉作出回应。亦即这种校内申诉的体制使得残疾青少年的合法权益能够得到一定的保障，即使在这一过程当中学校仍存在不作为的现象，残疾青少年学生还可以继续向上级教育行政管理部门（一般是教育体育局）反映，学校和教育行政管理部门都是有效进行内部解纷的主持者，校内申诉的解纷机制，一方面能够使残疾青少年的权利得到救济，另一方面也可以避免学校和残疾青少年之间较小的纠纷上升到司法纠纷的情况。因此，在依法治体、依法治校框架下，学校和教育行政管理部门必须尊重、保护和实现残疾青少年的基本体育教育权利。学校在对残疾青少年进行体育教育的时候，容易产生行政干预和（或）侵犯学生基本体育权利的行为。根据依法治体、依法治校的基本原则，在制度上解决残疾青少年与学校之间的纠纷，应当允许残疾青少年对学校领导决策的合法性和合理性进行监督。因此建立和完善校内申诉机制至关重要。尤其是在中小学当中，残疾青少年法治思维较为薄弱，更应当有一种契合其特点的校内申诉机制。

2. 残疾青少年校内申诉机制的本质与功能

在依法治体、依法治校的背景下，侵犯体育教育权、体育人身权的主要补救措施是申诉、复议以及司法途径。就其本质和功能而言，相比于其他，校内申诉机制属于一种替代性纠纷解决机制（Alternativc Dispute Resolution，ADR）。就争端解决系统的功能结构而言，ADR 属于体育多元化争端解决机制的重要一环，其在各种庭外纠纷解决机制中的独特地位和功能使其适用的范围正在从少数典型的行政纠纷逐渐扩展到各种行业和领域。近年来，ADR 在教育、体育、文化和卫生等领域的纠纷解决上变得越来越重要。从体育教育的角度来看，保障残疾青少年体育教育权的校内申诉机制依赖于残疾青少年与学校之间体育教育权法律关系的维系，必须予以重视。因此，残疾青少年校内申诉机制存在的目的是使残疾青少年能够方便地维护其自身体育权利，同时，还可以通过设立申诉委员会来审查学校在体育教育纠纷中的合法性和适当性，申诉委

① 姚佳文. 法国残疾人体育教育权法律保障及对中国的启示［J］. 安徽体育科技，2020，41（01）：5-8+44.

员会必须与原学校处理机构存在一定的独立性，通过申诉审查和听证程序，对先前裁决中的事实和法律适用重新梳理。从这个意义上说校内申诉的结论通常具有终局性，能够为残疾青少年学生带来切实的程序利益，无论申诉结果是保留还是更改，都对纠纷进行了两次实质性审查，亦即校内申诉机制是基于审查基准理论对之前行为进行新的审查。

校内申诉作为残疾青少年权利救济的有效途径，尚处于构建的初步阶段，通过法治的框架完善这种申诉机制，使得残疾青少年在学校体育当中的权利得到实质性救济，应当基于补救措施和遵守法律原则的需要，赋予学生对侵犯其体育教育权的当事人和管理方予以监督的权利的同时，也要配套建立起学校应对申诉时的处理程序。其主要功能在于：（1）维护校园稳定，有效解决残疾青少年与学校之间的矛盾。毫无疑问，维持校园秩序对实现体育教育目标和体育教育的正常发展至关重要。学生对学校相关决定的不满所引起的争议，如果不能及时解决，将影响学校规章制度的稳定性。学生的不满情绪得不到有效化解，甚至可能会引起学校内的冲突。[①] 校内申诉机制在增强教育组织和政策合法性、减少学生与学校之间的冲突、维持体育教育和体育教学的稳定中占据着极为重要的地位。可以说，残疾青少年校内申诉机制的主要目的在于解决各种现实的体育教育纠纷。（2）加强体育教育管理，确保与残疾青少年的需要步调一致。体育教育管理中的冲突有多种形式。学校和教育行政管理部门通常会做出各种行政决定，并会根据具体情况与学生接触进行化解。在许多情况下，当司法或教育行政体系陷入困境时，教育行政管理部门在处理各种纠纷时缺乏一致或有序的步调。重视残疾青少年提出的校内申诉能够使学校较好地了解在现实的体育教育中的政策是否前后矛盾、是否违反法律法规的强制性规定，从而使体育教育管理更加契合残疾青少年的个人发展需要。（3）作为权利救济的前置程序减轻相关部门的行政和诉讼负担。残疾青少年校内申诉的实质并不是司法纠纷。校内申诉作为残疾青少年学生体育权利救济的前置程序，学校和教育行政管理部门都有必要重视这一程序在减轻其行政和诉讼负担上的作用，其顺利运作则取决于学校和教育行政管理部门认真审查与体育教育有关的行政决定。实际上校内申诉机制可以最大限度地解决学校或教育行政管理部门的体育教育纠纷。通过内部解纷的方式对纠纷进行内部消化，可以避免纠纷的进一步扩大，并实现残疾青少年学生权利的救济。通过建立有效而全面的残疾青少年校内申诉机制能够减少通过行政复议或行政诉讼解决纠纷的频率，降低解决体育教育纠纷的程序成本。

---

① 孙波．美国公立高校学生申诉权保障的理论与实践——兼论我国高校学生申诉权的保障与校内申诉制度的完善［J］．政治与法律，2016（06）：93-106.

3. 残疾青少年校内申诉机制存在的问题及成因

当前我国残疾青少年体育教育领域初步形成了包括《体育法》《教育法》《残疾人保障法》《普通高等学校学生管理规定》以及《关于全面加强和改进新时代学校体育工作的意见》等在内的管理规则，为其权利申诉机制构建了相对标准化的系统，但是从动态的角度看，残疾青少年校内申诉机制仍然没有得到有效执行，并没有使申诉模式在要素、结构和操作上形成有效的交互和适应。实际上我国的体育教育申诉制度的实际运作与制度理想之间还有很大差距。只有实现完善的交互式申诉机制，才能对残疾青少年体育权利维护方面的规定进行更科学、更明智的解释。

由于校内申诉机制的建立各自为政，这种申诉机制的差异在跨行政区划时更加突出，一千所学校就有一千套校内申诉机制，具体体现在受理申诉的机构和申诉程序上的不同。反之，在各学校申诉制度文件中也能见到雷同的申诉机制，这主要是由于部分对残疾青少年学生申诉不太重视的学校照搬、抄袭其他学校的申诉管理方法，而非其管理办法在实践中得到的一般原则。从这些不规范的做法当中可以发现，校内申诉机制主要存在的问题在于：（1）没有明确残疾青少年申诉的范围或申诉受理范围过窄。[①] 就残疾青少年关于体育申诉的受理范围而言，我国除高等院校外的大多数学校并没有加以明确，一事一议的做法比较常见。即便《上海体育学院学生违纪处理规定》《上海体育学院受理学生申诉处理办法》等高等院校规章明确了申诉的受理范围，该范围也局限于学校予以处分或入学资格纠纷上。在这一做法下，申诉受理的范围明显过窄，扩大残疾青少年申诉的范围是实现残疾青少年切实体育权利的必要保障，学校管理部门所有涉及学生相关体育活动中所发生的纠纷都应纳入申诉受理的范围，主要包括参加学校体育课程和各种活动或利用学校提供的体育教育学习资源时，学生认为其人身权、财产权、体育教育权等权利受到负面影响的情况。（2）当前校内申诉机制的独立性、专业性和公正性有所欠缺。我国当前处理残疾青少年申诉的校内机构通常没有独立设置，而是多由教务处、学工办等部门负责处理，也少有由校长（党委）办公室处理的情况。由于没有专门处理残疾青少年学生申诉的独立机构，其独立性、专业性和公正性就得不到保障。在这方面，我国接受残疾青少年学生的各层次、各类型学校均应建立独立的申诉处理机构，并通过学校章程阐明申诉处理机构的定位是可以代表学校单独作出审查决定的机构，以增强其公信力。（3）申诉处理程序不够科学、合理。申诉处理程序的科学性对于保障最终复审决定的公正性至关重要，也是保障申诉机制实效性的关键所在。如今，无论是由学校处理的残疾青少年申诉程序还是由上级

---

① 陈琳．高校学生校内申诉制度存在问题与对策研究［J］．兰州学刊，2008（S1）：201-203+191.

教育行政管理部门处理的行政程序，都还存在着或多或少的问题，如在书面审查中，申诉处理机构并不足够了解申诉事宜的具体情况；而在合议审查当中，残疾青少年的申辩陈述权没有得到足够重视，同时也少见听证程序；在作出决定时，并没有专门的表决程序，多由有关部门负责人直接作出决定，是否支持残疾青少年的申诉请求都会对其实质权利产生重大影响，在作出决定时更应该有相应的程序进行保障。

（二）行政主管部门申诉解纷机制

行政主管部门申诉解纷机制的法律渊源来自《宪法》第 41 条第 1 款“中华人民共和国公民……有向有关国家机关提出申诉、控告或者检举的权利”[①]。因此，残疾青少年在其体育权利受到侵害时向行政主管部门申诉的权利是《宪法》赋予的一项基本权利。申诉制度是公民在其合法权利被侵害时出于某种正当理由向政府机构请求处理和救济的制度。[②]

1. 行政主管部门申诉解纷机制存在的问题

目前，我国尚无行政申诉法的出台，如有关公务员、教师和学生等不同主体的申诉制度规定在各部不同法律当中，而残疾青少年学生作为学生主体的一员，其申诉机制规定在《教育法》第 43 条第 4 项：“对学校给予的处分不服向有关部门提出申诉，对学校、教师侵犯其人身权、财产权等合法权益，提出申诉或者依法提起诉讼”[③] 以及《残疾人保障法》第 59 条第 1 款：“残疾人的合法权益受到侵害的，可以向残疾人组织投诉，残疾人组织应当维护残疾人的合法权益，有权要求有关部门或者单位查处。有关部门或者单位应当依法查处，并予以答复。”[④] 从条款的内容可以看出这种申诉权只是一种原则性的规定，并没有具体到可以实施的程度，通过对《中华人民共和国义务教育法》《体育法》《残疾人保障法》以及《普通高等学校学生管理规定》等相关法律法规关于申诉制度的梳理，发现其仅对高等学校学生的申诉制度进行了详细规定，对于申诉的受理机构、程序以及不服后的处理等都有涉及。如上所述，相当多的高校都已经设立了学生申诉委员会，各高校主管部门也相应建立了行政主管部门申诉制度。但就残疾青少年学生申诉机制的总体而言，残疾青少年学生申诉机制仍处于起步阶段，加之考虑到现有的行政主管部门申诉制度，除公务员申诉机制外，各项行政申诉的相

---

① 中华人民共和国宪法［J］. 中华人民共和国全国人民代表大会常务委员会公报，2018（S1）：104-132.

② 贺荣 . 行政争议解决机制研究［M］. 北京：中国人民大学出版社，2008：186.

③ 中华人民共和国教育法［EB/OL］. https：//flk. npc. gov. cn/detail2. html？ZmY4MDgxODE3YWIyMmI4YTAxN2FiZDc3N2NkYzA1ZDg%3D，2021-04-29.

④ 中华人民共和国残疾人保障法［EB/OL］. https：//flk. npc. gov. cn/detail2. html？ZmY4MDgwODE2ZjEzNWY0NjAxNmYxZDEzNGM4ODEzMmI%3D，2018-10-26.

关立法较为简单、基础且不健全，实际上针对残疾青少年学生的校内申诉及行政主管部门申诉并没有形成统一可操作的机制。

综上所述，我国当前残疾青少年学生行政主管部门申诉解纷机制面临的主要问题在于：（1）制度本身尚不完善、法律法规没有形成体系、实践操作当中效率低下。亦即到目前为止，我国尚未有统一的行政主管部门申诉的程序，在法律法规当中也只是存在框架和原则性的宣示规定，大多数行政主管部门申诉程序都是由地方各级行政部门具体执行的，其针对申诉的处理程序相对简单，使得行政主管部门申诉制度基本处于形式化。（2）制度定位相对模糊。行政主管部门申诉制度的适用范围过窄使得其难以形成专门的行政救济制度。尤其是在来信来访、行政复议和行政诉讼等多种其他权利救济途径选择的情况下，行政主管部门申诉制度在权利救济上并没有突出的表现，如何衔接校内申诉、行政复议和诉讼也没有见诸法律法规当中。（3）制度存在一定限制。就行政主管部门申诉制度整体而言，现行法律明确规定公务员、教师和学生可以通过这种方式来维护自身合法权益，但是能够有效行使申诉权的几乎只有公务员这一群体，同时《中华人民共和国行政诉讼法》第 13 条第 3 项规定“行政机关对行政机关工作人员的奖惩、任免等决定”① 不属于行政诉讼受案范围，亦即在公务员申诉制度当中申诉成为其权利救济的重要途径。实践当中，包括公务员、教师和学生在内的具有申诉资格的主体很难通过复议或诉讼来维护自身合法权益，残疾青少年学生本应当享有的行政复议和行政诉讼的程序权利受到一定限制。这种实践中的困局不仅使其程序权利得不到充分保障，也是违反司法最终管辖原则的。

2. 行政主管部门申诉解纷机制问题的成因分析

行政主管部门申诉解纷机制尤其是体育教育申诉，相较于高等学校校内申诉和公务员申诉机制而言相对薄弱。出于尊重学校自治的因素，多数残疾青少年学生向行政主管部门申诉的结果通常是不予受理、驳回申诉或维持原决定，也就导致了行政主管部门申诉解纷机制的实际效果是不充分的。即便是极少数由于程序违法而责令学校重新作出处理决定的申诉案件，看起来似乎符合残疾青少年学生申诉的诉求，但学校重新作出的最终决定也只是纠正原先程序违法的部分，最终决定与原决定仍几乎是一致的，这种现状的存在无助于对残疾青少年学生体育权利进行救济。这种情况的出现主要是由于行政主管部门受理申诉机构作出的申诉处理决定缺乏明确的法律依据、没有明确的执行保障和法律效力。② 同时，学校尤其是高等学校在收到行政主管部门的复审

① 中华人民共和国行政诉讼法［J］. 中华人民共和国全国人民代表大会常务委员会公报，2017（04）：536-546.

② 蔡晓平 . 关于高校大学生申诉制度的若干思考［J］. 高教探索，2005（05）：50-52.

决定后，并没有复审程序和期限的要求，亦即学校对于复审决定的不作为，残疾青少年学生是否能够越过复审程序直接向法院提起诉讼或强制执行都是存在争议的问题。申诉机制的存在本意是为了更好地保障残疾青少年学生在内的所有学生的合法权益，但行政主管部门所作出的决定由于其不确定性不可避免地限制了申诉制度的作用，使得行政主管部门申诉机制难以落实，其在保护残疾青少年学生权益方面的作用较为薄弱。

另外行政主管部门申诉解纷机制与行政复议之间的界限相对模糊也是申诉机制存在困局的又一原因。不仅行政主管部门和多数申诉的残疾青少年学生将行政申诉视为行政复议，而且无论是实践还是理论中行政主管部门申诉解纷机制与行政复议之间的界限都是相对模糊的，一些学者认为，行政申诉制度在理论上也就是行政复议制度的一种表现形式，除语言差异之外并没有显著差异。杨解君认为“行政申诉的立法目的是有效、方便地解决教育纠纷，解决纠纷的主体和程序都与复议无异。”[①] 这种理论的基础在于学校是被授权行使行政职能的事业单位，尤其在对残疾青少年学生作出处分、取消入学资格、授予或拒绝授予学位、准予或拒绝准予毕业时更能体现出这种授权行政的特征。但是行政主管部门申诉解纷机制的存在从保护残疾青少年学生权利的角度来看，申诉制度应比行政复议更为复杂、应用更为广泛。出现申诉与复议在实践中几乎等同的原因在于《普通高等学校学生管理规定》和教育行政主管部门内部规定限缩了《教育法》规定的申诉救济措施的适用范围。上述学籍、学位以及处分纠纷除可以适用行政申诉外，也可以适用行政复议来进行救济，但更多的其他体育教育纠纷，是不能通过行政复议进行解决的。此外立法和理论研究都没有对申诉机制进行明确定义是造成这种现状的原因。实际上在很多情况下，即使在残疾青少年学生已提起行政申诉后，仍可以另行提起行政复议。从《普通高等学校学生管理规定》第 63 条“省级教育行政部门在处理因对学校处理或者处分决定不服提起的学生申诉时……”[②] 的规定可以看出专门处理高等学校残疾青少年学生申诉的机构是省级教育行政部门。因此，体育教育行政申诉和行政复议很明显是两种不同的残疾青少年学生权利救济措施。处理申诉的机构相对明确，不同于行政复议由主管部门进行管辖的规定。以部属高等院校残疾青少年学生体育教育纠纷为例，按《普通高等学校学生管理规定》，申诉的受理部门为所在省份的省级教育行政部门，而按《中华人民共和国行政复议法》的规定，行政复议的受理部门则只能是教育部或其他主管部委。显然如果将行政主管部门申诉解纷机制与行政复议制度相混淆，则它们的法律定位是不兼容的。就行政主管部门申诉

① 杨解君．行政法与行政诉讼法（上）［M］．北京：清华大学出版社，2009：14.

② 普通高等学校学生管理规定［J］．中华人民共和国国务院公报，2017（24）：25-33.

解纷机制而言，其在侧重于残疾青少年学生体育权利救济的同时，具有更强的针对性和便利性。

二、体育组织内部解纷

体育组织内部解纷是残疾青少年体育纠纷解决的重要方式，对处于弱势的残疾青少年而言，其能够更为有效地保障其合法权益，在这一纠纷解决方式当中，体育自治是体育组织内部解纷的渊源所在。具体而言，特定主体的存在、成员的退出成本高、得到长久认可、存在行业可利用的自我调节资源、公平公正的争端解决机制且能够依据内部规章制度有效惩罚违规行为、能够评估申请人的行为和公众参与监督机制的保障是体育组织内部解纷自治系统有效运行必须包括的要素。[①] 换句话说，体育组织需要建立独立于公共和（或）私人权利救济系统的内部纠纷解决机制，以行使和维持这种内部解纷的自治权。体育组织内部解纷机制的建立是基于其自身对自治的要求。同时体育组织内部解纷机制也是体育自治的重要内容和系统表达。从本质的角度来看，体育自主权是行业自主权的一种形式，在学术界已被广泛认可，解决行业内的冲突是行业自治的重要组成部分。

（一）体育组织内部解纷的性质与原则

体育自主权是体育组织内部解纷机制的基础。遵循这一理论，可以科学地界定体育组织内部解纷的性质。首先，体育组织的内部争端解决机制不是国家主导的公权力解纷机制，而是体育组织自治的体现。因此，建立在体育自治和行政监管基础上的体育组织内部解纷机制也是体育社团自治限定下的纠纷解决机制。这意味着体育组织内部解纷机制是在国家监管框架内的非公力救济机制。其次，体育组织内部解纷机制是一种内部争议解决、救济机制和治理体系。这种内部性的争端解决机制本质上是一种内部治理问题，而不是依赖于外部力量的解纷机制。最后，我国体育组织内部解纷中所采用的“仲裁”并不是真正意义上的仲裁。基于广义的理解，“仲”意为“地位居中的”，“裁”意为“量度、判断”，“仲裁”是指争端双方同意的第三方在争端中心作出中立的判断和裁决，亦即独立性和中立性是仲裁的主要特征。体育组织内部的仲裁可以说最终依然是由设立该仲裁庭的体育组织决定，并不能完全独立于体育组织的限制，从这一角度上来说，残疾青少年在体育组织内部解纷时是否能够得到有效的保障，仍取决于该体育组织在处理纠纷时的程序是否正当。

---

① Margot Priest. The Privatization of Regulation：Five Models of Self-Regulation ［J］. Ottawa law review，1998，29（2）：233-302.

具体而言，在残疾青少年体育组织内部解纷当中，正当法律程序和司法最终管辖是其必须遵守的两条原则。其中正当法律程序原则是普通法最初适用的法律原则，源于普通法中的自然正义原则。这项原则首先适用于司法部门，逐渐延伸适用于行政领域，直至近代，正当法律程序原则已经成为保障程序正义的重要法律原则。体育组织内部解纷机制的运作主要也是基于程序规则的应用。因此为了保护争端各方的程序性权利并令其行使实质性权利，正当法律程序原则也是体育组织内部解纷机制应遵循的基本原则。其要求在作出任何重大影响当事人利益的决定之前，让当事人双方公平地表达他们的观点，并允许其对观点作出解释，尤其在残疾青少年体育纠纷解决当中，身体残疾及其所带来的影响使得残疾青少年可能更难以将其观点、证据表述清楚，因此，正当法律程序原则的实现在残疾青少年体育纠纷解决机制当中更为重要。而司法最终管辖原则的存在则是由于体育组织内部解纷并不能完全化解所有的纠纷，司法在保障公正上是最权威、最中立的方式，是维护社会公平正义的最后一道防线。虽然体育是一个相对特殊的领域，体育组织需要一定的独立性和自主性，一定程度上与司法、行政等公权力的存在有所冲突。但是这种体育自主权也存在局限性，一方面，遵守法律是依法进行自治的基础，[①] 体育自治是在法律框架控制下的自治，司法的最终管辖权是法治社会的基本原则。另一方面，由于残疾青少年的特殊性，即便在体育领域，与其相关的法律关系也不仅仅是体育法律关系，还存在残疾人权益保护、未成年人保护和劳动权益保护等。因此在残疾青少年体育组织内部解纷当中，在保障体育自治的情况下，也必须遵守司法最终管辖原则，才能使其符合依法治体的法治精神。基于体育自治的体育组织内部解纷机制必须遵循这一原则，不能排除出于自治原因进行司法复核的可能性。

（二）体育组织内部解纷的实践运行

1. 体育组织内部解纷的管辖和程序

就残疾青少年运动员在体育组织内部产生的纠纷而言，其主体包括体育组织及其所属的会员单位或个人，如地方体育组织、体育组织工作人员、俱乐部、运动员和教练员等。在残疾青少年体育组织内部解纷机制的运行当中，主要专注于与体育尤其是体育组织内部有关的争议。但是体育组织内部解纷机制并不是负责解决所有与体育有关的纠纷。那么，在体育组织内部解纷机制的管辖范围之内，存在哪些类型的纠纷是其可以调整的是首先需要明确的概念。[②] 顾名思义，体育组织内部解纷只能解决体育组

① 茅铭晨．介入与止步——司法权在体育纠纷中的边界［J］．北京体育大学学报，2014，37（01）：24-31+87.

② 黄世昌．残疾人体育竞赛纠纷特殊解决机制比较研究［J］．成都体育学院学报，2018，44（03）：39-44+75.

织内部的相关争议。如果发生的纠纷超出体育组织的控制范围，如广播公司与体育组织之间由于转播等事由引发的争议是无法根据体育组织内部争议解决规则来解决的。当然体育组织内部有许多不同类型的纠纷，是由体育组织内部争议解决机制处理的。如上所述，体育组织的自治是建立体育组织内部解纷机制的基础。因此，协会自治的局限性决定了内部解纷的管辖范围。这种自治权的来源主要有两种：体育组织内成员依据章程自愿接受管辖，即权利向上的让渡，以及政府管理体育事务的向下授权。通过将这两个自治权的源头作为起点，可以概述出体育组织内部解纷机制的管辖范围。由权利让渡产生的管辖范围通常来说包括体育组织与残疾青少年运动员之间的纠纷。这是体育组织内部成员通过共同的合意，以一致执行的一般契约为基础的。根据一般契约相对性的原则，该合意所产生的契约仅在体育组织及其内部成员之间有效，并且针对也仅对合意双方有约束力。因此，由体育组织建立的争议解决机制仅在体育组织及其内部成员之间起作用，亦即体育组织内部解纷机制只能解决体育组织及其内部成员之间以及内部成员之间的纠纷，无权解决其他各方之间的纠纷。由行政授权产生的管辖则主要针对体育组织成员管理引起的争议。行政授权是体育组织自行进行合法性管理和对其成员进行管理的基础，不仅源于内部成员的相互合意，还源于管理公共事务的政府的权力下放，尤其是在中国语境下的体育组织，通常是在政府主导、指导下成立起来的，具有一定公权力的性质。体育组织在行政授权的框架下拥有自治和解决内部争端的权力。因此体育组织理所当然地能够管辖对内部成员进行管理时产生的纠纷。一般来说，体育组织内部解纷大致程序为残疾青少年一方或各方将纠纷提交给体育组织内部解纷机构，体育组织内部解纷机构受理、审理并作出裁决。在此基础之上，应当指出的是，对于上述两种类型的纠纷，与刑事犯罪有关的纠纷必须由司法或监察机关进行处理，体育组织内部解纷机构不具备管辖权。

2. 体育组织内部解纷的效力和救济

毫无疑问，通过体育组织内部解纷机制作出的裁决可以将残疾青少年体育纠纷的双方约束在一起。但是由于内部解纷的效力不及于外部，其所作出的裁决对且仅对当事人各方有约束力，不能针对第三人生效，也不能抵抗第三人的抗辩。而且，由于体育组织的内部仲裁并不是真正意义的仲裁，因此裁决并没有终局意义上的法律效力。当任何一方对裁决不服，其是可以将争议继续提交第三方仲裁或者寻求司法救济的。这是由于体育组织内部解纷机制是体育组织为解决其和内部成员之间以及内部成员之间的争议而建立的法律机制，在一定程度上缺乏争端解决机制的中立性，尤其对于受其管理的残疾青少年运动员而言，他们在与所在体育组织发生纠纷时由于缺乏这种中立性可能会受到一定的不公正对待。因此相较而言，残疾青少年运动员与其所在体育组织发生纠纷时更倾向于以行政强制手段解决纠纷的形式，或者寄希望于外部的行政审查，在这一情况下，在体育组织内部解纷机制尤其是与残疾青少年相关的解纷机制中引入外部审查是非常必要的。实际上国外诸多体育组织解纷机构都已经实施了外部监督机制，以解决其体育组织内部的冲突。[①] 其中大多数还规定如果对体育组织内部争端解决的结果不满意，可以通过外部仲裁和诉讼寻求权利救济。

（三）体育组织内部解纷存在的问题和成因

我国现行的针对残疾青少年的体育组织内部解纷机制的缺陷包括管理体制存在不足和特定系统设计存在一定的缺陷。体制层面的不足是造成体育组织内部解纷存在问题的主要原因。因此首先讨论体制层面的不足，然后再从具体的方面分析特定系统中的缺陷。体育组织管理、处罚和救济机制不够完善是制度设计本身的问题，其原因在于陈旧的系统会阻止新的规则的改革，另外这种陈旧的系统也会使新政策的施行受到阻碍。按理而论，体育组织治理应该是从机械团结到有机团结、从身份到契约的过程，即对体育组织管理者而言，应关注残疾青少年的能力而不是残疾；对残疾青少年而言，应该积极参与社会。下文将分别对体育组织内部解纷宏观、微观制度上的问题及成因进行分析。

1. 体育组织内部解纷宏观制度上的问题及成因

我国体育组织现行的管理制度是综合管理与运作的模式。随着我国体育组织逐步专业化、市场化，体育组织的改革开始提上日程。一直以来受计划经济时代体育事业发展的影响，我国包括“三大球”在内的大多数体育组织或多或少都带有一定的官方背景，扮演着各单项体育协会管理者的角色，实际上我国体育组织从其成立开始就被定位为体育行政管理组织。但随着行业协会改革的深入，我国体育组织的作用与之前相比有一定变化。

就中国残疾人体育协会（2004 年更名为“中国残奥委员会”）而言，从法律意义上来看，根据《中国残疾人体育协会章程》的定义，中国残疾人体育协会是全国性、非营利性的社会团体，接受中国残联、国家体育总局、民政部的业务指导和监督管理。中国残疾人体育运动管理中心是中国残疾人联合会直属公益性事业单位。在人员配备方面，中国残奥委员会和中国残疾人体育运动管理中心实际上是一致的，它们之间的关系与“一个机构，两块牌子”之关系存在相似性，但实际上二者有各自明确的职能和定位，这种情况导致很难客观地定位中国残奥委员会的法律性质。而从另一个角度

---

① 迪米特里奥·潘那吉奥托普勒斯，杨蓓蕾．国际体育活动及全球体育法中的一般法律原则［J］．体育科研，2014，35（01）：74-81.

来看，体育事务由政府机关管理，但参加国际上的各种体育协会、联合会必须保有社团组织的身份。因此主管中国体育事业的国家体育总局就挂了“三块牌子”：国家体育总局（行政机关）、中华全国体育总会（社团组织）、中国奥委会（社团组织），“三块牌子”虽同属一个机构，但却有着三个不同的网站，分别是 www. sport. gov. cn、www. sport. org. cn 和 olympic. cn，在残疾人体育方面亦有中国残奥委员会和中国残疾人体育运动管理中心。同样各单项体育协会也是如此，即设立足管中心的同时要设立足协，主要是考虑加入国际足联的需要，包括中超联赛也是以足协的名义举办的。[①] 同样的还有国家体育总局游泳运动管理中心（行政机关）与中国游泳协会（社团组织）等等，中国足协、泳协、篮协等各单项体育组织的公私性质界定模糊。特别需要指出的是，涉及残疾青少年的各体育协会、机关或组织还受残联的领导和监督。

“一个机构，两块牌子（或多块牌子）”所带来的体育组织性质不明问题将很容易导致权责不清。在残疾青少年体育领域的许多争议和矛盾当中，当事人的权益将难以得到保护，原本应当保护残疾青少年合法权益的体育组织的法定义务得不到履行。这一点在法院的判决、裁定当中有着明显的体现。但是，在以相关体育协会为被告的案件中，主体身份的不明确导致法院不予受理的情形也比较常见。

“官民二重性”也许是当前我国包括中国残奥委员会在内的体育组织身份的最好概括，这些体育组织在成立、人员、管理风格和体育活动当中都具有一定的行政色彩。各体育组织不仅是筹办比赛的主体，而且是管理的主体，双重身份下其职权和职责、权利和义务无法明确界定。具体而言有以下几点：（1）体育组织的行政背景阻碍了体育自治的发展。在“政府理论”和“社会契约论”的基础上，自治权存在两种来源，一是国家权力的转移，二是内部成员的权利让渡。首先关于体育的管理，我国体育组织的管理和运作都由行政机关指导。各体育组织并不是自我监管的公共机构，而是国家控制的延伸。在体育组织当中，政府在管理过程中并没有下放权力，行政权力是通过各体育管理中心行使的。其次在体育组织的形成当中也没有内部成员权利的让渡。大多数体育组织并不是由内部成员自发创建的，而是在政府领导下自上而下成立的，从开始就具有体育管理组织的自然属性。各体育组织的组成由行政任命决定，而不由其成员选举产生，因此也没有将内部成员权利向上让渡的依据。既没有国家权力的转移，也没有内部成员权利的让渡，体育组织就没有自治的基础。（2）体育组织权力过于集中。长期以来，各体育组织（体育管理中心）不仅拥有分配资源、制定指导方针和业务管理的行政权力，还可以拥有组织和分配俱乐部内部事务和人员的控制权，同

① 韩丹，杨士宝．论我国体育体制和体育理论的改革创新［J］．体育与科学，2009，30（03）：1-7+15.

时还有权组织、经营联赛并分享其收益。权力的过度集中和对体育组织缺乏有效监督是导致腐败的温床，也是体育组织内部解纷存在弊端的重要因素。（3）行政干预体育有悖于体育发展本身的规律。行政干预或多或少阻碍了我国体育事业的自我发展。使用行政手段来管理日益社会化和以市场为导向的体育事业，不符合体育事业发展的大趋势。同时对体育的过度行政干预以及体育奖牌与政绩之间的紧密联系，影响体育事业发展的秩序，出现异化。（4）体育组织成立及运行的民主性有待加强。由于政府指导的大背景，无论是从体育组织的成立、人员组成来看，还是从体育组织的决策和内部治理来看，都缺乏民主性。运动员、俱乐部的利益诉求无法得到有效的表达，同时也无法参与和决定体育组织的重大决策。因此反过来体育组织被俱乐部、运动员认同的程度不高，也容易引发更多的矛盾。

因此，在当前的宏观制度的掣肘下，包括中国残奥委员会在内的各体育组织的内部解纷机制也由此产生一定的缺陷，制度不足的具体体现主要在以下几个方面：（1）缺乏独立性。体育组织管理体制的行政性质决定了内部解纷机制缺乏独立性。从体育组织自治的意义上来讲，在我国体育组织现行治理体制下建立的内部解纷机制，并不是真正意义上的内部解纷机制，而是一种更注重治理的行政手段。（2）缺乏权威性。与前同理，体育组织管理体制缺乏民主性，会降低内部争端解决机制的接受度和可信度，从而造成其权威性受到挑战，如“中超革命”的发生便是其典型案例。（3）缺乏准确定位。“官民二重性”的属性决定了我国体育组织的性质模棱两可，内部解纷机构的定位也很模糊。

2. 体育组织内部解纷微观制度上的问题及成因

随着《体育法》的修订，我国众多单项体育组织仲裁规则颁布实施，体育组织内部解纷制度日趋完善，相较于以往有了相当大的改进，但是在当前的体育组织内部仍然或多或少存在人员组成不明确、程序不规范、行政干预过多等问题。具体到残疾青少年体育组织内部解纷机制上，还存在体育组织内部解纷机构的组成不明确、残疾人体育组织内部解纷的程序不规范等相关问题。

首先是体育组织内部解纷机构的组成不明确。由于残疾青少年体育的归口管理单位不像健全人体育一样主要由国家体育总局负责，而是另外还受中国残联等组织管理，多重管理使得残疾青少年体育组织内部解纷机制在微观上存在一定的冲突和矛盾，当前用于规制残疾青少年体育纠纷解决的内部章程有《残疾人体育赛事活动管理办法》和《中华人民共和国第八届残疾人运动会仲裁工作条例》等。通过对条文的梳理，可以发现残疾青少年体育组织内部解纷主要有以下几点问题：（1）就内部仲裁委员会的组成而言，运动会的大会仲裁委员会是由主办单位和承办单位有关人员组成。主任由主办单位人员担任。各项目竞委会仲裁委员会由单项竞委会负责人，技术代表等人员组成，竞委会主要负责人担任主任。[①] 实质上，所有这些成员都是由残联通过行政任命的，而不是由残疾人体育协会成员选举产生的。仲裁委员会的组建方式有可能会产生行政影响，不利于保护残疾青少年运动员的利益。（2）在选定内部仲裁委员会委员之后，仲裁庭的规则并未规定甄选委员的具体程序。人员选拔没有程序上的限制。这很容易导致仲裁的随意性过大。由于人员选拔条件不明确以及人员选拔程序的缺乏与行政任命和内部纠纷解决组织的构成有关。人员组成所带来的问题难免导致体育组织内部解纷机制的中立性受到质疑。

其次是残疾人体育组织内部解纷的程序不规范。中国残联体育部负责研究拟定残疾人体育工作的政策法规和发展规划并监督实施，指导并开展残疾人群众性体育活动，协助配合有关部门和单位承办重大国际残疾人体育赛事，指导中国残联主办、主管的体育机构的业务工作。[②] 虽然残联体育部在制定政策法规时明确了相关纠纷主体的法律责任，借鉴和吸收了其他体育组织内部解纷的部分程序性规定，但在正当程序、时效、司法终局和救济等方面有一定的欠缺，具体表现在：（1）纠纷各方缺乏正当程序保障。程序正义的基本要求是给予当事人各方适当的程序权利。残联体育部所制定的政策法规需要充分注意程序权利，给予争端各方除申请回避外的其他程序权利，如公开听证[③]、证据规则、相互质证等。（2）仲裁员的组成不确定。其一就是其仲裁规则没有具体说明担任仲裁员的条件。其二则是没有独任仲裁，当事实相对简单并且法律和事实都明确时，采用独任仲裁可以减轻当事人的程序负担，并尽快确定争端中的权利和义务，因此，有必要增加关于独任仲裁的规定。（3）仲裁后救济途径受限。如果对仲裁委员会裁定的裁决不服，不允许向残疾人体育组织提出申诉。残疾人运动会各项目竞委会仲裁委员会、大会分级委员会对申诉所作出的决定为最终判决，必须无条件执行。不得再重复申诉。[④] 也就是说，当事人各方对仲裁庭及执委会的裁决不满意，不能对案件提出其他异议。如前，终局仲裁不适用于体育组织内部解纷，排除外部监督更正机制不能消除体育组织内部纠纷解决机制的外部限制，也不能保护纠纷各方的合法权益。除了残疾人体育组织外，遍观我国足协、篮协、泳协等相关协会的章程，其中也有排

---

① 关于转发中华人民共和国第八届残疾人运动会仲裁工作条例和体育道德风尚奖评选办法的通知［EB/OL］. https：//old. caspd. org. cn/tzggao/1434. jhtml，2011-03-22.

② 中国残联机关各部门［EB/OL］. https：//www. cdpf. org. cn/zzjg/jggk/zgcljggbt/index. htm.

③ 熊瑛子 . 论国际体育仲裁之公开听证机制［J］. 天津体育学院学报，2020，35（06）：716-721.

④ 关于转发中华人民共和国第八届残疾人运动会仲裁工作条例和体育道德风尚奖评选办法的通知［EB/OL］. https：//old. caspd. org. cn/tzggao/1434. jhtml，2011-03-22.

除体育组织内部纠纷解决机制法院管辖权的规定，是体育组织内部解纷制度的弊端。[①] 2023年实施的新《体育法》第95条规定："鼓励体育组织建立内部纠纷解决机制，公平、公正、高效地解决纠纷。体育组织没有内部纠纷解决机制或者内部纠纷解决机制未及时处理纠纷的，当事人可以申请体育仲裁。"因此，体育组织需要依据新《体育法》的规定建立和完善内部解纷机制，从而使残疾青少年体育纠纷尽可能在内部得到及时、有效的解决。同时，也可以在穷尽内部救济机制的情况下，寻求外部救济机制。

三、调解或仲裁

1995年颁布的《体育法》第33条第1款明确规定："在竞技体育活动中发生纠纷，由体育仲裁机构负责调解、仲裁。"[②] 新《体育法》的第91条第1款规定："国家建立体育仲裁制度，及时、公正解决体育纠纷，保护当事人的合法权益。"[③] 体育仲裁作为解决体育纠纷的一种高效、中立的方式，无论是在国际体育领域，还是在国内的体育领域，都已成为解决体育纠纷的重要手段。20世纪80年代，国际奥委会成立CAS（国际体育仲裁院，Court of Arbitration for Sport）以解决国际体育中的纠纷。经过多年的摸索和改革，CAS由于其制度优势逐渐赢得信任并得以发展。21世纪初，两大主要的国际单项体育联合会认可了CAS的管辖，后续国际残奥委会也接受了其管辖，使得CAS在残疾人体育纠纷中也得到了认可。在CAS的影响下，美、英、加、澳等具有良好体育基础的国家相继建立了体育仲裁制度。随着体育运动日益全球化，体育赛事的发展越来越受到国际社会的关注，同时，国际体育纠纷也日益增多。从这个意义上讲，中国作为竞技体育强国，国内或涉外体育纠纷出现后，可依据新《体育法》有效地解决。

（一）残疾青少年体育纠纷解决中的调解

调解是具有合意性、高效性、保密性、经济性的一种纠纷解决方式，是建立在社会主义法治基础之上的一种保障公民权利以化解矛盾、维护稳定为主要目的的解纷方式，其根植于我国的传统和文化已有数千年的历史。人民调解、司法调解和行政调解相得益彰，体育调解作为调解的一部分，作为推进全面依法治国的一部分，具有其独特的天然优势，不仅可以有效保护残疾青少年的体育权利，而且有利于争端和平解决并保持后续的稳定关系，是残疾青少年体育纠纷多元化解决机制中的重要一环。

---

① 郭树理．论司法对体育行会内部纠纷的干预［J］．北京市政法管理干部学院学报，2003（03）：26-30.

② 中华人民共和国体育法［J］．中华人民共和国国务院公报，1995（22）：879-885.

③ 中华人民共和国体育法［EB/OL］．https：//flk.npc.gov.cn/detail2.html？ZmY4MDgxODE4MThlOTBl NzAxODE5NDg1YTk2YzAxOTI%3D，2022-06-24.

1. 体育纠纷中的调解机制

当前，我国调解制度分为庭内调解和庭外调解两种。庭内调解也称为诉讼调解、司法调解或者法院调解。从制度建设的角度来看，庭内调解不仅是当事人通过友好协商行使诉权处置的体现，而且是在法院主持下基于充分尊重当事人处置权促成当事人解决纠纷的手段，是司法权行使的一种方式。而庭外调解则是调解组织基于国家法律法规、行业章程和一般惯例等来说服和劝导纠纷各方，并鼓励他们在平等的基础上进行谈判，为达成协议以解决争端。它的优势不仅在于效率高、成本低和程序简便，而且还可以根据当事人的时间、地点和需求，有针对性地进行调解。庭外调解主要包括人民调解委员会的调解和仲裁机构的调解。

诚然，庭内和庭外调解都是根据当事人的意愿解决争端的方法，但庭外调解通常没有强制性的程序要求，各方均可以独立谈判、友好协商。根据《CAS 调解规则》的规定，CAS 的调解是一个基于调解协议进行的不具约束力的非正式程序①。也就是说在各方同意的前提下，允许 CAS 调解员从中斡旋以解决双方之间的体育纠纷。综上所述，结合我国国情与体育调解在国际上的一般做法，可以认为体育调解是我国司法制度、仲裁制度与调解制度运作上的有机结合，是双方自愿达成调解协议的情况下，体育纠纷各当事人在第三方（包括庭内和庭外）的调停主持下，通过积极有效的谈判独立解决与体育有关的纠纷的方式。

2. 体育纠纷调解的特点

体育纠纷，尤其是残疾青少年运动员之间的纠纷，多数来源于竞技体育本身存在的风险，竞技体育是具有强对抗性的领域，关于运动伤害的纠纷是不可避免的。在这一方面，调解在解决人身侵权方面的体育纠纷时有着其自身的优势。当前“自甘风险”“公平责任”“损失分担”成为体育纠纷解决当中的常见理论，在体育界和理论界内得到较高的认可，因此在调解的语境下，一方面纠纷各方可以更好地意识到竞技对抗的风险，能增加纠纷的容忍度，而不是强加法律进行调整；另一方面纠纷各方通常属于同一单项体育组织下，调解在解决体育纠纷的同时，也能促使各方达成和解。

除此之外，体育调解还具有高效、保密、灵活、专业等特点，具体而言：（1）高效性。体育调解的高效率能够契合体育纠纷经常需要及时解决的特点。例如，关于残疾青少年运动员合同的纠纷如果不及时解决，可能会损害运动员、俱乐部、青训队等一方或各方的利益，甚至影响残疾青少年运动员的体育生涯，俱乐部、青训队的巨额投资可能无法得到回报。而通过调解高效、及时解决争端，是符合争端各方利益需求

① 〔英〕艾恩 · S · 布莱克肖．体育纠纷的调解解决：国内与国际的视野［M］．郭树理，译．北京：中国检察出版社，2004：281-287.

的有效手段。(2) 保密性。体育调解的保密性能够契合体育纠纷高社会关注度，但又需要适当保密的特点，体育本身已引起社会的广泛关注，也是其良好发展的社会基础，但是在高度关注下，个人隐私、商业秘密等仍是需要重视的领域，这也就是为何在体育赛事中经常提及保护当事人的隐私和商业机密更为重要的原因。通过保密性较强的调解方式来解决体育争端，对有效防止不适当的公共干预具有积极的影响。(3) 灵活性。体育调解的多样性和灵活性能够契合体育纠纷问题多样性的特点。由于体育纠纷的多元化、纠纷内容的多样性以及纠纷性质的复杂性，单一的纠纷解决机制往往无法解决发生在各领域的各形式的体育纠纷。而调解所具有的灵活、通用和广泛性，只要双方当事人能够达成协议，就可以有效解决争议。(4) 专业性。体育调解的专业性契合体育纠纷的专业技术特性。体育领域尤其是竞技领域的技术规则、程序规则以及裁判规则更加复杂，专家的判断力以及其通过经验的评估对体育纠纷的解决尤为重要。体育调解通常由体育界和法律界专业人员主持，调解方案和调解结果能够被争端各方认可并便于执行。

随着中国继续从体育大国向强国转变，残疾青少年体育的国际化、职业化、社会化和自治化，将不可避免地引发更多的体育争议，也将使得构建多元化体育纠纷解决机制成为现实。调解作为解决体育纠纷的重要机制，为解决体育纠纷提供了另一种新的思路。

(二) 残疾青少年体育纠纷解决中的仲裁

通过仲裁解决体育纠纷的实质是基于双方当事人的合意来解决体育纠纷。因此，在体育纠纷解决中尊重当事人的自治是体育仲裁法律原则。解决争端的仲裁机构是根据争端各方的意愿选择的。《体育仲裁规则》第 12 条规定：“当事人可依据体育组织章程与体育赛事规则申请体育仲裁。体育组织章程授权制定的管理规则中的体育仲裁条款，视为体育组织章程的体育仲裁条款。体育赛事报名表、参赛协议或竞赛规程中的体育仲裁条款，视为体育赛事规则的体育仲裁条款。”另外《体育仲裁规则》第 38 条第 1 款规定：“仲裁不公开进行，但本规则另有规定的除外。”第 39 条规定：“当事人约定公开的，经主任审查认为不涉及国家秘密、案外人商业秘密和个人隐私的，体育仲裁可以公开进行。与反兴奋剂有关的体育仲裁中，运动员或其他自然人当事人申请公开审理的，仲裁庭应当公开审理。涉及国家秘密、个人隐私或存在其他不宜公开审理情形的案件除外。公开审理的案件，应当允许公众旁听，或通过网络视频直播等形式对外公开。”① 通过选择仲

① 体育仲裁规则［EB/OL］. https：//www. sport. gov. cn/n315/n20001395/c25040650/content. html，2022-12-25.

裁来解决纠纷，尤其是与体育业务有关的纠纷，可以保护体育经营者的声誉并保护企业秘密。由于体育自身的专业性和技术性，采取仲裁的方式得到的裁决结果更加具有可靠性。与一般的社会纠纷相比，残疾青少年体育纠纷的解决更为复杂和专业，也更具有公益性。因此，参与体育纠纷解决的专业人员在进行仲裁时，不仅必须具有高尚的职业道德，而且必须具有健全的专业知识和广泛的基本知识。在体育仲裁中，体育争端各方有权选择自己认为合适的人担任仲裁员。换句话说，解决争端的仲裁员的专业技能得到争端各方的认可，他们作出的决定才更具说服力和执行力。

如上所述，体育仲裁是目前非常重要的纠纷解决机制。随着体育纠纷数量的增加，仲裁机构和仲裁制度也更趋完善和系统，已经形成了仲裁庭、仲裁程序和仲裁员为一体的独立体系，避免了司法和体育主管部门、体育组织和体育社团的干预，为残疾青少年体育纠纷的解决发挥了一定的积极作用。在此基础上，当前全球主要职业体育联盟和体育协会都建立起了一套独立的仲裁机制。这里面也包括一些临时性机构，如2022 年北京冬奥会举办之前，CAS 秘书长马修·瑞伯（Matthieu Reeb）就表示准备为2022 年北京冬奥会设立特别仲裁法庭。这些专为赛事临时设立的仲裁机构，通常会对临场执裁结果、参赛资格以及兴奋剂等问题作出裁决。随着国家经济发展的进步，体育逐渐市场化和职业化，满足体育消费市场以及社会中大众健身的巨大需求应当作为体育深化改革的着眼点。因此，要继续加大体育领域“放管服”改革的力度，以法治的方式保障一定范围内体育仲裁的实现。同样地，对于残疾青少年运动员参赛资格引起的争议，鉴于争端解决的实效性和参加比赛的紧迫性，采取仲裁的方式来解决这一类型的纠纷也是相当可取的。

1. *残疾青少年体育仲裁适用范围的条件*

由于体育自身的性质和竞技时效上的限制，加之残疾青少年体育仲裁的特殊性，残疾青少年体育仲裁不同于一般的仲裁。其中，残疾青少年体育仲裁的特殊性、法定性和可裁性是确定其适用范围的三个基本特性。特殊性意味着体育仲裁适用于残疾青少年在体育比赛领域的争议。法定性是指根据法律法规以及残疾人体育协会章程等规章制度来确定体育仲裁可以解决的体育纠纷。如《体育仲裁规则》明文规定因违反兴奋剂管理而导致相应的处罚纠纷可以通过仲裁解决。又如《残疾人体育赛事活动管理办法》第 39 条规定残疾人体育赛事活动中出现兴奋剂违规等行为的，主办方、承办方及相关人员应当配合体育等部门依法依规处理。[①] 可裁性则是指体育仲裁所受理的残疾青少年体育纠纷必须符合《体育仲裁规则》的一般条件，同时也必须符合残疾人权利

---

① 中国残联办公厅关于印发《残疾人体育赛事活动管理办法》的通知［EB/OL］. https：//www. cdpf. org. cn/ywpd/ty/zcfg3/830793691e8d40e7912d592afc9feb58. htm，2023-05-08.

保障的相关条款，不符合上位法规定的体育纠纷不受体育仲裁的管辖。亦即适用体育仲裁必须同时符合《体育法》《体育仲裁规则》和《残疾人保障法》等相关规定。根据上述法律法规所确定的精神，可以纳入体育仲裁裁决的残疾青少年体育纠纷必须是与竞技体育活动有关的事项。体育是竞技体育的一般概念。根据传统分类，体育分为竞技体育、社会体育和校园体育三个领域。[①] 社会体育相关纠纷通常由诉讼或行政复议方式解决，校园体育相关纠纷的解决则在社会体育纠纷解决上多了校内申诉渠道。关于体育仲裁的范围，根据《体育仲裁规则》，体育仲裁委员会受理下列案件：其一是对体育社会组织、运动员管理单位、体育赛事活动组织者按照兴奋剂管理或者其他管理规定作出的取消参赛资格、取消比赛成绩、禁赛等处理决定不服发生的纠纷；其二是因运动员注册、交流发生的纠纷；其三是在竞技体育活动中发生的其他纠纷。而《中华人民共和国仲裁法》（以下简称《仲裁法》）规定的可仲裁纠纷和《中华人民共和国劳动争议调解仲裁法》规定的劳动争议，不属于体育仲裁范围。由此可见，残疾青少年体育纠纷仲裁的范围需要符合《体育仲裁规则》。[②] 随着我国竞技体育的专业化水平不断提高以及残疾青少年职业体育的发展，适用体育仲裁对我国体育事业的发展具有重要意义。职业体育是竞技体育的重要组成部分，是竞技体育的一种渐进形式。体育仲裁自然适用于残疾青少年职业体育纠纷。

因此，残疾青少年体育纠纷仲裁的适用范围从纠纷种类、可仲裁性、仲裁协议以及强制仲裁的角度来看，具体需要满足以下几点条件：（1）体育纠纷的可仲裁性。只有具有可仲裁性的体育纠纷可以通过体育仲裁解决。可仲裁性主要由内部和外部因素来决定。外部因素主要包括社会形式、法律规范和仲裁形式等。内部因素主要包括纠纷类型、纠纷主体以及管辖权等，在确定可仲裁性上较外部因素更具有决定性作用。[③] 而其中关于体育纠纷的种类，主要有三类：一是涉及对赛场临时仲裁庭裁决不服的纠纷；二是对各单项体育协会纪律处罚不服内部裁决的纠纷；三是在竞技体育领域所涉及的其他纠纷。鉴于体育争端的具体情况，争端各方必须是具有同等法律地位的当事人。（2）体育纠纷的仲裁协议。基于《体育仲裁规则》的规定，当事人共同将纠纷提交体育仲裁委员会仲裁的，视为同意按照本规则进行仲裁。[④] 体育纠纷的各方应订立仲裁协议。仲裁协议是仲裁意向的书面化，争端各方据此同意选择解决争端的仲裁程序，这也包括由残疾人体育协会章程所确定的仲裁协议。（3）仲裁主体的行为能力和处置

---

① 卢元镇．体育社会学（第四版）［M］．北京：高等教育出版社，2018：5.

② 体育仲裁规则［EB/OL］．https：//www.sport.gov.cn/n315/n20001395/c25040650/content.html，2022-12-25.

③ Bernard Hanotiau. The Law Applicable to Arbitrability［J］. Singapore Academy of Law Journal，2014，26（Special Issue）：874-885.

④ 体育仲裁规则［EB/OL］．https：//www.sport.gov.cn/n315/n20001395/c25040650/content.html，2022-12-25.

能力，选择和接受体育仲裁的当事人必须具有相应的行为能力和对纠纷的处置能力才能进行体育仲裁。这意味着任何当事人一方都可以在法律无强制性规定的前提下行使、修改和放弃其体育权利，亦即仲裁主体的行为能力和处置能力也是《仲裁法》第 4 条自愿原则的延伸，但是由于当事人一方是残疾青少年，在某些情况下可能会存在残疾青少年一方不具备完全民事行为能力的可能，因此在这类情况下需要审慎进行对待，以便满足仲裁主体具有行为能力和处置能力的要求。（4）体育纠纷的强制仲裁。随着现代体育组织的发展，包括 CAS 及其临时仲裁庭等仲裁机构都要求参赛体育组织及其内部成员必须接受体育仲裁，而不论运动员或俱乐部真实想法与否，也就是在其获得所需要的参赛资格或者会员资格的同时给予了相应仲裁机构强制管辖权。从这个角度来看，国际体育赛事在比赛期间基于其专业性、时效性和特殊性采取强制性仲裁。随着中国体育仲裁委员会的建立，强制性体育仲裁可以适用于相关的残疾青少年体育纠纷。

2. *残疾青少年体育仲裁现状*

包括 2022 年北京冬奥会、冬残奥会在内的大型赛事的举办都对我国体育仲裁提出了更高的要求，残疾青少年在参与残奥会等大型赛事时也是需要专门的体育仲裁来维护其合法权益的。但在我国体育仲裁委员会成立之前，大多数有关涉外的残疾青少年体育纠纷都由国际单项体育协会的纠纷解决机构处理或直接提交给了 CAS，即便是在国内已经处理过的，申诉至上述机构的也相当常见。而对于国内的残疾青少年体育纠纷，虽然大多仍通过内部解决、行政解决或求助于司法途径，但由于残疾人体育协会的性质不明以及国家体育总局、中国残联在残疾青少年体育领域的权威性，通过司法途径有效解决纠纷的案例仅是沧海一粟，尤其是对于体育行业的纪律处分案件，司法机关一般不会轻易介入体育纠纷。因此，建立专门的体育仲裁机构是我国残疾青少年体育纠纷解决机制在向国际标准看齐过程中的重要一环。

《体育强国建设纲要》建设性地提出：“强化体育执法，建立体育纠纷多元化解机制。”① 而在众多体育纠纷化解机制当中，体育仲裁的优势是毋庸置疑的，其效率更高、时间更短，能满足快速解决体育纠纷的要求。另外体育仲裁同商业仲裁、劳动仲裁或是司法裁判不同，针对残疾青少年体育纠纷的专业仲裁员通常更熟悉体育、残疾人的特征和需求，可以使得体育仲裁的裁决更为专业、准确和公正。这种独立的体育仲裁机构是确保中立并避免行政干预的存在。体育仲裁的本质同体育组织内部解纷制度一样，是行业自治的体现。但其又独立于体育组织，对司法审查的开放性确保了与国家

① 国务院办公厅关于印发体育强国建设纲要的通知［J］. 中华人民共和国国务院公报，2019（26）：6-13.

司法最终管辖的兼容性，使得这种专门的体育仲裁的特殊机制更为权威和高效。它们整合了遍布各个体育协会的现有争端解决机制、整合了行业资源，促进了体育争端的统一解决，并能够促进我国在参与和承办全球性赛事中公平、公正的实现。

因此，要使体育仲裁从法定规则落实到实际层面，从而更好地服务于残疾青少年的体育运动需求，需要依照《体育法》《体育仲裁规则》和《残疾人保障法》的相关规定来进行。体育仲裁的程序分为如下几个部分：申请、受理、仲裁、裁决等。申请主要是当事人在符合一定条件的情况下提交仲裁协议和仲裁申请书。受理是体育仲裁机构在一定期限内作出是否受理的答复。仲裁是根据不同情形分别适用普通程序、特别程序等。裁决则是如何进行以及裁决的效力问题。“裁决书作出后，当事人应当按照裁决书确定的履行期限履行裁决；没有规定履行期限的，应当立即履行。任何一方不履行的，当事人可以依照《中华人民共和国民事诉讼法》的有关规定向有管辖权的人民法院申请强制执行。”

（三）体育仲裁与调解的程序衔接问题

在我国建立体育仲裁和调解机制的法律渊源均是1995年《体育法》第33条第1款。但是关于仲裁与调解之间的关系并没有在条款中加以明确。调解和仲裁是纠纷解决机制运作当中两个独立的争议解决方式，或者说调解存在于仲裁当中，仲裁的过程中又可以加以调解。体育调解同体育仲裁一样都是根据自治、平等和法治原则进行的，必须充分尊重当事人自愿选择的权利。一般而言，调解的范围不应像仲裁、诉讼一样过于严格。但是考虑到调解的特征，应鼓励当事各方使用调解来解决规模较小且争议较小的体育纠纷。

我们可以看到《体育仲裁规则》第51条第1款规定：“仲裁庭可以在仲裁程序中对案件进行调解，双方当事人也可以自行和解。”即将调解和仲裁的权限都归于体育仲裁机构，但是《仲裁法》当中关于仲裁委员会仲裁范围的规定中，又不包括调解的职能。亦即体育仲裁和体育调解的程序衔接问题，至少在法律层面上并没有加以明确，但是调解却能作为仲裁的一部分存在，同时也有诸多法律法规确立了调解在解决纠纷当中的作用。因此在《体育法》之外，《中华人民共和国人民调解法》（以下简称《人民调解法》）也是可以作为体育调解的法律渊源存在的，至少是具有一定参考价值的。其中《人民调解法》第34条规定“乡镇、街道以及社会团体或者其他组织根据需要可以参照本法有关规定设立人民调解委员会，调解民间纠纷”[①]，体育组织作为社会团体

① 中华人民共和国人民调解法［J］. 中华人民共和国全国人民代表大会常务委员会公报，2010（06）：543-546.

的一种，自然可以依据该条设立人民调解委员会或者体育人民调解委员会。[①] 但是反过来说《人民调解法》的立法目的很明确，它出台的背景是解决民间纠纷，此处用的是民间纠纷一词而非民事纠纷，而《体育法》将调解的范围则限于竞技体育纠纷，调整对象的不同意味着两部法律所规定的调解适用范围也存在差异。但是参考《人民调解法》为各方确立的权利义务、法律原则，依然可以适用于体育调解。

因此在体育仲裁与调解程序衔接问题上，建立起中国体育仲裁委员会，并在体育仲裁机构设立的基础上，成立专门的体育调解委员会。体育调解委员会可以参照《人民调解法》的规定，作为奥委会或体育总会下的独立非政府机构，以保持其独立性和中立性。对于标的、纠纷较小且争议较小的残疾青少年体育纠纷应当及时进行调解加以解决。同时，调解不应作为强制性程序妨碍当事人依法通过仲裁、复议和司法行使权利的机会。

四、诉讼解纷

随着“厌讼”传统文化的逐渐淡出，社会整体的维权意识得到提高，体育纠纷进入诉讼程序的案例也越来越多，早年的常见于肖像权纠纷如姚明诉可口可乐公司、刘翔诉《精品购物指南》报社等侵害肖像权案，到近年来体育纠纷诉讼已经囊括民事、行政乃至刑事的多数案由，纠纷主体、客体和种类更加多元，纠纷标的额也因体育市场化的发展变得越来越高，残疾青少年也在残疾人体育发展过程中得到越来越多的关注，其相关纠纷也更加频繁出现于诉讼活动当中。司法作为维护社会公平正义的最后一道防线，在内部解纷、仲裁、调解和申诉均无法解决纠纷时，司法最终管辖也应发挥其制度的优势和作用，以充分保障残疾青少年的合法体育权益。

（一）诉讼解纷机制的适用范围

体育纠纷诉讼解纷机制本质上是司法机关行使审判权对体育争端的当事人进行定分止争的一整套机制，相较于上述体育组织内部解纷、仲裁或调解、校内申诉或行政主管部门申诉，其在程序上更为严格，对于残疾青少年合法体育权益的保障也是更为完善的。但是，由于司法自身所具有的消极性特点，尤其是法院不告不理的被动性，司法机关通常无法对体育纠纷作出积极干预，在残疾青少年难以告诉或者不能告诉时并不能起到主动保护的功能，而是需要残联等相关职能机构加以介入。因此体育纠纷诉讼解纷机制的存在仅仅只是意味法律赋予体育纠纷当事人平等司法保护的程序权利。

① 肖永平．体育争端解决模式研究［M］．北京：高等教育出版社，2015：332-334.

但体育纠纷诉讼解纷机制的存在并不妨碍当事各方通过其他庭外纠纷解决机制进行解决。亦即通过司法诉讼程序解决体育纠纷只是一个可选项，也是一个最终选择，但这并不意味着体育纠纷只能通过司法诉讼程序来进行解决。因此，除必须由国家司法机关强制介入的刑事案件外，诉讼解纷机制在体育纠纷多元化解决机制当中，通常基于司法最终管辖原则作为兜底方式存在。

因此，在残疾青少年体育纠纷解决机制中适用诉讼解纷机制，除考虑到司法最终管辖原则外，体育自治也是需要考虑的一个范畴，司法针对体育纠纷的管辖范围首先受到法律本身功能的限制，虽然诉讼在定分止争方面起着重要作用，但我们还要认识到有如行政、道德和风俗等其他多种规范可以引导和促使纠纷的解决，甚至在一些特定情况下，庭外纠纷解决规范能起到司法规范所不能达到的作用，尤其是超出法律调整范围之外的纠纷。具体到残疾青少年体育纠纷解决上，从体育自治的角度来看，采用诉讼程序解决体育纠纷是不得已的方式，滥用司法途径解决体育纠纷会破坏体育行业惯例、阻碍体育行业发展，同样也可能导致体育纠纷无法得到真正意义上的化解。在不排除司法介入的前提下，根据当前“依法治体”的总目标，技术性纠纷例外、穷尽内部救济和仲裁协议优先应当作为司法管辖谦抑性的体现。

1. 技术性纠纷例外

体育纠纷带有体育的专业性，尤其是临场执裁所引发的技术性纠纷，司法机关通常在这方面缺乏经验和了解，对于残疾青少年运动员在赛场中出现的执裁争议问题等一系列技术争端，除非这种纠纷来源于参赛的残疾青少年运动员、裁判等相关主体之间的如收受贿赂、涉及赌博等违法事实时，司法机关才可以加以介入，但对技术性事实仍不能做出专业性评价。这一类型的争议在体育实践当中，即使是专门的体育仲裁院也是不受理此类技术争端申请的。但是就如何区分某一纠纷是否属于技术性纠纷，主要取决于它们是否与体育技术规则相关联。当不涉及体育技术规则时，这种纠纷通常来说就不是技术性纠纷。而之所以技术性纠纷具有不可诉性，这主要是因为技术性纠纷是裁判员根据比赛规则临场实时作出的判罚，一方面难以苛求裁判员作出绝对精准的判罚，不仅由于从纠纷发生到判罚的时间极短，还由于赛场上瞬息万变的局势，因此临场执裁难以做到绝对的公正；另一方面，确定技术性纠纷的不可诉性也旨在维持各项体育赛事中比赛规则的统一。虽然技术性纠纷的不可诉性在体育界、理论界都已达成了共识，但实践当中体育竞赛纠纷是技术性纠纷还是非技术性纠纷，认定的主体责任依然落到了司法机关身上，亦即纠纷受理与否的决定权仍是司法机关。

体育赛事当中的伤害事故通常来说属于技术性纠纷，对于司法是否应当介入由故意不当行为或重大过失行为引起的伤害事故，当前存在两种相反的观点。其中一种观点认为司法应当介入体育伤害事故，原因在于体育伤害事故在没有司法干预的情况下，体育组织和受害一方无法要求加害方承担损害责任，不利于竞技体育运动的可持续性健康发展，在体育赛事当中尤其是具有激烈对抗性的赛事中会产生一连串的破窗效应，更会使得不符合体育技术规则的动作层出不穷。如果放任这种情况的发生将会导致其他遵守体育技术规则的运动员在赛场内缺乏安全感而不能发挥出其应有的竞赛水准。但另一种观点则认为体育赛事当中发生伤害事故在所难免，体育界已经普遍承认自甘风险的规制，除非经过刑事立案和审查，达到必须行使国家刑事审判权的程度，否则一般不得诉诸司法机关，其理由同样在于竞技体育的激烈程度，如果司法机关过多地介入到体育赛事当中，将会使得所有的运动员担心受到司法审判，连正常的合规动作都不敢进行对抗，同样不能发挥出其应有的竞赛水准。① 并且在赛场上合规与不合规的动作很难区分，只能依靠裁判临场执裁时的判断，如前所述裁判的判罚并不一定精准，因此是否能够诉诸司法也有待商榷。这两种观点虽然看似出发点都在于使运动员在赛场上发挥出其应有的竞赛水准，但实则第一种观点在于司法权的扩张，而后一种观点在于体育自治权的范畴。体育赛事中的伤害事故的定性应当由专业的体育裁判作出，而非由司法机关主动介入，对于技术性事项的处罚由体育组织内部作出更具有专业性，或者说在处罚力度上更为严格。因此，只有在体育组织认定纠纷为非技术性纠纷时，才使其具有可诉性。这不仅符合体育自治的精神，还符合具有广泛共识的自甘风险规则，这样不仅能更好地化解体育纠纷，而且更有利于体育事业的健康发展。

2. 穷尽内部救济

穷尽体育组织内部救济主要调整体育组织和残疾青少年运动员之间因内部处罚所产生的纠纷，具体到残疾青少年体育纠纷解决机制上，由于残疾人体育协会直接对残疾青少年运动员、相关俱乐部、青训队进行的处罚本就属于内部纠纷，因此内部救济对于化解纠纷的效果更甚于外部救济，一方面，由原先作出处罚决定的组织重新审查，了解纠纷本身的情况，能够更为高效地处理纠纷。另一方面，受处罚的残疾青少年运动员一方在没有动用任何内部救济的情况下直接诉诸司法机关，即便其权利得到有效救济，也会使得内部处罚双方产生较深的嫌隙，不利于其未来体育生涯的发展。但是需要明确的是，穷尽内部救济原则也仅适用于内部处罚所产生的纠纷，对于其他的纠纷，包括残疾青少年在内的各方均可以自由选择纠纷解决的方式，包括选择直接诉诸司法的方式。

因此，如果受处罚的残疾青少年一方对体育组织或俱乐部的内部处罚不服，他们

---

① 熊瑛子．国际体育仲裁中审查权边界探讨——以重新审查原则为中心［J］．天津体育学院学报，2016，31（04）：310-315.

必须先通过内部救济方式来维护自身合法权益，而后才能诉诸其他纠纷解决方式。确立穷尽内部救济原则的主要目的在于节省司法资源，避免某些本可以通过内部机制解决的争端进入司法程序。此外，穷尽内部救济原则也不单单只是体育领域纠纷解决的一项原则，在股东代表诉讼、行政诉讼当中都是有所体现的，从这一方面而言，穷尽内部救济也是对残疾人体育协会和下属俱乐部等作出处罚一方的管理权、自治权和行业秩序的维护，有利于其更好地管理和发展。

当然，在残疾青少年体育纠纷解决机制中，穷尽内部救济原则也是有限度的。如果内部处罚涉及严重的违法行为超出体育自治而上升到刑事管辖范畴内时，则必须直接交由国家刑事司法进行管辖。一方面，刑事追诉权是国家意志力的体现，是法律面前人人平等的体现，不因体育领域的特殊性而区别对待。另一方面，刑事案件具有一定的紧迫性，如果司法机关不及时受理，而依然要求当事人穷尽内部救济，由此可能造成权利受侵害一方的合法权益遭受不可弥补的损害。在这种情况下，不仅不受穷尽内部救济原则的限制，司法机关更应当主动介入。

3. 仲裁协议优先

残疾青少年体育纠纷的当事人不仅可以在纠纷发生的事前签署仲裁协议，事后也是可以进行签署的。《体育仲裁规则》第 11 条规定：“当事人可依据仲裁协议向体育仲裁委员会申请仲裁。仲裁协议包括合同中订立的仲裁条款和在纠纷发生前或发生后达成的具有仲裁意思表示的协议。”①在签署了仲裁协议的情况下，根据《仲裁法》第 5 条的规定：“当事人达成仲裁协议，一方向人民法院起诉的，人民法院不予受理，但仲裁协议无效的除外。”② 由此，当存在有效仲裁协议的情况下，纠纷只能通过仲裁的方式来加以解决，排除司法机关对案件的管辖。《体育仲裁规则》第 4 条第 1 款规定：“当事人共同将纠纷提交体育仲裁委员会仲裁的，视为同意按照本规则进行仲裁。”③ 也就是说承认体育纠纷仲裁协议的优先性实质上是对当事人意思自治和权利处置的法律确认。双方选择通过仲裁协议解决争端，表明他们均自愿放弃了司法管辖的诉权，是当事人处置权的体现之一。因此，出于尊重和保护双方权利自由处置的意思，如果双方订立了有效的仲裁协议，则司法机关的管辖权实际上被排除在外。但是这种排除并不是绝对意义上的例外，并不意味着司法机关完全不能干预体育纠纷的解决。如果存在对仲裁协议的有效性产生争议，或者仲裁程序违法等情况，仍然是可以向法院提起

① 体育仲裁规则［EB/OL］. https://www.sport.gov.cn/n315/n20001395/c25040650/content.html, 2022-12-25.

② 中华人民共和国仲裁法［EB/OL］. https://flk.npc.gov.cn/detail2.html?MmM5MDlmZGQ2NzhiZjE3OTAxNjc4YmY4NmU1YjBhNjk%3D, 2017-09-01.

③ 体育仲裁规则［EB/OL］. https://www.sport.gov.cn/n315/n20001395/c25040650/content.html, 2022-12-25.

诉讼的。根据《体育法》第 97 条规定：“体育仲裁裁决书自作出之日起发生法律效力。裁决作出后，当事人就同一纠纷再申请体育仲裁或者向人民法院起诉的，体育仲裁委员会或者人民法院不予受理。”[①] 当然，如果有程序违法或裁决违背社会公共利益等情况，当事人可以自收到仲裁裁决书之日起 30 日内向体育仲裁委员会所在地的中级人民法院申请撤销裁决。仲裁协议优先原则只是代表在有仲裁协议的情况下，优先适用仲裁协议，而不是将司法管辖完全排除在外。

（二）残疾青少年体育诉讼解纷机制的现状

诉讼是解决体育纠纷的兜底方式，在解决涉及残疾青少年运动员的纠纷时，可以由国家强制力介入，任何组织都不能违反国家的强制性规定、禁止性规定和公共秩序。最明显的例子在于国际体育仲裁院也接受瑞士联邦最高法院的管辖。因此，诉讼在解决纠纷方面比其他争端解决方法具有不可比拟的强制力。但是由于我国现行司法制度的局限性、法院状况等诸多因素的影响，以及我国残疾青少年体育中多元化纠纷解决机制尚未得到足够的落实，因此，实践中解决体育纠纷的司法经验十分有限，司法机关在运用法律解决体育纠纷时面临许多挑战和障碍，也就导致了体育诉讼解纷机制的推进还存在一定的阻力，主要体现在以下几点：

1. 残疾青少年体育诉讼法律依据不明确

目前，我国涉及残疾青少年体育诉讼的相关法律依据除了三大诉讼法之外，专门的立法只有《体育法》和《残疾人保障法》，而其中的主要条款则体现出原则性规定的特征，难以细化和落实到具体的纠纷解决当中，甚至难以为司法判决所引述。法律依据作为对体育纠纷进行司法审查与司法干预的基础，《体育法》和《残疾人保障法》本身都没有明确地界定体育赛事中哪些行为可能涉及违法或犯罪，哪些纠纷又属于违法或犯罪活动。虽然《体育法》《残疾人保障法》及其相关行政法规对体育行政管理、体育行政授权以及体育组织管理作出了相应规定，但对于体育领域的司法干预等措施几乎是没有提及的。而部门规章和地方性法规虽有对体育纠纷解决的规定，一方面范围相对狭窄、没有针对性；另一方面规章也不能作为司法机关介入的有力依据，只能作为参考存在。因此，在实践当中，起到至关重要作用的仍然是体育行业章程，但各体育组织之间解决各种类型纠纷的规则是不一致和不完整的。这些规则虽然不能被司法机关所适用，但在纠纷解决当中实际上发挥着举足轻重的作用。因此，在当前涉及残疾青少年的体育诉讼当中，缺乏有效的法律依据是诉讼解纷机制推进的一大难题，

① 中华人民共和国体育法［EB/OL］. https：//flk. npc. gov. cn/detail2. html? ZmY4MDgxODE4MThlOTBlNzAxODE5NDg1YTk2YzAxOTI%3D，2022-06-24.

几乎所有与体育、残疾人权益保障相关的法律法规都忽略了法律责任的规定。许多需要追究法律责任的违法活动没有法律责任条款，现有的责任条款对责任人、执法部门、司法机关以及相关追责程序没有具体的规定。

2. 残疾青少年体育诉讼缺乏较强专业性

现代体育的发展使得体育成为一个越来越专业化的领域，其纠纷的解决必须在具有高度专业和技术优势的条件下进行，这也是“依法治体”最本质的要求。法律是一种权利义务关系从现实生活中抽象出来的知识，作为法律的执行者，法官必须具备足够的知识来正确行使其审判权并保护当事各方的合法权益。尤其是涉及残疾青少年的体育纠纷具有很高的技术性，当各方利益因为审判缺乏足够的专业性而受到影响时，正义就无法实现，而为了解决这个问题，当前一些国家已经开始建立体育法庭，甚至如德国等国家已经建立了单独的体育法院来解决此类纠纷。而我国法院仍然采用民事、行政、刑事审判的四级二审制传统模式对残疾青少年体育纠纷进行审理，难以满足审判者在体育方面的专业审查要求。许多法官并没有相应的体育专业知识确保进行公正的审判，也正是由于体育诉讼缺乏较强的专业性，纠纷各方在选择诉讼解纷时感受不到专业性和权威性。这也是包括残疾青少年在内的许多体育纠纷各方都相对排斥司法机关干预的主要原因之一。

就上述现状而言，有学者提出在我国设立专门的体育法庭或者残疾人法庭来解决残疾青少年体育纠纷是不切实际的，容易导致司法机关的完整性和统一性难以保障。与少年法庭、知识产权法庭、商事法庭和其他专门性法庭不同，体育法庭和残疾人法庭的建立尚未达到前期准备充分的程度，一方面专业的体育纠纷、残疾青少年纠纷法官培养机制还不健全，体育是一个与其他法律交叉比较多的领域，又带有自身浓厚的体育文化色彩；而残疾人则是一个较为特殊的群体，在实践中需要考虑如何平衡其权益的保障。一味地建立体育法庭和残疾人法庭，虽然可以使残疾青少年体育纠纷的解决更加专业和快捷，但这会浪费更多的国家司法和社会资源，增加司法负担。毕竟在实践当中，与知识产权、商事纠纷不同，一方面，残疾青少年体育纠纷诉诸法院的数量相对是比较少的；另一方面，保障残疾青少年合法体育权益更多的在于全社会的共识和体育事业的发展，司法在其中仅仅只是兜底的保护。但反过来说，如果残疾青少年体育纠纷的司法审查侧重于程序审查，加之由体育专业人士作为陪审员加入残疾青少年体育纠纷案件的合议庭当中，找到一个平衡点，对于全面解决残疾青少年体育纠纷和净化体育环境更能发挥司法的监督作用。

3. 残疾青少年体育诉讼审查重点不突出

在残疾青少年体育纠纷的众多解决机制当中，诉讼的最大优势在于强制力，这也是其他纠纷解决机制所不具备的。但是由于穷尽内部救济原则的局限性，许多诉诸司法的残疾青少年体育纠纷通常都需要先经过其他方式处理。因此，司法审查最重要的任务是核实其他争端解决程序的公正性和合法性，也就是着重于程序审查。同时，当前司法提出的程序与实体并重的要求，使得法院不仅必须审查程序，而且在必要时还必须审查纠纷的事实问题，也就导致了在残疾青少年体育诉讼的审查当中缺乏一定的重点。因此，在司法实践当中，对于残疾青少年体育纠纷同时审查程序与实体问题，不仅使司法审查无法洞悉问题的实质，而且使体育自治受到一定程度的破坏。除去司法必要审查的事项外，只要体育组织按照其内部规则运作并满足程序公正、平等以及善意的要求，同时遵守《残疾人保障法》的相关要求，司法诉讼就应当保持一定的谦抑性，保障体育组织在处理内部事务中实质性的决策权。在针对残疾青少年体育纠纷的司法救济当中，对于实体性问题的审查，法院必须始终保持谨慎。司法审查的目的应在于对程序问题的纠正，而不应强调进行盲目、完整的审理。这不仅不能正确解决纠纷，而且也十分浪费司法资源，使残疾青少年体育中自律和他律的平衡被打破。

（三）诉讼解纷机制存在的不足

不可否认，诉讼是残疾青少年体育纠纷最后的解决方式。也可以说在如何解决纠纷当中，诉讼都是具有最高权威的解决方式，这种权威来源于国家强制力的保障。因此，诉讼解纷与残疾青少年体育纠纷解决机制中的其他解纷机制相比具有独特的优势。但是诉讼毕竟不是万能的纠纷解决机制，根据残疾青少年体育诉讼当前的司法实践来看，诉讼解纷机制在解决体育纠纷中存在以下不足：

1. 诉讼整体成本过高

诉讼成本是指诉讼过程中的各种人力、物力乃至时间的成本总和，其中也包括司法资源的成本。由于诉讼相较于其他纠纷解决机制具有严格性和标准化，诉讼几乎是所有纠纷解决机制中最昂贵的一种。诉诸法院的案件可能要经历一审、二审乃至再审程序，将花费极高的时间成本，无法像体育组织内部解纷、仲裁或调解、校内申诉或行政主管部门申诉那样简单快捷。此外，由于体育诉讼的专业性，律师费和诉讼费都是相对较高的，给合法权益本就遭受侵害的残疾青少年带来了更为沉重的精神和物质负担。在竞技体育外的领域尚能接受偏高的时间成本，但在时效性要求较高的竞技体育领域，由于残疾青少年运动员的体育生涯极为短暂，其是难以经受长时间悬而未决的司法诉讼流程的。

当前，随着涌入司法程序纠纷数量的增加，已经形成了法院案多人少的状况，案件超期已经成为各级法院普遍面临的问题。在正常情况下，将纠纷提交法院进行审理时，司法判决、裁定的形成需要经历一定的周期，在纠纷产生到判决、裁定形成之间存在相当长的时间差，这也与体育纠纷解决的时效性要求形成了对立。尤其是在残奥会、残运会等一些大型赛事当中，对于残疾青少年运动员的参赛资格认定，如果进入司法诉讼程序，可能案件审结恢复运动员参赛资格的时候，赛事已经结束许久。反过来司法机关介入后的冗长程序也可能妨碍到体育赛事的举办。因此，基于赛事的举办周期和运动员参赛资格等方面的考量，如果解决纠纷所花费的时间过长，可能带来巨大的损失乃至无法弥补，高效解决与体育有关的纠纷对争议双方来说都非常重要。尽管当前司法改革的一系列措施可以缩短诉讼周期，但仍不能涵盖残疾青少年体育纠纷诉讼解决机制的所有问题，也就导致了体育纠纷的当事方认为司法诉讼无法及时地维护自身合法权益，也就使得司法诉讼在体育纠纷解决的实践当中运用较少。

2. 案外矛盾难以化解

以足球运动员李根讨薪案为例，2013 年 2 月 5 日李根因沈阳东进足球俱乐部有限公司欠薪向中国足协仲裁委申请仲裁。由于该案中仅要求确认解除工作合同，不主张支付拖欠薪酬问题，故足协仲裁委作出解除工作合同的裁决书。同年，李根再次向足协仲裁委、沈阳市劳动人事争议仲裁委员会相继申请仲裁，要求支付拖欠的工资、奖金、经济补偿金等，却未果。2014 年 12 月 5 日，李根向沈阳市铁西区人民法院起诉，铁西区人民法院作出裁定，认为该纠纷不属于人民法院管辖，驳回起诉。[①] 2015 年 5 月 21 日，沈阳市中级人民法院对于李根的上诉作出裁定，撤销了一审裁定，指令本案继续由沈阳市铁西区人民法院进行审理。[②] 沈阳市铁西区人民法院经审理判令沈阳东进足球俱乐部有限公司支付李根 75666 元及相关利息。[③] 宣判后，沈阳东进足球俱乐部有限公司不服，向沈阳市中级人民法院提出上诉，沈阳市中级人民法院于 2016 年 6 月 3 日作出（2016）辽 01 民终字第 1986 号民事判决，驳回上诉，维持原判。该判决生效后，沈阳市铁西区人民法院进行了该案件的立案强制执行工作，扣划沈阳东进足球俱乐部有限公司的账户内资金共计 81489 元，执行结案。但沈阳东进足球俱乐部有限公司不服并向辽宁省高级人民法院申请再审。沈阳市中级人民法院被指令再审此案，[④] 并裁定

① 李根诉沈阳东进足球俱乐部有限公司劳动争议纠纷案，沈阳市铁西区人民法院民事裁定书（2014）沈铁西民四初字第 1005 号。

② 李根诉沈阳东进足球俱乐部有限公司劳动争议纠纷上诉案，沈阳市中级人民法院民事裁定书（2015）沈中民五终字第 1056 号。

③ 李根诉沈阳东进足球俱乐部有限公司劳动争议纠纷案，沈阳市铁西区人民法院民事判决书（2015）沈铁西民四初字第 01195 号。

④ 沈阳东进足球俱乐部有限公司诉李根劳动争议纠纷再审案，辽宁省高级人民法院民事裁定书（2017）辽民申 1364 号。

撤销原一、二审民事判决书，驳回李根的起诉。[①] 2018 年 4 月 28 日，李根在收到再审裁定后，鉴于此前据以强制执行的判决书已被撤销，主动将此前的执行款 81489 元退回到沈阳东进足球俱乐部有限公司银行账户上。当李根再次向足协仲裁委申请仲裁，要求支付奖金 75666 元及利息。经审查后，足协仲裁委予以受理。但 2018 年 7 月 11 日，在中国足协年度中期准入审核中，因沈阳东进足球俱乐部有限公司未能支付欠薪被取消中乙联赛的注册资格。鉴于此，足协仲裁委对于已经再次受理的李根案件暂时中止审理。

司法诉讼难以做到案结事了，主要原因在于：（1）“执行难”问题。不仅我国，全世界范围内民事诉讼的胜诉执行问题都是较为困难的。虽然在司法改革的背景下，出台了限制高消费、执行悬赏以及列入失信被执行人名单等一系列严厉措施，“执行难”问题得到一定的好转。但为逃避执行，实践中仍有不少被执行人转移、隐匿、变卖财产或者被执行人根本无财产可执行的情况，使得当事人虽然得到了胜诉的裁判文书，但权利得不到救济。（2）体育领域身份关系的掣肘导致诉讼后的合作无法继续。由于司法诉讼程序的强制性，纠纷双方不得不在法庭上各执己见，忽略了过去的合作关系和未来合作的可能，在诉讼的过程中通过证据提交，各执一词，使得合作关系进一步僵化，损害了体育事业的发展，甚至导致运动员体育生涯、俱乐部的经营被迫提前结束。而庭外和解或者其他纠纷解决机制则相反，一方面可以友好化解矛盾使双方冰释前嫌，另一方面也可以产生积极的社会影响。（3）体育界对司法介入的排斥态度导致矛盾升级。纵观体育界对于司法介入的态度，大抵与国家政策精神相反，认为司法界并不了解体育界的技术规则和解纷规则。

简而言之，在适用诉讼解纷机制的情况下，需要正确地理解司法的局限性，正视司法诉讼在残疾青少年体育纠纷解决机制中发挥作用的限度。同时，在残疾青少年体育纠纷解决领域，司法的局限性与司法的不可替代性之间并不存在矛盾。现代体育治理模式是体育在历史发展中做出的理性选择，是体育领域取得的主要法治成果。只有清楚地了解司法诉讼救济在体育纠纷中的限度、深入研究诉讼解决纠纷的现状，发现当前诉讼解纷机制存在的问题才能使诉讼解纷机制向着更契合体育纠纷解决的方向发展。

---

① 沈阳东进足球俱乐部有限公司诉李根劳动争议纠纷再审案，沈阳市中级人民法院民事裁定书（2018）辽 01 民再 32 号。

小 结

本章对我国残疾青少年体育纠纷解决机制现状进行研究。

第一，对我国残疾青少年体育纠纷解决机制的性质：纠纷主体的多元性、法律规范的交叉性、体育纠纷的发展性、多元化解的联动性和受理范围的广泛性进行论证，以加深对残疾青少年体育纠纷解决机制的进一步理解。

第二，对我国残疾青少年体育纠纷解决机制存在的问题及成因进行分析。

首先，对校内申诉或行政主管部门申诉进行了分析，提出残疾青少年学校体育纠纷校内申诉是保障和促进学生体育教育权实现、维护学校规章秩序、解决学校体育纠纷的有效措施，对于降低教育管理负担，减少体育纠纷激化进入行政、诉讼程序具有相当重要的意义，是维护依法治体、依法治校框架下的校园体育法律关系的重要机制。而行政主管部门申诉在目前还不尽完善，残疾青少年学生本应当享有的行政复议和行政诉讼的程序权利受到一定限制。

其次，对体育组织内部解纷进行了分析，提出体育组织内部解纷是残疾青少年体育纠纷解决的一种重要方式，该方式对处于弱势的残疾青少年而言能够更为有效地保障其合法权益，在这一纠纷解决方式当中，体育自治是体育组织内部解纷的渊源所在。体育组织内部解纷机制尤其是与残疾青少年相关的解纷机制引入外部审查是非常必要的。实际上国外诸多体育组织解纷机构都已经实施了外部监督机制，以解决其体育组织内部的冲突。

再次，对调解或仲裁的方式进行了分析，提出调解是具有合意性、高效性、保密性、经济性的一种纠纷解决方式，是建立在社会主义法治基础之上的一种保障公民权利以化解矛盾、维护稳定为主要目的的纠纷解决方式。体育纠纷的调解机制还具有高效、保密、灵活、专业等特点。而仲裁解决体育纠纷的实质是基于双方当事人的合意来解决体育纠纷。随着体育纠纷数量的增加，仲裁机构和仲裁制度也更为完善和系统，已经形成了仲裁庭、仲裁程序和仲裁员为一体的独立体系。

最后，对诉讼解纷机制进行了分析，提出司法作为维护社会公平正义的最后一道防线，在内部解纷、仲裁、调解和申诉均无法解决纠纷时，司法最终管辖也应发挥其制度的优势和作用，以充分保障残疾青少年的合法体育权益。但诉讼解纷应当遵循技术性纠纷例外、穷尽内部救济、仲裁协议优先的原则。

第三章　国外残疾青少年体育纠纷解决机制的比较与借鉴

从制度层面抑或从国家层面出发，对各国残疾青少年体育纠纷解决机制进行比较研究是有效完善我国残疾青少年体育纠纷解决机制的一项重要工作。就制度层面而言，主要有体育行业纪律处罚、内部仲裁、第三方仲裁和学校系统内部申诉以及诉讼五个方面；就国家层面而言，本研究选取美国、英国、法国、日本和澳大利亚等国作为参考样例。基于我国残疾青少年体育纠纷解决机制在体育事业发展尤其是残疾人体育事业发展中的重要性，并考虑到以往相关研究成果的分散性和各国残疾青少年体育纠纷解决机制的不断更新与完善，从各国残疾青少年体育纠纷解决机制的发展以及最新法案、章程、规则和案例入手，从比较研究的视角对上述国家残疾青少年体育纠纷解决机制进行深入分析。

第一节　国外残疾青少年体育解纷制度探析

残疾青少年体育纠纷作为体育纠纷和残疾青少年纠纷的下位概念，具有较强的技术性和专业性，同时与其他领域的体育纠纷相比，残疾青少年体育纠纷还具有较强的公益性特征，这亦是需要加以考量的因素。近现代以来，残疾青少年体育虽然受到政治化和商业化的一定冲击，但在国际大环境下，残疾青少年体育自主治理体系正在向上向好发展，以纪律处罚和体育仲裁为主的体育纠纷自治、协治、法治日趋完善，从而有效促进了残疾青少年体育纠纷解决机制的完善和发展。从专业性和技术性的角度，亦即从体育纠纷的普遍性问题出发，对残疾青少年体育纠纷中的竞技体育纠纷进行探讨。无论是执裁当中的不当判罚，还是赛前残疾青少年运动员参赛资格认定或兴奋剂问题，都需要由专业的技术机构进行裁决。尤其是残疾青少年竞技体育纠纷，由于涉及比赛的进行而具有更强的时效性，需要在最短时间内使体育秩序恢复正常，才能更好地保障残疾青少年运动员的体育权利，从而使体育竞技比赛对残疾青少年的作用和功能得以充分发挥。随着世界范围内残疾青少年体育解纷实践中出现新情况和新要求，经过不断更新和调整，残疾青少年体育纠纷解决机制的实效性也逐步得以提高。分析国外残疾青少年体育解纷制度，有助于我国残疾青少年体育纠纷解决机制的完善和发展。

一、体育行业纪律处罚

体育行业纪律处罚主要是指国际残奥委会、各国残奥委会和残疾人体育协会等相关机构对残疾青少年运动员所作出的处罚，其法理基础在于体育自治，行使体育自治权对其成员进行纪律处罚是维护残疾青少年体育秩序的手段之一。残疾人体育协会属于非营利组织，由各国残疾人体育协会、各单项残疾人体育协会以及俱乐部、青训队等残疾人运动员（包括残疾青少年运动员）所组成，同时又为残疾人体育协会提供支持服务，以促进体育事业的发展。由此可见，包括残奥委会、残疾人体育协会在内的各体育协会的特点在于非营利、中介、独特和竞争性的协调，其目的在于保护群体特定的共同利益。由此，残奥委会、残疾人体育协会为了进行正常活动以达到其注册成立之初的目的，必须制定特定的规章制度，以促进标准化和业务的有序开展，规范内部会员的行为。这种内部的体育章程是协会自治的基础，而体育行业纪律处罚则是体育章程顺利执行的重要保障。[①] 可以说，体育协会依据章程自治是残疾青少年体育发展的趋势，是其积极运作的结构性前提，是国家权力下放和协会成员自愿让渡权利双重作用下的自然结果，同样也是体育行业纪律处罚的依据。

（一）体育行业纪律处罚的运行

残疾青少年运动员基于章程的约束而受体育行业协会管理，体育行业纪律处罚的运行根本便是章程的规定。因此，残疾青少年体育协会是自治权的执行者，承担行业自治的职责，也是维系残疾青少年体育进行良性竞争、自律发展的主导，所处罚的对象也主要是违反体育规则的行为。无论是在赛场内还是赛场外，都有明确的体育规则对残疾青少年运动员的行为作出规制，最常见的有：（1）暴力行为，包括直接暴力和语言、行为歧视等间接暴力。这里所指的暴力是在比赛过程中出现的暴力行为，而非赛场外的故意伤害行为。残疾青少年竞技体育运动各方之间的竞争非常激烈，会带来

---

① 韩勇．体育纪律处罚研究［J］．体育科学，2007（04）：84-94.

许多固有风险，一些合规的动作本身就具有一定的危险性，是不违反体育规则的，但是激烈的肢体冲突则通常会导致相当严重的受伤事故，而程度较轻的则一般按犯规进行处理。换言之，暴力行为意味着在体育赛场当中由肇事者故意实施超出体育风险可接受程度的碰撞和其他行为。当然这种暴力行为具有一定的隐蔽性，很难确定这是理性冲突、一般犯规，还是恶意暴力。（2）赛事控制，包括裁判对比赛的控制和球队、球员对比赛的控制。“更快、更高、更强”的要求使得比赛过程更加激烈、更加精彩，由此带来的比赛过程和结果的不确定性成为体育赛事的吸引力所在。一旦赛事结果甚至是过程受到控制，会使得体育赛事的对抗性、不确定性遭到侵害，但是有些善意的甚至是作为习惯存在的赛事控制行为例外，如乒乓球比赛当中，获得局点的一方通常会通过故意失误的方式，使对手得分不至于出现 0 分。（3）下注比赛，如果比赛的参与者参与到体育比赛的押注当中，那么就很有可能使得比赛变得不公平，这种下注比赛的不当行为对体育的竞技性是非常不利的。在所有的比赛下注当中，球员押注对方球队胜利的比例较高，因为他们可以通过失误来控制比赛结果，这种情况下取证工作较为困难。此外，由于体育比赛的结果是充满不确定性的。即便是下注自身球队胜利，也会严重动摇体育根基，这主要是由于在大众的认知里，球员作为比赛的直接参与者，直接或者间接地透露内部消息，会令观众对比赛的悬念失去兴趣，从而导致体育竞赛的观赏性下降。（4）兴奋剂滥用，由于兴奋剂的使用会严重破坏体育竞赛的公平公正，在查处违规使用兴奋剂方面，各体育组织及其仲裁机构均采用严格责任的标准，换言之，当残疾青少年运动员使用或误用了兴奋剂而不能证明自己的清白或不能合理说明缘由时，其就很可能受到严格的禁赛、取消成绩等处罚。

1. 美国残疾青少年体育行业纪律处罚

美国的残疾青少年体育运动经过百年的发展，形成了较为完善的残疾青少年体育行业保障体系。残疾青少年体育在美国体育行业体系中的地位非常重要。美国非常重视对残疾人群体的保障，迄今为止，已经通过了多项与残疾青少年体育权利相关的法案。为有效保护残疾青少年参与体育运动、加入体育行业，美国国会制定了多部相关法律法规，包括 1973 年《康复法》（Rehabilitation Act）、《美国残疾人法》（Americans with Disabilities Act，以下简称 ADA）和《奥林匹克和业余体育法》（Olympic and Amateur Sports Act）等，为保障残疾青少年在体育行业内参与体育运动的权利提供了重要的指引。尤其是《美国残疾人法》充分体现了联邦政府和国会对残疾青少年权利保障的决心，其旨在确保残疾青少年在内的残疾人群体不受歧视。ADA 规定，所有残疾青少年都有权在美国任何地方参加体育运动。残疾青少年运动员参加体育赛事受法律保护。此外，残疾青少年还受到保障以获得需要的交通工具和体育用品。[①] 而《奥林匹克和业余体育法》是美国专门体育法,[②] 依据该法，美国残奥委会继续鼓励、帮助和支持残疾青少年参与体育运动并扩大他们参与体育竞赛的机会。此外，基于《奥林匹克和业余体育法》的规定，美国还成立了聋人体育联合会（Deaf Sports Federation）、残疾人体育联盟（National Disability Sports Alliance）等相关行业协会，鼓励优秀的残疾青少年运动员参加各项体育赛事，为残疾青少年运动员提供充分的支持和保护。该法案在1998年修订时扩大了残奥委会的职能范围，使得残疾青少年有越来越多的机会参与到体育竞赛当中来，为残疾青少年规范参与体育竞赛提供了保障。

2. 英国残疾青少年体育行业纪律处罚

20世纪80年代以来，英国政府将地方公共服务引入残疾青少年体育领域，公共服务逐渐成为一种利用影响力由政府直接控制的手段。关于残疾青少年体育行业的法律渊源，英国制定了《残疾歧视法》（Disability Discrimination Act），之后又颁布了《残疾人反歧视法修正案》（Amendments to the Disability Anti-Discrimination Act）、《平等法案》（Equality Act）等相关法律法规，以确保残疾青少年能够得到适当的认可和尊重，让所有残疾青少年都能从公平的法律框架中受益，并依法支持各残疾人体育行业协会开展残疾青少年体育活动，这一系列法律法规也促进和深化了英国残疾青少年体育行业法治的发展进程。具体而言，残疾青少年体育相关内容主要在《平等法案》中有所阐述，其以联合国《残疾人权利公约》（Convention on the Rights of Persons with Disabilities）为基础，整合和深化残疾青少年体育行业的发展。同时，该法案考虑到残疾青少年的实际情况，预见和解决残疾青少年在体育行业中可能出现的各种问题。此外，2012年，英国政府充分利用残奥会举办的机会，大力加强对残疾青少年体育的支持力度，使体育运动全面覆盖残疾青少年。[③] 同时，残疾人权利委员会对于残疾人体育行业协会的监管也在日渐成熟，残疾人权利委员会在残疾青少年体育领域有许多具体职能，如帮助残疾青少年通过各种途径维护自身权利等，提出法律建议并视情况提供适当帮助；向残疾人、俱乐部和残疾人体育行业协会提供信息和忠告，宣传《残疾歧视法》所规定的权利和应尽的义务等。

因此，英国体育行业纪律处罚，与美国类似，以建议和教育为主，以惩罚为辅，对于违反体育规则的残疾青少年运动员，体育行业协会有权独立作出处罚，但残疾青

① Karen P. DePauw, Susan J. Gavron. Disability Sport [M]. Champaign: Human Kinetics, 2005: 49.

② Barrie Houlihan, Mick Green. Comparative Elite Sport Development: Systems, Structures and Public Policy [M]. Oxford: Butterworth-Heinemann, 2007.

③ 李冬庭. 英国发展残奥体育的实践及其启示 [J]. 残疾人研究, 2014 (04): 73-77.

少年运动员可以向残疾人权利委员会等相关组织提出救济的请求，而残疾人权利委员会也会经常与残疾青少年运动员、相关体育行业协会、俱乐部等建立密切的联系。除此之外，残疾人权利委员会还有对体育行业协会进行正式调查和调解争议的权力，有权对残疾青少年所受到的纪律处罚进行实质性审查。可以说，英国残疾青少年体育行业协会章程的主要作用在于保障残疾青少年体育的实现，对于违反体育规则的行为予以必要的纪律处罚，其目的仍是维护残疾青少年体育行业的健康发展。

（二）体育行业纪律处罚的特征

残疾青少年体育竞技活动当中的行业纪律处罚与国家公权力机关、其他行业协会的处罚有着一定的区别，主要在于体育的技术性和专业性、残疾人体育的公益性，而这种具有鲜明特点的残疾青少年体育行业纪律处罚，是体育行业组织对违反规则或行为准则的参与者实施特定纪律处分，如教育、停赛或禁赛、褫夺资格等以维护行业纪律和秩序的手段。以强大的约束力确保体育行业纪律处罚的实施和执行，纪律处罚对于体育行业组织的正常运作至关重要。当然，这种纪律处罚并不是任意的。体育行业组织必须按照章程或其他规则，严格遵守程序，以保护当事人的权利。体育领域的多数争议源于体育协会取消运动员和俱乐部资格的决定，包括取消资格和长期停赛。由于纪律处罚必然给会员权利带来损失，因此内部纪律处罚的公平性是很重要的。体育行业组织必须遵循听证程序、通知程序、证据规则、申诉程序等常见的程序。同时，体育行业纪律处罚与其他领域的处罚相比，具有内部性、严格性以及时效性的特点。

1. 内部性

内部性主要是指残疾青少年体育运动的纪律处罚对象局限于参与到各单项体育组织的残疾青少年运动员和相关人员。关于未表示接受体育组织管理、遵守体育组织章程的自然人或法人，即便其作出了对体育规则、体育精神不利的行为，体育组织也不能对其行使管辖权，而只能通过对其有管辖权的机关寻求帮助。比如某体育组织掌握到某运动员涉及赌博等实施比赛控制的证据，也不能直接对其进行管辖，但可以采用向警察机关报案或寻求司法救济的途径。

从纪律处罚的内容上来说，残疾人体育协会有权对残疾青少年运动员处以警告、罚款、禁赛乃至开除会籍等处罚，但是上述处罚权是基于章程的效力而具有的，因此也只能对包括残疾青少年在内的运动员、体育赛事参与者等有约束力，不能对外产生强制力。同时，体育组织并不是行政机关，通常不具有对外的调查权、执行权。即便是对接受章程的会员、体育赛事参与者作出的处罚，除了内部仲裁、第三方仲裁外，他们也有可能不接受，体育组织也只能采取开除会籍的最终手段。当然，一旦对会员开除会籍，受纪律处罚的相对人就不再对其原体育组织负担义务了。另外，这种纪律处罚的内部性还可以表现在授权的前提下，对轻微违反法律法规的行为在体育组织内部进行处理，以实现体育组织的自治和高效发展。

2. 严格性

基于残疾青少年体育的专业性，通常而言，残疾青少年运动员受到纪律处罚，将对其运动生涯造成极大影响。相对健全人体育行业处罚而言，残疾人体育行业纪律处罚可谓更具严格性。在纪律处罚当中，主要依据包括比赛规则、裁判规则、行业内部的管理章程、体育行业惯例等。虽然残疾青少年体育行业纪律处罚是非正式的处罚决定，但这种纪律处罚的结果仍然非常严重。针对残疾青少年运动员的纪律处罚而言，主要包括罚款、参赛资格或会员资格的剥夺以及名誉性处罚等。对于受到纪律处罚的残疾青少年运动员来说，纪律处罚不仅可能会导致其财产被剥夺，甚至可能会导致其训练、参赛机会的丧失，以至于使其声誉受损。参赛资格或会员资格的剥夺，对运动员自身而言是十分严重的。同时这种纪律处罚所包含的道德指责可能会给运动员造成负面影响。在此阶段，纪律处罚有许多与刑事处罚相类似的地方，比如针对球场暴力、兴奋剂和误导性行为等的处罚。但是这种纪律处罚长期以来都是任意的和非正式的，也很少有司法系统加以干预。由于竞技比赛的技术性、专业性和时效性，司法一般不轻易介入。

严格责任是纪律处罚严格性的又一表现。但是，处罚可能没有过错的残疾青少年运动员则是不公平的。如果考虑对个人权利的保护，则严格责任应排除在纪律处罚之外。相反，由于残疾青少年体育的特殊性，接受严格责任和无过错处罚的风险可以被视为参与体育运动的对价。事实上，进行药物测试违规可能有许多其他的原因，如因处方医生、药剂师的过错，家庭成员有理由相信该物质不是违禁药物等。在这些情况下，残疾青少年运动员是无意的或根本没有采取行动，但为了确保残疾青少年竞技体育的公平，体育组织对兴奋剂滥用等严重的违纪行为的认定上采取严格责任的标准。只要运动员无法证明自己是清白的，就可以对其进行禁赛等纪律处罚。引入严格责任旨在促进体育的可持续健康发展。

3. 时效性

体育赛事当中的裁判结果是即时且永久的，即使发生误判或裁判评估不正确也是无法修改的。通常情况下，这种现场执裁的结果不受审查限制。换言之，大多数情况下裁判结果和比赛结果的判定都是不可逆的。在比赛场上获得红牌或黄牌的球员不能对错误的判罚提出申诉或提出异议，否则还可能导致更严厉的处罚。这种对运动员申诉权的剥夺可能并不公平，但这是一种正常的做法，也是体育行业的惯例，这是基于其即时性所决定的。如果对裁判的现场执裁或是比赛结果不满意可以向仲裁机构提出申诉，则可能导致比赛的结果难以确定，从而发生由此带来的连锁反应。因此，在平衡申诉权与体育赛事的连贯性上，现场执裁结果和比赛结果的不可逆性构成了一种常见的惯例，根据这种惯例，除非比赛中出现了程序问题，否则不仅是法院，而且诸如国际体育仲裁院等机构也不能处理技术性问题。仅当在公正性和程序性方面存在瑕疵时，才能调用各单项体育组织或是国际体育仲裁院介入。

在某些比赛中，裁判们还用足够的技术手段来支持自身的判罚，但在技术手段与裁判认定存在差异时仍然以裁判的决定为准。可以说在追求体育竞赛的公平性的道路上还需要花费大量的时间成本。例如在足球比赛中，裁判员由于自身的局限性而常常作出争议性的判罚，这些具有争议性的判罚也常常导致一些运动员乃至观众的不满。由此，那些提议采取适当措施以改革裁判的人提出了建议，例如引入先进的视频监视技术以及通过再现有争议的场景来作出判断。2018 年俄罗斯世界杯已首次使用 VAR（Video Assistant Referee，视频助理裁判）系统。2022 年卡塔尔世界杯甚至采用了半自动越位识别技术。如果选择在争议期间以慢动作播放为依据来作出看似更为合理的裁决，则争议现场的播放时间和裁判时间会更长，这会影响到观看效果。足球比赛在 90 分钟的时间中，犯规、越位、冲撞和手球等情况数不胜数。当所有这些都可以通过屏幕判断时，就没有紧张、激烈的足球比赛了。因此，即使有某种手段和方法可以为裁判的判断取得足够的正义，也只能作为辅助技术手段。此时，公正与效率之间的平衡以效率优先。这赋予了裁判现场执裁的权力，同时也为错误判罚提供了条件。技术性的误判与蓄意的偏袒往往难以区分。同样地，与一般的诉讼和仲裁程序相比，各种体育组织的纪律处罚和争议解决程序所花费的时间更少。而其他调查、证据收集和诉讼可能要花费很长时间，才能实现竞技体育无法接受的正义，也就是“迟到的正义非正义”。

二、体育行业内部仲裁

体育行业内部仲裁主要处理与其组织的运动赛事、训练活动、会员权益等相关的纠纷。具体包括但不限于运动员参赛资格争议、比赛结果异议、赛事规则解释与执行问题、运动员与体育组织之间的合同纠纷等。仲裁范围应明确界定，确保仲裁活动的针对性和有效性。

内部仲裁规则是仲裁活动的基础和依据。体育组织一般会制定详细的仲裁规则，明确仲裁的原则、程序、证据规则、时限等要求。仲裁规则应体现公平、公正、公开的原则，保障各方当事人的合法权益。同时，体育组织设立仲裁程序，包括立案、审理、裁决等阶段。仲裁程序应保证当事人充分表达意见、提供证据的权利，确保仲裁结果的公正性和合法性。

仲裁员是仲裁活动的主体，其选任与职责直接影响仲裁结果的质量。体育组织应建立仲裁员选任机制，选任具备相关专业知识、公正廉洁、独立客观的人员担任仲裁员。仲裁员应履行法定职责，遵循仲裁规则，公正、公平地处理纠纷。关于仲裁裁决效力方面，仲裁裁决是仲裁活动的结果，体育组织应确保仲裁裁决的效力得到认可和执行。体育行业内部仲裁还可采用多元化的纠纷解决机制，如调解、协商等。这些机制可以作为仲裁的补充，为当事人提供更多选择和便利。同时，体育组织应积极引导当事人通过合理途径解决纠纷，维护组织的和谐稳定。

为确保仲裁活动的公正性和合法性，体育组织应建立仲裁监督与审查机制。通过内部监督、社会监督等方式，对仲裁活动进行全程监督，确保仲裁程序的规范性和仲裁结果的公正性。同时，对于涉及重大利益或社会关注的仲裁案件，可以设立专门的审查机构进行审查。

仲裁结果的执行是仲裁活动的最终环节。体育组织应建立有效的仲裁结果执行机制，确保仲裁裁决得到切实履行。对于不履行仲裁裁决的行为，单项体育组织可以采取相应措施予以纠正，维护仲裁制度的权威性和有效性。

综上，体育行业内部仲裁制度的构建是一项系统工程，需要明确界定仲裁范围、制定仲裁规则、设置仲裁程序、选任仲裁员、确保仲裁裁决效力、建立纠纷解决机制以及加强仲裁监督与审查等方面的工作。通过不断完善和优化仲裁制度，体育组织可以更好地维护组织内部的和谐稳定，促进体育事业的健康发展。

（一）体育行业内部仲裁的特征

体育行业内部仲裁是体育领域解决纠纷的一种重要方式，其特点鲜明，对于保障体育运动的健康发展具有重要意义。（1）自治性与灵活性。体育行业内部仲裁具有显著的自治性特点。它依托于体育组织和协会的自治规则，由体育行业内部设立的仲裁机构进行裁决，这种自治性确保了仲裁过程更加贴近体育行业的实际情况和需求。同时，内部仲裁也展现出高度的灵活性，能够适应不同体育项目的特性和纠纷类型的多样性，制定出有针对性的仲裁规则和程序。（2）非强制性与公正性。尽管体育行业内部仲裁的裁决结果对于双方当事人具有约束力，但其本身并不具有法律上的强制性。这种非强制性特点使得仲裁过程更加注重双方的协商和妥协，有助于实现纠纷的和谐解决。同时，内部仲裁的公正性也是其得以广泛应用的重要原因。仲裁机构通常由具备专业知识和丰富经验的专家组成，能够确保裁决的公正性和权威性。（3）依赖于行业惯例。体育行业内部仲裁在很大程度上依赖于行业惯例。仲裁机构在裁决过程中会充分考虑体育行业的惯例和规则，确保裁决结果符合行业的普遍认知和实践。这种依赖使得内部仲裁更加贴近体育行业的实际运作，提高了裁决的可接受性和执行性。（4）程序简便且高效。相较于司法诉讼等外部解决机制，体育行业内部仲裁在程序上更为简便和快捷。仲裁机构通常采取较为灵活的审理方式，如书面审理、电话会议等，能够迅速有效地处理纠纷。此外，内部仲裁的审理周期相对较短，有助于及时解决当事人的争议，减轻对体育活动的干扰和影响。（5）实质性公平为核心。体育行业内部仲裁的核心目标是实现实质性公平。仲裁机构在裁决过程中会注重权衡双方当事人的权益，确保裁决结果能够公平合理地解决纠纷。这种对实质性公平的追求使得内部仲裁在体育行业中可赢得广泛的认可和信任。（6）保障当事人权益。体育行业内部仲裁充分保障当事人的权益。在仲裁过程中，双方当事人享有平等的权利和机会进行陈述和申辩，确保自己的权益得到充分表达和维护。同时，仲裁机构也会依法保护当事人的隐私，防止信息泄露和滥用。（7）与外部机制相协调。虽然体育行业内部仲裁具有自治性和独立性，但它也注重与外部解决机制的协调与配合。在必要时，内部仲裁可以与司法诉讼、调解、外部仲裁等其他纠纷解决方式进行衔接和互动，共同维护体育行业的稳定和发展。

由此，体育行业内部仲裁以其自治性、非强制性、依赖行业惯例、程序简便快捷、追求实质性公平、保障当事人权益以及与外部机制相协调等特点，在体育纠纷解决中发挥着重要作用。

（二）体育行业内部仲裁的性质

体育行业内部仲裁通过特定的程序和规范以确保在体育运动中发生的争议能够得到公正、公平、及时和有效的解决。独立性与自治性是体育行业内部仲裁最主要的性质。体育组织内部仲裁机构通常独立于其他组织和部门，具备较高的独立性。它不受外部干涉，能够自主决定仲裁程序和裁决结果。同时，内部仲裁也体现了自治性，即体育组织通过内部规则或章程来规范和约束仲裁活动，确保仲裁过程符合组织的宗旨和原则。

体育行业内部仲裁协议一般是由体育组织明确协商，组织成员自愿签署的，即加入体育协会就相当于和它签订了仲裁协议。如 2012 年《国际足联章程》第 2 章第 10 条“会员资格的批准”中的第 3 款、第 4 款规定，申请会员资格的协会必须向国际足联秘书处递交书面申请，会籍申请书必须附有申请协会的有法律效力的章程，章程必须包括的条款中有一项即承认国际足联章程指定的体育仲裁法庭。[①] 又如《国际田联章程》中关于比赛争议处理规定，技术性的问题先要找裁判长口头提出，如被驳回则要在 30 分钟内向赛事的国际田联仲裁委员会提出申诉，仲裁委员会作最终的裁决。如还存在异议，则要到国际体育仲裁法庭上诉。[②]

具有约束力的体育仲裁协议与仲裁的基本价值（自愿仲裁原则）之间的冲突是体育仲裁最大的问题和难点。

而体育赛事强制仲裁的最大优势在于，它不仅保证了体育争议的统一、快速解决，而且有利于维护国家法律体系的统一和与国际体育仲裁的协调。对于非竞赛性体育纠纷，可以在充分尊重当事人意思自治的情况下进行自愿仲裁。

体育协会的自治权包括制定规则，对相对人实施纪律处罚、管理和解决争议的权力。这种自治也是国家权力和行业权力的有机结合，掩盖了国家权力和行业权力之间的区别和界限。体育组织享有上述自治权时，国家原则上在不违反法律的基础上尊重体育组织的自治权。如今体育组织的自治权在现代体育领域乃至整个现代社会中都扮演着非常重要的角色，在体育协会章程对法律的正式回应中，需要考虑体育组织的内部惯例、基本的合理性和合法性。由于内部纠纷解决机制的存在，体育组织行业代表的内部仲裁应遵循协会的章程和一般惯例，除非此类内部纠纷解决程序严重违法或损害公共利益。

当前，学界普遍认为，当残疾青少年运动员选择一项特定的运动时，他就表示接受了该运动所属的协会管理。此外加上体育纠纷解决也有时效和专业的要求，如对残疾青少年运动员的参赛资格认定、违规服用兴奋剂、违反特定运动的竞技规则等行为需要作出裁决时，采用体育组织自身内部仲裁更有效、更合理。在考虑解决各国体育组织内部纠纷的方法时，首先依赖体育协会内部仲裁。因此，体育协会内部仲裁已成为残疾青少年运动员体育解纷的主要方式之一。

三、体育行业第三方仲裁

残疾青少年体育行业第三方仲裁是在竞技体育活动中发生争议的双方当事人，根据体育协会相关章程所达成的仲裁协议，自动将争议事项交由第三方体育仲裁机构进行裁决，各方履行裁决义务的解决体育争议的方式或活动，是根据国家的仲裁法规和体育法规建立的解决体育争议的一项制度。毫无疑问，无论是实务界还是理论界，都

---

① 国际足联章程 2012［EB/OL］. https：//www.thecfa.cn/hytzqt/20130826/10994.html，2013-08-26.

② 中国田协新章程投入使用 国际田联新规贯穿其中［EB/OL］. https：//www.sport.gov.cn/n20001280/n20067662/n20067613/c23151208/content.html，2011-12-23.

认为体育仲裁是解决体育纠纷的重要方式之一。残疾青少年体育仲裁研究理论的不断推进，对我们更好地思考在新时代推进中国体育仲裁制度具有重要的启发意义。

（一）第三方仲裁的独立性

体育行业第三方仲裁机构属于独立运行的法律实体，其组织结构与管理制度保障了其免受行政权力与国家司法强制力的干扰，符合仲裁机构独立性原则的规定。仲裁制度原属于非诉讼的一种纠纷解决方式，其特点在于当事人的意思自治贯穿于仲裁的全过程，而无论是临时仲裁，还是选择仲裁机构进行仲裁，仲裁的管辖来源是双方签订的仲裁协议，因此仲裁要保持其独立性就尤为重要。第三方仲裁机构针对管辖权的争议，在由仲裁庭作出初步裁决以后，为保障当事人合法权利，还需要有一种对仲裁庭裁决的救济途径。可以说，这种设计对于仲裁独立性的保障是具有优势的，仲裁的独立性是裁决公正的前提条件，需要在保证其独立性的同时，让体育纠纷各方得到公正的裁决。

（二）充分尊重当事人意思自治

仲裁程序起始于双方签订的仲裁协议，是当事人合意的选择，因此仲裁过程的进行都应充分尊重双方合意协商的结果，充分保障仲裁当事人意思自治的权利。由此，我们不难发现充分尊重仲裁当事人意思自治权利是第三方仲裁存在的基石，需要以当事人双方的协商结果为优先选项。无论是仲裁协议还是仲裁庭的组成，或者说对应的补救措施，都需要保证仲裁协议的有效性、充分尊重仲裁当事人意思自治权利。仲裁协议是仲裁程序开始的基础，仲裁协议的无效将会给当事人双方造成相应的时间和经济损失，所以当前大多数第三方仲裁机构在实践中多数采用“有利于仲裁协议有效”的原则，这一原则的运用，也在无形中保障了当事人双方选择何种方式解决纠纷的意思。而在仲裁庭的组成中，却可以做出一定的调整，比如只在仲裁员道德素质方面作出明确规制，从而完全尊重当事人合意的结果，贯彻仲裁的中心理念，结合个案的实际，由当事人协商仲裁员的选择，而不作多余的强制性规定。残疾青少年体育纠纷的仲裁可以自主选择仲裁员是意思自治最大的体现，无法达成合意的情况下采取机构任命方式与其相结合。这样的话，第三方仲裁机构就可以将其招募的仲裁员进行名单整理供选择仲裁的当事人挑选，但仲裁名册不作强制要求，仅为参考，以此实现当事人对于仲裁员的自由选任权利，是充分尊重仲裁当事人意思自治的体现。

（三）维护当事人合法权益

第三方仲裁机构在充分保障其独立性和尊重当事人意思自治的同时，维护当事人合法权益也是其价值所在：以加拿大体育纠纷解决中心（Sport Dispute Resolution Centre of Canada，SDRCC）为例，（1）仲裁员可在与当事人各方协商并考虑到首要目标的情况下，决定是否仅根据书面证据决定争议，或者是否需要听证会以检查任何证人、专家证人和任何口头辩论。可见仲裁程序的仲裁过程并不要求当事人及其代表亲临仲裁现场提出仲裁意见，有利于高效便捷地进行仲裁；（2）仲裁员在得到任命之后应尽快安排听证，但也可以通过电话或视频会议或书面陈述进行仲裁程序，以代替亲自听证。最终裁决应在仲裁庭成立之日起六个月内决定，除非在特殊情况下由主席延长该仲裁的最终裁决时间；除非双方同意不提供任何理由，否则仲裁庭不得以总结形式陈述最终裁决的依据；（3）仲裁员在听取各方意见之后，有权作出临时命令或裁决，但在组成正式仲裁庭后，仲裁庭可以重新考虑，修改或撤销之前仲裁员发布的任何临时命令或裁决，包括对其本国管辖权的裁决。仲裁庭不受之前仲裁员给出的理由的约束。该规定在一定程度上也是第三方仲裁制度的优势，能够使仲裁协议当事人在仲裁活动启动之前获得救济渠道，赋予当事人救济选择权。

四、学校系统内部申诉

为解决校内残疾青少年体育纠纷，学校通常会设立专门的申诉部门或委员会来负责处理学生的申诉。在收到学生的申诉后，申诉部门会进行初步审查，并决定是否受理该申诉。如果申诉被受理，申诉部门将开展进一步的调查，包括收集相关证据、听取双方当事人的陈述等。在调查过程中，申诉部门会确保程序的公正性和透明度，从而保护学生的合法权益。学校系统内部申诉主要通过调解促进残疾青少年体育纠纷的解决。

（一）学校体育教育相关制度

美国政府一直在通过政策支持残疾青少年体育教育，通过法律来保障残疾青少年的体育教育权，并确保残疾青少年与处于同等年龄的健全人享有同等的体育教育权。同时，美国政府还为残疾青少年体育教育提供专项的资金保障。美国是较早实行义务教育的国家之一。20 世纪初，美国各州已经开始陆续实行义务教育。但残疾青少年的体育教育仍然是美国教育的薄弱环节。许多残疾青少年被排斥在学校之外，被剥夺了平等的受教育机会。但是，随着黑人权利、妇女权利和残疾人权利运动等的兴起，“全纳教育”的概念越来越得到认可。为保障残疾青少年的受教育权利，提高其受教育水平，制定残疾青少年体育教育法律是大势所趋。因此，20 世纪以来，各种保障残疾青少年体育教育发展的法律法规相继出台，并因各个历史时期的特殊情况而有所变化和补充。这一举措有助于美国残疾青少年体育教育的快速发展。1975 年，时任美国总统福特签署了《所有残疾儿童教育法》(The Education for All Handicapped Children Act)，该法案的目标包括：体育特殊教育免费进行、保障残疾青少年的法定监护人的权利、保障残疾青少年的生活条件。法律还规定国家为两岁以下有身体或发育障碍的儿童提供早期干预服务，并通过制定特殊计划在所有优质服务领域实现全面互补。随着这项法律的颁布，联邦政府致力于对残疾青少年进行教育，其受教育权受到前所未有的立法保护。此后，《残疾人教育法》(Individuals with Disabilities Education Act，IDEA) 于 1990 年通过，其将保障范围扩大到全体残疾人而不是儿童，使几乎所有残疾青少年都能得到体育特殊教育的帮助，残疾青少年的体育受教育权通过具有约束力的法律法规和标准得到保障，改变了当时美国 650 多万残疾青少年的命运。同时，这一法案还规定了如何对残疾人进行管教和处分，确保法案在运行的过程中能够稳定地实现其明智、合理和科学的目标。

而在英国，残疾青少年体育教育经历了“回归主流”的过程，体育特殊教育主要包括以残疾青少年为主的特殊班级和学校。当前英国非常重视残疾青少年的体育教育，残疾青少年可以与同等年龄的健全人一起接受教育，残疾青少年也被纳入普通学校的教育当中，并且由相同的教师授课。这种方法有助于残疾青少年更好、更快地融入社会，最大限度地发挥他们的潜力并提高他们在社会中的主动性。英国在不同时期通过了不同的专为残疾青少年制定的特殊教育法案，为全纳教育提供了较为完备的法律框架，防止残疾青少年在体育教育中受到歧视。《初等教育法》(Elementary Education Act) 是英国第一部包含了残疾青少年这一群体的教育法案，其提出了为听力障碍儿童提供特殊教育的内容。而后该法进行修订，增加了为患有精神疾病的残疾青少年提供教育的条款。在伦敦残奥会之前，英国学校有关特殊体育教育的规章制度主要侧重于残疾青少年的体育活动。尽管并非立法，但这些教育规章对残疾青少年公平参与体育运动提供了政策支持，其中也包括对违反规章的残疾青少年进行处分的原则。

日本则分别在 1872 年和 1947 年推行小学义务教育和九年义务教育，1947 年，日本颁布《学校教育法》，将残障儿童的义务教育纳入法律规定，设置多种特殊儿童教育安置形式，保证残障儿童义务教育的实施。从 1948 年开始，日本的盲人学校和聋人学校试行义务教育制度，到 1956 年得以完全实现。国家在财政和政策上支持和促进特殊体育教育的发展。值得一提的是，日本将残疾青少年分为六种特殊类型：智力障碍、肢体伤残、身体虚弱、视力障碍、听力障碍和其他残疾人，并分别对不同类型的残疾青少年提供适合的教育。而接收残疾青少年的学校制定的课程和教材必须考虑到残疾青少年的特殊教育需要，包括特殊体育教育需要。

通过比较研究发现，上述国家在特殊体育教育方面都有保障残疾青少年的体育权利，残疾青少年之间的身体差异并不是阻碍他们接受特殊体育教育的限制因素。通过特殊教育的方式可以开发出适合残疾青少年的特殊体育教学方法，提高残疾青少年特殊体育教育的有效性和针对性，促进残疾青少年综合体育教育。同时其还设立了相关管教和处分条款、申诉条款来保障残疾青少年特殊体育教育制度的落实。

（二）校内申诉机制的性质

校内申诉机制相较于其他解纷方式属于一种替代性纠纷解决机制。就争端解决系统的功能结构而言，其属于体育多元化争端解决机制的重要一环。由于校内申诉机制在各种庭外纠纷解决机制中的独特地位和功能，其适用的范围正在从少数典型的行政纠纷逐渐扩展到各种行业和领域。近年来，多元化争端解决机制在教育、体育、文化和卫生等领域的纠纷解决上变得越来越重要。从体育教育的角度来看，保障残疾青少年学生体育受教育权的校内申诉机制依赖于残疾青少年学生与学校之间基于体育受教育权法律关系的维系，必须予以重视。因此，残疾青少年学生校内申诉系统存在的目的是使其能够方便地维护自身合法权利，包含体育权利。同时，学校还可以通过设立申诉委员会来审查其在体育教育纠纷中的合法性和适当性，申诉委员会必须与原学校处理机构保持一定的独立性，通过申诉审查和听证程序，对先前裁决中的事实和法律适用重新梳理。从这个意义上说，校内申诉的结论通常具有终局性，能够为残疾青少年学生带来切实的程序利益，无论申诉结果是保留还是更改，都对纠纷进行了两次实质性审查，亦即校内申诉机制是基于审查基准理论对之前行为的新的审查。

校内申诉作为残疾青少年学生体育权利救济的有效途径，尚处于构建的初步阶段，如何通过法治的框架完善这种申诉机制，使得残疾青少年学生在学校体育当中的权利得到实质性救济，应当基于补救措施和遵守法律原则的需要，赋予学生对侵犯其体育受教育权的当事人和管理方进行监督的权利的同时，也要配套建立起学校应对申诉时的处理程序。其主要功能在于：（1）维护校园稳定，有效解决残疾青少年学生与学校之间的矛盾。毫无疑问，维持校园秩序对实现体育教育目标和维护体育教育的正常发展至关重要。学生对学校相关决定的不满引起的争议和冲突，如果不能得到及时解决，将影响学校的稳定性。学生的不满情绪得不到有效的化解，甚至可能会导致学校爆发更大的冲突。[①] 校内申诉机制在增强教育组织和政策合法性、减少学生与学校之间的冲突、维持体育教育和体育教学的稳定方面占据着极为重要的地位。可以说，残疾青少

① 孙波．美国公立高校学生申诉权保障的理论与实践——兼论我国高校学生申诉权的保障与校内申诉制度的完善［J］．政治与法律，2016（06）：93-106.

年学生校内申诉机制的主要目的在于解决各种现实的体育教育纠纷。（2）加强体育教育管理，确保与残疾青少年学生的需要步调一致。体育教育管理中的冲突有多种形式。学校和教育行政管理部门通常会作出各种行政决定，并会根据具体情况与学生接触进行化解。重视残疾青少年学生提出的校内申诉能够使学校更好地了解在现实体育教育中的行政政策是否前后矛盾、是否违反法律法规的强制性规定，从而使体育教育管理更加契合残疾青少年学生的个人发展需要。（3）作为权利救济的前置程序减轻教育部门的行政和诉讼负担。校内申诉作为残疾青少年学生体育权利救济的前置程序，其顺利运作取决于学校和教育行政管理部门认真审查与体育教育有关的相关行政决定。实际上校内申诉机制可以最大限度地解决学校或教育行政管理部门的体育教育纠纷。通过内部解纷的方式对纠纷进行内部消化，可以避免纠纷的进一步扩大，并实现残疾青少年学生体育权利的救济。通过建立有效而全面的残疾青少年学生校内申诉机制能够减少通过行政复议或行政诉讼解决纠纷的频率，降低解决体育教育纠纷的程序成本。

（三）对麻省理工学院校内申诉机制的考察

麻省理工学院建立了专门负责处理校内申诉的机构：学生行为和社区标准办公室（The Office of Student Conduct and Community Standards，OSCCS）和纪律委员会（The Committee on Discipline，COD）①。学生行为和社区标准办公室是针对学生和学生组织所有行为进行申诉的起点，也是申诉解决过程中各方的公正资源，通过支持学生并与纪律委员会和校园合作伙伴合作来履行使命。② 纪律委员会成立的主要目的，旨在以客观和教育的方式解决学生和学生组织涉嫌违反政策和（或）社区标准的申诉，其有权审理案件并代表学院作出相应决定，包括但不限于勒令学生停学或将其开除出学院、撤销学位、撤销对学生团体的认可等。③ 麻省理工学院的申诉机制相对完善，针对残疾青少年学生的体育纠纷亦包括在内，学生行为和社区标准办公室和纪律委员会对于申诉的受理需要基于以下一个或多个原因：（1）作出相关惩戒决定时缺乏相关的材料和信息予以证明；（2）作出处罚决定违反了相关的规则和程序，由此作出的处罚决定存在偏差并严重影响到了整个过程的公平性；（3）纪律委员会用于作出最终惩戒决定的数据与之前提供的数据存在明显的不同；（4）处罚程度与违规行为的严重程度不匹配。另外，如果学校针对学生的处分已经生效，且已经过了提交申诉的截止日期，或申诉已经得到处理但仍不满意，学生还可以直接向纪律委员会主席或校长申请推迟执行该

---

① Committee on Discipline. COD Rules and Regulations [EB/OL]. http://cod.mit.edu/rules.

② Office of Student Conduct and Community Standards [EB/OL]. https://studentlife.mit.edu/osc.

③ Committee on Discipline. COD Rules and Regulations [EB/OL]. http://cod.mit.edu/rules.

处罚。尤其是当被处罚的学生是否需要被开除出麻省理工学院时，校长应当批准该申诉申请。该申请将由校长会议会同纪律委员会共同作出决定，经纪律委员会主席审核后学生即可进入相应的申诉程序。①

关于申诉程序的规定，原则上要求所有申诉申请以书面形式或以提供口头申诉声明的方式提交给学生行为和社区标准办公室的工作人员。如果学生行为和社区标准办公室审查该一般申诉，接受所有事实指控为真实，并确定指控没有上升到违反政策的程度，则可以在不通知被申诉人的情况下驳回申诉。在此阶段，其可以（但不是必须）在驳回申诉之前咨询主席。否则，学生行为和社区标准办公室在收到申请书后的 10 个工作日内将提交给纪律委员会进行审查。最后，纪律委员会根据个案的相关信息确定与之相关的申诉类型。在这一过程中，纪律委员会所作出的决定是最终决定，但如上所述，涉及停学、开除学籍、撤销学位等关乎学生切身利益的处罚决定是向校长申诉的，校长以及纪律委员会需要根据申诉学生所提出的申诉理由举行听证会或是上报争议解决小组，从而作出最终的决定。同时，在作出最终决定前，校长还需要与纪律委员会进行沟通，并在决定维持、更改或取消之前，当面听取学生的申辩意见。经这一程序所作出的最终决定需要传达给纪律委员会作出先前决定的人员，以便他们能够更好地履行其专业职责。在某些情况下，学生行为和社区标准办公室的工作人员也必须与学生进行沟通。校长所签发的处罚决定或撤销决定是最终决定②。具体的申诉程序如下图所示：

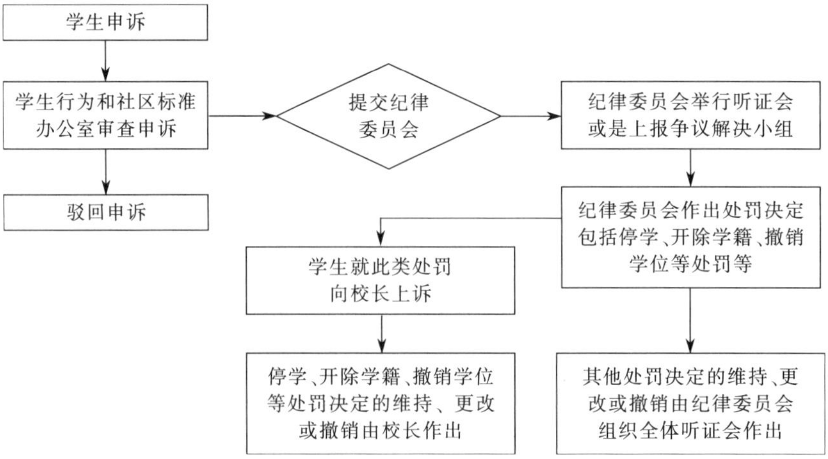

图 3.1　麻省理工学院学生校内申诉程序

① Committee on Discipline. COD Rules and Regulations [EB/OL]. http://cod.mit.edu/rules.

② 张冬梅，马启华. 中美高校学生申诉制度的比较分析——以北京邮电大学和麻省理工学院为例 [J]. 北京邮电大学学报（社会科学版），2015，17（04）：106-110.

（四）麻省理工模式的经验

1. 法律关系清晰

近年来，由于学生对因违反学校规章制度而受到的处罚不服，引起了许多的体育教育纠纷。这种纠纷本质是学校、教师、学生、政府和其他参与者之间的权利义务之争。在惩罚违反纪律的学生的过程中，各主体分别代表不同的立场，政府基于保障学生受教育权、体育受教育权的需要，尤其是针对残疾青少年学生，更是有着一定的社会责任。但学校和教师则属于另一立场，他们需要对那些违反纪律的学生进行教育和矫正，必要的惩戒措施也是有助于实现这一目标的。但无论如何，厘清学校、教师、学生、政府和其他参与者之间的法律关系是解决纠纷、合法惩处违反规章的学生的重要内容。

在麻省理工学院，学校与学生之间的关系更像是一种合同关系。无论是学校、教师，还是学生的权利义务，都有着详细的规定，从而使得学校、教师和学生都能适当行使其权利，并按照有关学生管理相关规则履行其义务，从而建立起适当的教育秩序。同时这些规则还支配着学生的行为，并帮助他们发展应有的权利并可以寻求救济。这对减少学校在纪律处分过程中发生纠纷的频率可以起到很好的作用。并且由于学校、教师、学生在行使权利、履行义务的过程中都有着一定的监督机制，从而可以更好地保障制度的实效性。

2. 处理机构明确

学校要对学生的违规行为进行处罚是包括识别、认定、惩罚和撤销等多个程序的，是一项非常专业的工作。因此学校必须建立专门的机构来进行处罚，并且其中的工作人员也必须熟悉相关的法律法规，具有较高的法律素养和较强的专业管理技能。建立专门的处理机构，使学生处罚程序规范化，既保护了学生的合法权益，又提高了学校内部管理的效率。

麻省理工学院对处理学生违纪行为的机构和人员的职责作出了具体的规定，以实现合法化和标准化，并且这种规定也有法规的支撑。这样学校可以根据法律规定统一建立专门机构，并引入对各种纪律处分分工负责的责任合同制度。可以说，在处理的各个阶段都建立起适当的处理程序和相应机构，是避免侵权处理复杂化的必要保障。在明确各机构职责的前提下，不断提高工作人员的法律专业水平、积累相关法律知识，以及组织成员的业务技能，通过专门的机构和专业人员，学校可以确保违纪处理变得专门化、精简化和合法化。

3. 正当程序保障

正当程序是现代法治的前提，对依法治校非常重要，在残疾青少年学生体育权益保障的实践中也有着至关重要的作用。与实体立法相比，程序规则更有助于保护当事人的合法权益，因此，学校应当制定严格且标准化的程序，以解决学生管理中的违规行为。这是保护学生的基本权利免遭侵犯以及促进基于正当程序对学生不当行为进行惩戒的重要而积极的步骤。

麻省理工学院对学生的申诉受理流程进行了严格规范以确保每个环节都公平公正、合理透明。学生提交申诉后，相关部门会进行初步审查，确认申诉内容符合受理范围后，正式受理并通知学生。随后，学校将组织调查、听证等程序，收集相关证据，确保申诉问题得到全面、客观的审查。学校在申诉过程中坚持公正公开原则，保障学生的知情权、参与权和表达权，确保申诉处理程序正当。同时，学校鼓励学生积极参与申诉过程，提供充分的证据和意见，确保申诉得到公正处理。

五、诉讼解决体育纠纷

一般而言，法院不会干预体育管理机构在实质性问题上的裁决，除非有证据证明该机构存在程序不公正的情形或违反自然公正原则。此外，国外法院在介入体育纠纷案件时多通过诉讼和解或其他司法途径。

（一）诉讼解决体育纠纷的法理基础

诉讼解决体育纠纷具有滞后性，同时由于纠纷数量越来越多，残疾青少年体育纠纷进入法院审理的数量也有所上升，纠纷数量与司法资源的矛盾使得包括体育纠纷在内的纠纷容易产生超期审理、效率低下的情况。但是残疾青少年体育纠纷的解决通常具有时效要求，事实上，进入诉讼的残疾青少年体育纠纷并不多，但是司法作为维护社会公平正义的最后一道防线，在残疾青少年体育纠纷的解决上仍是不可或缺的。因此，穷尽内部救济原则应当是诉讼解决残疾青少年体育纠纷的一大原则，具体而言，解决残疾青少年体育纠纷，纠纷各方在寻求体育组织内部救济之前不能提起诉讼。目前，大多数国家的法院在处理残疾青少年体育纠纷方面较为保守，尤其是在专业技术问题方面，如裁判临场执裁结果的纠纷等。美国联邦和州法院的数据显示，只有不到一成的体育纠纷最终采取诉讼的方式解决。因此，仲裁成为解决残疾青少年体育纠纷的主要途径，但是仲裁权与其他权力一样，“在它未受到控制时，可将它比作自由流动、高涨的能量，其效果往往具有破坏性。”[①] 无限的权力扩张必然会损害权利的实现，必然造成权力制约的产生。虽然仲裁无疑是解决残疾青少年体育纠纷的有效手段，但

① 〔美〕E·博登海默. 法理学：法律哲学与法律方法［M］. 邓正来译，北京：中国政法大学出版社，2004：373.

其一裁终局和或裁或审的制度强制排除了法院介入的可能性，也使仲裁当事人丧失了获取其他补救措施的可能性。结合仲裁制度与残疾青少年体育权益保护基础，只有体育仲裁在受到司法监督时才能最大限度地减少仲裁员在行使仲裁权时受主客观因素作出不公平裁决的情形，从而更为有效地解决残疾青少年体育纠纷。此外，与其他仲裁一样，体育纠纷的仲裁解决是按照非公开程序的原则进行的，使得这种仲裁缺乏广泛的公众参与和社会监督，对仲裁的权威性是一种隐藏的威胁。因此，可以看到单纯地只适用仲裁制度解决残疾青少年体育纠纷，是不够全面和完善的，应当赋予残疾青少年寻求法律援助、诉诸司法的权利，以维护自身合法权益。甚至可以认为，没有司法制度的基础，就不可能存在完善的仲裁制度，亦即仲裁的存在是不能阻止司法介入的。郭宏、胡晓利认为仲裁裁决或司法判决都是具有主观性的，由于主观结论是可能存在错误的，因此由主观判断过程产生的结果是需要有纠正措施的，仲裁的结果也不例外。① 目前，在残疾青少年体育纠纷解决当中，诉讼和仲裁是公认的两种较好的体育纠纷解决方式，由于体育仲裁的局限性，法律的支持和监督对仲裁是必不可少的。这构成了对体育仲裁权力合理使用的司法保障，也可以进一步保障残疾青少年合法的体育权益。

在仲裁实践中，可以说没有任何一个国家完全放弃了对仲裁权的监督和审查，只是监督的形式和范围有所不同。② 我国学界对司法审查仲裁的看法有两种。一种观点认为，司法审查是综合性的，既考虑程序上的审查，也考虑到事实的审查，既要查明仲裁裁决的错误，又要查明所适用法律、法规、规章的错误；而另一种观点则认为，司法审查应该只审查程序。后一个观点是较为妥当的，对残疾青少年体育纠纷进行矫正的司法审查只能局限于程序监督。这既节约了司法资源，又能对仲裁裁决作出过程中存在的明显违法问题进行审查，否则与直接提起诉讼没有两样，这不仅没有实现仲裁的目的，而且也破坏了仲裁一裁终局的原则，如此可能导致仲裁败诉一方滥用司法救济而造成纠纷解决效率低下，此与仲裁设立、司法审查的初衷都是相悖的。

（二）对美英德等国残疾青少年体育诉讼制度的考察

如上所述，可以清晰地看出有必要对仲裁程序进行适当地司法介入，并且由于非讼纠纷解决方式并不能有效解决所有残疾青少年体育纠纷，加之国家司法介入的公权力性质，诉讼必定是无可替代的解决残疾青少年体育纠纷的方式之一。下面以美国、

① 郭宏，胡晓利．论国际商事仲裁中司法监督的发展趋势［J］．吉林师范大学学报（人文社会科学版），2004（02）：58-60．

② 乔欣．仲裁权研究——仲裁程序公正与权利保障［M］．北京：法律出版社，2001：268．

英国、德国为例，对其残疾青少年体育纠纷诉讼制度加以考察。

1. 美国残疾青少年体育诉讼制度

在很长的一段时间里，美国法院将体育组织视为自治的社会团体存在，认为残疾青少年在参加或退出体育组织时均是自愿的，也必须遵守体育组织的规则和管辖。由体育协会发布的规则在不违背法律和道德的前提下，法院是不进行干预的。[①] 但理论上，阻止残疾青少年运动员在相关纠纷中诉诸法院是不现实的。另外还由于美国社会公众对诉讼有着高度的信任，加上美国职业体育高度发达，法院也开始受理越来越多体育纠纷的案件。同时美国具有相对完善的内部争议解决机制，法院仅在非常特殊的情况下对残疾青少年体育纠纷具有管辖权，审查的范围也仅限于法律适用和正当程序，而不介入实体问题。在美国法院对体育组织所作出判决的司法审查中，正当程序是受到最严格审查的方面，而且向法院提起诉讼的当事人也多以正当程序为由，以技术标准和竞争规则相关的技术问题为由提出的诉讼，法院是不予受理的。

具体而言，美国法院对体育组织有关处罚决定的法律审查包括：（1）体育组织章程的有关规定与美国现行法律、政策冲突；（2）体育组织适用的规则超出了协会的职责和权限；（3）体育组织违反了自己颁布的章程进行处罚；（4）体育组织制定的章程存在随意性强的问题；（5）体育组织章程的有关规定与作出处罚所在州的法律规定相悖。出现上述情况时，美国法院即会受理相关体育纠纷的诉讼请求，法院通常会对体育组织处分认定的违法行为进行修正，通过损害赔偿或者禁令的方式进行救济。因此，如果出现因参赛资格、会员资格被取消等事由向法院起诉的情形，法院是难以作出恢复资格判决的，只能采取非物质手段或金钱给付的形式作为赔偿。也就是说，无论损害赔偿还是禁令，都不能最好地保障残疾青少年运动员的合法体育权益。即便是采取禁令的形式，也只是一项临时措施，无助于完全弥补残疾青少年运动员所受到的损害。[②]

2. 英国残疾青少年体育诉讼制度

虽然英国没有特定的体育法院或体育法庭来解决残疾青少年体育相关的争议，但法院在残疾青少年体育纠纷中具有最终管辖权的依据由英国宪法和惯例确定，即法院的管辖权不能被放弃。英国法院处理残疾青少年体育纠纷的最常见例子是对体育协会纪律处分的审查和监督。英国法律首先承认体育协会与其成员之间的关系属于私法。

---

① Marcia B. Nelson. Stuck between Interlocking Rings: Efforts to Resolve the Conflicting Demands Placed on Olympic National Governing Bodies [J]. Vanderbilt Journal of Transnational Law, 1993, 26 (4): 895-926.

② 郭树理. 体育纠纷的多元化救济机制探讨——比较法与国际法的视野 [M]. 北京：法律出版社，2004：201.

在大多数情况下，法院通常使用私法而不是公法来调整他们各自在体育协会中的关系。但是由于事实上体育组织作出的大多数决定不仅涉及当事人的私权，在大多数情况下也涉及当事人的公权利。在这种情况下，法院只对私法领域进行审查势必存在一定的缺漏，[①] 产生这一问题的重要因素在于英国法院未能重视行为本身的性质，而局限在主体的身份上。尽管学界持否定态度，但英国法院仍表示，对体育组织公法层面的司法审查只会在影响当事人职业生涯或者构成不正当竞争的情况下进行，[②] 其他情况下仅对私法层面的程序进行审查。其作出的判决类型主要包括宣示、禁令和损害赔偿。

3. 德国残疾青少年体育诉讼制度

在德国，残疾青少年体育纠纷通常是由体育组织自行解决或由专门的仲裁委员会解决，越来越多的当事人将由体育组织纪律处分程序产生的纠纷提交诉讼，在这一过程中，是不存在排除法院司法管辖的规定的。从这一点来看，残疾青少年在其权益受到侵害时，并不需要耗费过多的时间在寻求内部救济上，也不存在由于管辖权冲突所导致的难以进入诉讼程序，使得残疾青少年在合法体育权益受到侵害时可以直接向法院提出诉讼请求。因此，相较于其他国家而言，德国法院对残疾青少年体育纠纷的介入标准更为宽松，司法裁判体育纠纷的案例很多。具体到程序上，德国法院在决定是否介入体育纠纷的裁判时，首先会判断该纠纷是否属于可裁判的范畴。此外，由于残疾青少年运动员在组织内部解决体育纠纷时无权选择仲裁员，仲裁员的组成也是由体育组织自行选出的，德国法院认为众多体育组织内部的仲裁委员会并不符合德国《民事诉讼法》规定的如仲裁员的产生、仲裁员的选择等关于仲裁庭应满足的标准。因此，德国法院认为由体育组织内部作出的仲裁裁决不能做到令人信服，这也是德国法院认为自身对体育组织作出的处罚决定具有管辖权的法理基础。亦即只有在当事人各方均自愿和平等达成仲裁协议，同意在独立、公正的仲裁机构进行仲裁，并且该仲裁机构作出公正、客观的裁决时，才能在一定程度上排除法院的管辖权。否则德国法院在受理案件后，不仅会审查原裁决的程序性问题，而且会对其实质性问题一并加以审查。

但是即便许多体育组织内部设置的仲裁委员会不被认为是真正的仲裁庭，但德国法院通常还是会考虑其做出的临时措施的效力，而不论该体育组织所制定的章程、仲裁规则是否合理，即便是有意图排除司法救济的规定也不例外，这是出于充分保障体育组织自治权的尊重。但是，德国法院仍然会在受理案件后完整审理整个案件的程序和实体问题。此外，德国法院通常会要求向法院起诉的当事人在起诉前用尽体育组

---

① Michael Beloff, Tim Kerr, Marie Demetriou, et al. Sports Law [M]. Oxford: Hart Publishing, 1999: 228.

② Simon Gardiner, John O' leary, Roger Welch, et al. Sports Law [M]. London: Routledge, 2011: 262.

织内部的救济手段，除非这种内部救济不适当、不公平，甚至仅仅只是用于拖延程序时。①

综上，从域外的诉讼解决体育纠纷的经验可以看出，国外法院仍倾向于尊重体育内部自治的原则，体育纠纷当事人非用尽内部救济，一般不得向法院提起诉讼，但若内部救济的程序侵害了当事人，当事人可以提起行政诉讼进行二次救济。同时，外国法院较为重视和解制度在体育纠纷解决中的作用，这也是基于法院欲通过当事人意思自治解决涉诉纠纷，以减少甚至避免法院的不专业性影响案件裁判的公正。并且，法院在对体育纠纷进行审查时，一般限于程序审查和法律审查。

第二节　各国残疾青少年体育纠纷解决机制考察

各国残疾青少年体育纠纷救济途径呈现多元化态势，通过对美国、英国、法国、日本和澳大利亚等国家的残疾青少年体育纠纷救济途径以及经典案例进行考察，从而发现域外国家残疾青少年体育纠纷解决机制的特点，为完善我国残疾青少年体育纠纷解决机制提供借鉴。

一、美国残疾青少年体育纠纷解决机制

从美国法律制度和实践来看，残疾青少年可以通过内部（学校申诉、体育组织内部申诉、学校调解、体育组织内部调解和仲裁）和外部（仲裁、诉讼）相结合的方式维护合法权益。

（一）美国残疾青少年体育治理模式

美国残疾青少年主要通过学校内部救济、体育组织内部救济和诉讼救济三种途径解决体育纠纷。1973 年《康复法》（Rehabilitation Act）、1990 年《美国残疾人法》（Americans with Disabilities Act，以下简称 ADA）和 1998 年《奥林匹克和业余体育法》是主要的法律适用依据。

首先，学校内部救济是美国残疾青少年可以选择的法定救济途径之一。美国要求每个学校（包括中小学和大专院校）都必须配备残疾人服务协调员，也被称为“第

① John A. Faylor. The Dismantling of a German Champion：Katrin Krabbe and Her Ordeal with the German Track and Field Association and the International Amateur Athletic Federation［J］. Arbitration International，2001（2）：163-172.

504 条协调员”或“ADA 协调员”，以保证学校遵守《康复法》第 504 条和《美国残疾人法》第 2 章的规定。并且，明确美国学校所设置的申诉机构必须及时处理残疾青少年及其家长提出的申诉，保障残疾青少年的内部申诉权。

其次，美国更多地选用非诉讼方式解决体育纠纷。针对残疾青少年体育纠纷，采用最多的纠纷解决途径是内部体育仲裁。在内部体育仲裁不能解决的情况下适用外部仲裁，例如 1998 年美国《奥林匹克和业余体育法》规定，体育纠纷应提交美国仲裁协会。从这些实践及规定中可以发现，强制要求将体育纠纷交由仲裁协会的做法，实际上就是变相规定了体育纠纷必须“穷尽内部救济”或者通过仲裁裁决，才可寻求司法诉讼程序保护。

相较于调解和仲裁，美国较少使用诉讼解决体育纠纷。美国法院遵循体育纠纷“穷尽内部救济”原则，即残疾青少年体育纠纷部分需要先穷尽学校申诉救济或体育协会内部救济两种内部救济途径，才可以通过法院来获得司法审查及司法救济的机会。

再次，美国作为英美法系国家，其司法体系的成熟度较高，民众也普遍愿意将纠纷诉诸法院。美国 1973 年《康复法》规定“符合以下四项条件的当事人具有胜诉的可能：符合法律规定的残疾人、具备体育项目的资格、证明其因残疾而被歧视、对方接受联邦资助”①。因此，残疾青少年可以借助诉讼的手段寻求救济，这当然包括直接向法院起诉以及在内部救济无法解决的情况下转向司法救济两种情况。

对于进入司法程序的体育纠纷，地区法院、中级民事法院及刑事法院或最高法院具有法律复审和改变判决的权力。一般在出现以下 5 种情况时才会进行复审或改判：（1）体育联盟的规定与国家公共政策相悖；（2）体育联盟的规定超出了其职责和权力范围；（3）体育联合会自己违反了其颁布的法规条例；（4）体育联合会所制定的法规条例过于武断或是反复无常；（5）体育联盟的规定与某一宪章的权力相左。② 这体现了美国法院对体育协会的相关决定进行司法审查的范围仅限于事实审查和程序审查。

最后，美国的民事诉讼和解制度，包括诉讼过程中的和解与起诉前的和解。体育纠纷当事人可于判决前任何时候，由审判法官主持或由当事人自行达成和解，当事人可以在律师的参与下进行和解。在美国的诉讼程序中有一个开示程序环节，即要求双方当事人在庭审前提交证据，这有利于权利人获得充分证据以证明其主张，而义务人则被迫放弃无意义的对抗，从而达成和解，终止诉讼。若体育纠纷当事人选择了自行达成和解，还可以向法院申请合意判决。这样的判决与一般判决同样具有法律效力。

---

① 周青山．体育领域反歧视法律问题研究［M］．武汉：武汉大学出版社，2015：132-134．

② 凌平，冯宇超．略论美国体育管理法规的立法形式和司法程序对我国体育法制建设的借鉴价值［J］．浙江体育科学，2003（03）：5-8．

美国的残疾青少年体育纠纷诉讼并不强制要求进行诉讼和解，反而给予了当事人一定的自由度，当事人既可以选择和解，也可以选择不和解，可以在律师的参与下进行和解，也可以依据自身的利益诉求选择和解。

由于美国联邦体制的原因，三权分立和各州政府独立的局面对美国体育发展的影响是一个必须考虑的问题。例如，虽然美国职业体育联盟能够得到特殊的政治支持和照顾，但其仍不能超出法律法规的边界行事。促进美国体育发展的主要管理实践是各种法律，这些法律具有明确的要素，可便于相关法院和部门作出裁定。因此，美国联邦、州政府在管理体育发展中的作用不仅仅是宏观调控者。在法律层面，政府还要制定一系列体育相关法律，加上各州之间的法律法规差异很大，所以美国的体育事业综合了自治、法治和协治的三大要素。

由于残疾青少年体育纠纷的调解和仲裁案例常常涉及保密要求和隐私保护，本书主要以麦克法登系列案、埃利斯·肯普夫诉密歇根高中体育协会案等为例，对残疾青少年运用诉讼方式解决体育纠纷进行分析。

（二）美国残疾青少年体育纠纷经典案例分析

1. 麦克法登系列案

塔季扬娜·麦克法登（Tatyana McFadden，以下简称麦克法登）自幼身患脊柱裂，导致腰部以下瘫痪，在就读马里兰州霍华德郡（Maryland，Howard county）的阿斯尔顿中学（Atholton High School，以下简称 AHS）期间，在各级校际体育竞赛中受到不平等待遇，因此麦克法登将马里兰州霍华德郡公立学校总监卡森（Cousin）和州教育厅厅长葛瑞丝米克（Grasmick）诉至法院，指控其违反了 1973 年《康复法》和 1990 年《美国残疾人法》，请求联邦地区法院授予禁令以保护残疾学生平等体育教育权。该系列案最终促成了马里兰州《残疾学生健身和竞技平等法案》（Fitness and Athletics Equity for Students with Disabilities Act）的出台。探讨该系列案例，寻找其中的理论逻辑及法律规定有一定现实意义。

（1）麦克法登诉卡森案

1973 年《康复法》第 504 条规定，受联邦资助的教育机构中的残疾学生有权参加学校各项体育活动，不应因残疾受到歧视。麦克法登就读于霍华德郡公立学校时曾被学校要求单独比赛，以避免因其乘坐轮椅对其他健全运动员造成安全隐患。因此，麦克法登向法院申请禁令，请求法院禁止霍华德郡公立学校的歧视行为，允许她与健全运动员一起参加“混合赛”（mixed races）。联邦地区法院批准了该初步禁令。

（2）麦克法登诉葛瑞丝米克案

马里兰州公立中学运动协会（Maryland Public Secondary Schools Athletic Association，以下简称 MPSSAA）的比赛规则规定，轮椅竞速比赛不能获取项目积分。因此，麦克法登在州公立中学田径锦标赛参加的四个项目均未获得团队积分，麦克法登认为 MPSSAA 的积分制度违反了 1973 年《康复法》及 1990 年《美国残疾人法》，遂将州教育厅厅长葛瑞丝米克（Grasmick）诉至联邦地区法院，申请初步禁令。但被告辩称积分制度中所规定的参与率 40%规则意味着只有代表了全州至少 40%的高中参与的比赛才能获得团队积分，而麦克法登参加的轮椅竞速比赛并不满足该条件，不给予麦克法登团队积分并不是因为其残疾人的身份。法院最后也认为，MPSSAA 关于团队积分的规则并不构成对麦克法登基于残疾的歧视，驳回了麦克法登申请禁令的诉求。

麦克法登系列案中的两个案例，一个法院支持麦克法登的诉讼请求，一个法院驳回了麦克法登的诉讼请求，但从整体上看，这两项裁决都推动了残疾青少年的平等体育权。2008 年 5 月，马里兰州联合大会颁布《残疾学生健身和竞技平等法案》，成了美国其他州或联邦立法的典范。

2. 埃利斯·肯普夫诉密歇根高中体育协会案①

2015 年 12 月 11 日，美国密歇根州东部地区法院南部分庭（District Court for the Eastern District of Michigan Southern Division）发布合意判决，埃利斯·肯普夫（Ellis Kempf）与密歇根州高中体育协会（The Michigan High School Athletic Association，MHSAA）自愿签署该合意判决，同意手语翻译可以在所有涉及聋哑或听力障碍的摔跤手比赛中出现。此外，摔跤手在比赛期间必须留在 28 英尺（约 8.53 米）范围内的界内区域，手语翻译也可以进入此区域，但需要始终与摔跤手保持一定的距离，在较大的场馆内，需要保持至少 6 英尺（约 1.83 米）的距离，而在较小的场馆中，这一距离则可以适当地缩短，由裁判酌情确定。也就是说，这一判决的生效使得手语翻译将被允许进入赛场，但也需要与摔跤手、裁判保持一定的距离，避免与摔跤手或裁判接触。

（1）基本案情

埃利斯·肯普夫是皇家橡树乌鸦队（Royal Oak Ravens）的一名聋哑摔跤手，也是该队的队长，其在 2 岁时因感染脑膜炎而失聪。在 5 岁时，埃利斯·肯普夫成功接受了人工耳蜗的植入，恢复了部分听力。但由于体育赛事竞争的激烈性，出于安全的考量，埃利斯·肯普夫在体育赛事期间不能佩戴外部组件，这会导致他完全失聪而在摔

① Ellis Kempf v. The Michigan High School Athletic Association，No. 2：15-cv-14227-NGE-MKM［EB/OL］. https：//www. mhsaa. com/portals/0/Documents/WR/sign%20language. pdf.

跤赛场上处于劣势。为了获得公平竞争的机会，埃利斯·肯普夫提出他需要手语翻译以尽可能接近他，从而获得教练采用何种进攻和防守战术的指示。但密歇根州高中体育协会认为，在摔跤赛场上如果存在手语翻译将会阻挡裁判的视线或分散对手的注意力。因此，手语翻译被限制只能出现在明显不在肯普夫视野之内的教练包厢内。如此，对手的教练可以通过喊话的形式进行指导，而埃利斯·肯普夫由于看不到他的教练和手语翻译，从而难以得到赛场上的实时指导。在这种情况下，很明显埃利斯·肯普夫在赛场上处于不利地位。

在密歇根州高中体育协会多次拒绝埃利斯·肯普夫的手语翻译上场的情况下，埃利斯·肯普夫向密歇根州东部地区法院南部分庭提起诉讼，认为密歇根州高中体育协会不允许手语翻译的存在是对埃利斯·肯普夫公民权利和《美国残疾人法》的侵犯。在他的诉讼请求中，埃利斯·肯普夫声称，密歇根州高中体育协会的行为在一定程度上违反了《美国残疾人法》第2章和第5章、1973年《康复法》第504条和《密歇根州残疾人民权法案》(The Michigan Persons with Disabilities Civil Rights Act，简称为PW-DA)。具体而言，埃利斯·肯普夫提出，密歇根州高中体育协会拒绝让其手语翻译离开教练包厢对其进行指导，使其无法获得教练指示，甚至无法判断比赛何时开始和结束，使他在比赛中处于相对不利的地位。

根据美国1973年《康复法》第504条，需要为有资格参加体育运动的残疾人提供合理、必要的帮助。而判定该参加体育运动的残疾人的请求是否合理，主要分为三个方面：首先是该请求是否对体育项目的基本条件进行了改变，也就是说，提供这种帮助是否会改变体育项目的性质。在本案中，允许手语翻译的存在，并不会影响摔跤比赛的性质，而是由于埃利斯·肯普夫无法听到教练的指导而不得已采取的辅助手段。其次，需要判断该请求是否会带来较大的财政或行政负担，显然在本案中是不成立的。最后是判断该请求是否会对安全或健康构成风险，在本案中，手语翻译进入28英尺范围内的比赛区域确实可能存在一定的安全风险，尤其是贴近运动员和裁判时，在诉讼提出后，密歇根州高中体育协会同意了手语翻译可以在比赛区域移动、指导的请求，但提出了保持一定距离的要求，这一合意也是符合安全要求的。

(2) 扼要评价

在本案中，争议的焦点主要在于残疾运动员要求手语翻译上场的请求是否合理，具体而言在于手语翻译的存在是否会影响到比赛的公平，亦即手语翻译是否会影响对方选手的发挥以及裁判的判罚、手语翻译的存在是否会导致一定的安全隐患、手语翻译的存在是否更能促进公平等。事实上，密歇根州高中体育协会不应该在满足埃利斯·肯普夫的需求方面存在问题，因为密歇根州已经为有听力障碍的运动员制定了良好的帮助措施，也制定了 PWDA 等相关法律法规。从这个角度来看，密歇根州高中体育协会拒绝埃利斯·肯普夫的手语翻译上场的行为，造成埃利斯·肯普夫处于不利的竞争地位。密歇根州高中体育协会的任务是确保埃利斯·肯普夫能像他的竞争对手一样拥有公平的参赛条件。而法院在双方同意的情况下作出的合意判决则是建立在包容的基础上的，批准埃利斯·肯普夫的请求也是于法有据的。同时，在本案的执行上，密歇根州高中体育协会在签署协议后迅速履行了义务，确保残疾人在比赛中得到很好的照顾，同时比赛对双方选手来说都保持公平和安全。

具体而言，手语翻译被允许为合格的聋哑或听力障碍的摔跤手提供帮助。其目的在于传递教练、官员、裁判、竞争对手以及其他相关人员的信息给残疾运动员，包括但不限于指示、受伤情况、积分和比赛的情况、教练的技术建议以及翻译在他们的专业培训和经验中认为必要的所有其他听觉信息，以促进安全和有效的沟通。但同时，手语翻译也应做出合理努力，不干扰其他参与者、官员、裁判和对方教练，或以其他方式干扰发生在相邻赛场上的多团队比赛，不合理地阻止或限制参与者、教练或裁判的移动，或妨碍教练、裁判的观点。因此，在干扰比赛的情况下，裁判有权要求手语翻译重新定位自己与赛场的位置，前提是手语翻译仍然能够与聋哑或听力障碍的摔跤手进行有效沟通，但不得驱逐。

从法律的层面来看，埃利斯·肯普夫的诉讼后续还促使美国教育部民权办公室（Office of Civil Rights，U. S. Department of Education）加紧了对残疾学生参加课外活动的权利保障的落实，尤其是在体育活动方面。根据《康复法》第 504 条的要求，公立学校、体育协会等都需要通过采取适当的帮助措施，为残疾学生提供公平的机会，以展示他们在体育竞赛中的实力。虽然埃利斯·肯普夫案是通过提起诉讼的方式才获得的便利，但双方解决分歧的速度以及后续的影响很好地说明了残疾学生获得公平竞争的合理性。在这一案件中，密歇根州东部地区法院南部分庭和密歇根州高中体育协会公平看待埃利斯·肯普夫的残疾并给予他应得的平等，在整个美国高中体育项目中都产生了强烈影响。根据《美国残疾人法》第 3 章，在健全人与残疾人同时参与的比赛中，需要修改一定的规则以确保它们能够更适合残疾人。在本案中，允许埃利斯·肯普夫在比赛期间使用手语翻译便是确保他能够像他的对手一样进行比赛。该案件的结果有助于消除围绕残疾的歧视，学生运动员不应该因为聋哑或听力障碍而赢得或输掉比赛，而应该完全根据能力来获得输赢。更重要的是，埃利斯·肯普夫案件后续促进了密歇根州高中体育协会、各公立学校对残疾人帮助的落实，为残疾学生提供合理的便利条件，不使他们被排除在体育运动之外或处于不利地位。

3. 布鲁斯特·马歇尔诉纽约州公立高中体育协会及其第四部案[1]

布鲁斯特·马歇尔（Brewster Marshall）是一名患有体位性心动过速综合征（Postural Orthostatic Tachycardia Syndrome，简称为 POTS）等疾病的高中生，纽约州公立高中体育协会及其第四部没有为他提供合理的便利，也不允许其连续第五年参加高中篮球比赛。2017 年 5 月 17 日，凯·马歇尔（Kay Marshall）代表她的未成年子女布鲁斯特·马歇尔向纽约州西部地区法院（Western District Court of New York）对纽约州公立高中体育协会（New York State Public High School Athletic Association，简称为 NYSPHSAA）及其第四部（Section IV）提出诉讼，声称被告非法剥夺了布鲁斯特·马歇尔参加高中篮球比赛的资格，违反了《美国残疾人法》第 2 章和 1973 年《康复法》第 504 条。同年 8 月 23 日，原告提交了一份修正诉状，将玛丽莲·埃利亚（Maryellen Elia）以纽约州教育专员的身份添加为被告，并进一步阐述了指控的事实。纽约州西部地区法院认为《美国残疾人法》并不要求公共实体向残障人士提供其所要求的所有便利，对公共实体计划的运作施加过度困难或从根本上改变服务、计划或活动的性质的要求是可以拒绝的，从而驳回了原告的请求。

（1）基本案情

布鲁斯特·马歇尔就读于纽约州马头高中（Horseheads High School），患有体位性心动过速综合征、凝血障碍等多种疾病，尽管其疾病导致的残疾限制了他参加竞技性校际篮球比赛的频率，但实际上自 2013 年 9 月入学以来，原告连续四年都参加了篮球比赛。2017 年 6 月是原告正常毕业的时间，但由于其疾病的存在，难以按时完成全部的高中课程。因此，原告于 2016 年 7 月 18 日收到了不能毕业的通知，在这一情况下，原告寻求延长其参加高中篮球比赛的资格年限。马头高中中心学区（The Horseheads Central School District，以下简称为学区）代表原告向纽约州公立高中体育协会第四部提交了延长运动资格的申请，被纽约州公立高中体育协会第四部以原告尚未完成四年高中学习为由拒绝了。随后，原告要求获得“根据《美国残疾人法》作出的合理修改”，允许他延长参与篮球比赛的资格，但被告未对此请求进行回应。2017 年 4 月 24 日，学区向纽约州公立高中体育协会第四部再次提交延长布鲁斯特·马歇尔运动资格的申请，其中包括根据《美国残疾人法》为原告提供合理便利的要求。纽约州公立高中体育协会第四部再次予以拒绝。马头高中体育总监伯特·康克林（Bert Conklin）代表原告对纽约州公立高中体育协会第四部的决定提出上诉，要求其根据《美国残疾人法》为原告提供合理的便利，但纽约州公立高中体育协会第四部的上诉委员会维持了

---

[1] Marshall v. N. Y. S. Pub. High Sch. Athletic Ass’n, Inc., No. 6: 17-CV-06310 EAW [EB/OL]. https: //casetext. com/case/marshall-v-nys-pub-high-sch-athletic-assn-inc, 2017-12-04.

最初的决定，驳回了为原告提供合理便利的请求。于是布鲁斯特·马歇尔的母亲凯·马歇尔作为其代表向纽约州西部地区法院提出诉讼。原告声称被告均为联邦财政支持的公共实体，根据《美国残疾人法》以及《康复法》第504条的立法目的，其请求延长运动资格构成了《美国残疾人法》下的合理修改，并不会妨碍四年运动资格标准的目的。

（2）扼要评价

在本案中，争议的焦点主要在于布鲁斯特·马歇尔是否属于《美国残疾人法》和《康复法》中所规定的“合格残障人士”，是否由于其残疾受到了不公平的对待以及其请求的实现是否构成对联邦财政支持计划的根本性修改等，具体到体育教育方面，《美国残疾人法》和《康复法》要求受联邦财政支持的机构为残障学生的已知残疾提供合理的便利，除非这种便利会给其计划的运作带来“不适当的困难”，或“从根本上改变服务、计划或活动的性质”。这种合理的便利不要求机构降低或影响标准的实质性修改以容纳残疾人。另外，《美国残疾人法》的立法目的之一是为消除对残疾人的歧视提供明确而全面的法律依据。为实现这一目标，《美国残疾人法》第2章规定任何合格的残障人士均不得因此类残障而被排除在公共实体的服务、计划或活动之外或被剥夺其利益，或受到任何此类实体的歧视。《康复法》第504条规定，在美国，合格的残障人士不应因他或她的残疾而被排除在参与之外、被拒绝参与，或者在接受联邦财政支持的任何计划或活动中受到歧视。要根据《美国残疾人法》或《康复法》第504条确立初步证据确凿的歧视案件，原告必须证明其属于“合格的残障人士”，其被排除在公共实体的服务、计划或活动之外，或受到该公共实体的其他歧视以及这种排斥或歧视是由于原告的残疾。

在修正后的诉讼中，纽约州教育专员玛丽莲·埃利亚辩称布鲁斯特·马歇尔不满足竞争期限规则中的四年限制，故不属于合格的残障人士。但原告方认为这一观点所预设的竞争期限规则，不仅作为了运动员资格的先决条件，而且作为了比赛的基本资格要求。作为回应，原告认为其作为《美国残疾人法》下的合格残障人士，延长其参赛资格构成规则的合理修改。纽约州西部地区法院同意了原告的观点，并在说理部分提出：“我们不能简单地服从提供相关服务的实体，将实体制定的规则视为神圣不可侵犯，并将对这些规则的任何修改解释为对服务性质的根本改变……《美国残疾人法》要求我们分析公共计划或福利的资格要求的重要性，而不是自动遵循可能存在的任何正式的法律资格要求，无论这些要求对相关计划多么不重要。”同时，纽约州西部地区法院认为专员断言原告未能满足竞争期限规则而要求驳回其请求，是减轻其对高中竞争性比赛管理责任的行为，具体而言，这也可以认为是确定竞争期限规则是否属于

“基本资格要求”的问题。纽约州西部地区法院指出，资格要求的基本性质可以被视为法律问题，但资格要求的必要性通常需要针对具体事实进行调查。在类似的歧视案件的审理中，相对次要的资格要求，即使是由法规规定的，也不会被认为是必不可少的，因为它们不是防止计划性质的根本改变所必需的。玛丽莲·埃利亚的另一论点是，原告要求突破竞争期限规则将对校际高中体育项目的性质造成“根本性改变”，她提出原告要求延长比赛期限的要求会对该计划的运作造成困难，从根本上改变服务、计划或活动的性质，并不属于合理改变。对此，原告提出确定特定修改是否合理需要考虑该改变与残疾性质等因素的关系以及实施它的组织成本。判断合理性和资格要求的必要性密不可分，必须同时加以考量。换句话说，即便修改基本资格要求会从根本上改变计划或服务的性质，法院也必须考虑特定规则对计划或服务的性质的影响，以及与特定请求的便利相关的财务和行政负担。如果不针对相关规则的目的进行特定事实的调查，法院就无法确定给定的资格要求对《美国残疾人法》和《康复法》而言是否必不可少。专员假定竞争期限规则条款的改变构成了适当提供所请求的“合理便利”的内置机制，并且该补救措施足以满足《美国残疾人法》和《康复法》的修改条款。事实上，将基本资格要求解读为所有正式的法律资格要求似乎与《美国残疾人法》的广泛补救目的背道而驰。因此，法院驳回了专员的论点，即原告未能满足竞争期限规则使原告无法以合理的方式声称他是“合格的残疾人”。竞争期限规则对于纽约州校际高中体育项目的运作是否必不可少并不重要。同样，专员断言对竞争期限规则的改变将对校际高中体育项目的性质造成根本性的改变也不成立。

但是，从另一个角度来看，竞争期限规则的存在意义在于：第一，防止更大年龄或更有经验的运动员获得比年轻运动员更大的优势；第二，出于体育安全的考虑，年龄更大的运动员必然存在的身体优势可能导致年轻参与者受伤；第三，基于公平竞争的考量，让经验丰富的运动员与经验不足的玩家对战是不合适的以及基于参赛资格的考量，保证高中阶段的其他运动员有同样的参赛机会。因此，如果坚持对基本资格要求规则的改变，将会导致各公立学校运动员参赛不一致的结果。对此，原告辩称适用于他的竞争期限规则不应被视为基本资格要求，具体而言，原告认为他在本学年才刚满 18 岁，身高、体重保持与上一年度相同，他的延期资格申请并非企图获得优势，同样，他声称其存在并不会取代其他学生运动员，因为他只会在篮球队中担任“额外球员”。然而竞争期限规则是纽约州高中校际体育运动的“核心组成部分”，如果因为其残疾的存在而延长其运动资格，可能会为其他有意愿延长运动资格的学生打开缺口，这样的结果会给校际高中体育项目的管理带来不必要的困难，并有可能从根本上改变这些比赛的性质。因此，法院认为，原告所提出的竞争期限规则不是基本资格要求并不成立，而修改这一要求的请求会对校际高中体育项目的运作施加不必要的困难，并将从根本上改变其性质。亦即《美国残疾人法》并不要求公共实体向残障人士提供他要求的所有便利，对公共实体计划的运作施加过度困难或从根本上改变服务、计划或活动的性质的要求是可以拒绝的。换言之，《美国残疾人法》不会仅仅因为便利被拒绝为不合理而优先于州法律。不延长原告运动资格，并不构成对《美国残疾人法》和《康复法》的违反。

4. 亚伦·霍尔茨米勒诉伊利诺伊州高中协会案①

2017 年 7 月 7 日，美国伊利诺伊州北部地区法院东部分庭（The United States District Court for the Northern District of Illinois Eastern Division）发布判决，驳回了亚伦·霍尔茨米勒（Aaron Holzmueller）请求伊利诺伊州高中协会（Illinois High School Association，简称为 IHSA）为其制定不同资格标准以及建立专门的残障运动员组别的要求。原告亚伦·霍尔茨米勒是一名患有脑瘫的高中田径运动员。尽管他被允许在常规赛期间作为学校田径队的一员参加比赛，但在年度赛事、州赛事等比赛中由于其残疾而无法获得像健全人一样的参赛资格。因此，他的父亲基思·霍尔兹米勒（Keith Holzmueller）向美国伊利诺伊州北部地区法院东部分庭对伊利诺伊州高中协会提出诉讼，在诉讼请求中，他提出伊利诺伊州高中协会应当为残障运动员参加州决赛制定更为合适的资格赛规则，并在其年度 5 公里公路赛中建立专门的残障运动员组别。但伊利诺伊州北部地区法院东部分庭认为在符合《美国残疾人法》的情况下，伊利诺伊州高中协会的田径赛资格标准并未对残疾运动员构成特殊歧视，从而驳回了原告的请求。

（1）基本案情

原告亚伦·霍尔茨米勒是伊利诺伊州埃文斯顿高中（Evanston Township High School）的一名高中生。入学以来，亚伦·霍尔茨米勒一直是学校游泳、田径和越野队的成员。在他高中三年期间，亚伦·霍尔茨米勒从未错过任何一次比赛。但其脑瘫导致痉挛性四肢瘫痪，从而使得他的臀部、膝盖和脚踝的运动范围有限，步态异常，并有不自主运动。这些残疾的存在对其田径运动产生了不利的影响，因为田径运动需要运动员通过协调四肢的运动来平衡、弯曲、伸展和推动身体。除了参加高中田径队的比赛外，亚伦·霍尔茨米勒还经常参加残疾人体育竞赛，包括本地和全国性的赛事，如 2016 年美国残奥会预选赛等，并获得一定的成就。尽管如此，亚伦·霍尔茨米勒却从未参加过伊利诺伊州高中协会赞助和管理的田径比赛的州决赛。伊利诺伊州高中协会没有为田径赛场上的残疾运动员提供分组，除非他们使用轮椅。相比之下，伊利诺

① A. H. v. Illinois High School Association，No. 1：2016cv01959 - Document 194（N. D. Ill. 2017）［EB/OL］. https：//law. justia. com/cases/federal/district-courts/illinois/ilndce/1：2016cv01959/322352/194/，2017-07-07.

伊州高中协会却为游泳项目设置了残疾组比赛。

在伊利诺伊州高中协会举办的2017年田径比赛的州决赛的春季资格赛当中，亚伦·霍尔茨米勒同健全人运动员一并进行了1600米的比赛，根据比赛结果，即便是与亚伦·霍尔茨米勒同残疾分类的世界纪录保持者，也无法达到该资格赛的最低要求，毫无疑问，他没能取得进入州决赛的资格。事实上在赛前，亚伦·霍尔茨米勒就其田径比赛向伊利诺伊州高中协会提出了三项请求：一是允许他使用改良的起跑台；二是要求伊利诺伊州高中协会为参与州决赛的残障运动员制定不同的资格标准；三是要求伊利诺伊州高中协会在年度5公里公路赛赛事中建立专门的残障运动员组别。伊利诺伊州高中协会执行董事希克曼（Dr. Hickman）同意了其第一项请求，允许其使用改良的起跑台，但拒绝了不同资格标准和建立新的辅助行走组别的要求。

与其他类似协会不同，伊利诺伊州高中协会并非受联邦财政支持的公共实体，而是一个非营利组织，它在全州范围内为高中生组织校际体育赛事。符合伊利诺伊州高中协会会员标准的伊利诺伊州的高中都可以选择加入伊利诺伊州高中协会，只要他们遵守其条款和章程。在伊利诺伊州九成以上的高中都是伊利诺伊州高中协会的成员。其董事会由成员学校的10名校长组成，其中执行董事有权直接决定与资格、帮助请求有关的所有事项，并且在决定是否接受请求等方面没有完备的规则加以约束，对决定不服的一方只能向伊利诺伊州高中协会董事会提出申诉，董事会以听证会的形式决定是否改变执行董事的决定。因此，在其第二、三项请求被拒绝后，亚伦·霍尔茨米勒向伊利诺伊州高中协会董事会提出申诉，董事会认为协会并没有义务在健全人赛事中为亚伦·霍尔茨米勒单独设置便利条件，并驳回了他的申诉。随后亚伦·霍尔茨米勒的父亲基思·霍尔兹米勒向美国伊利诺伊州北部地区法院东部分庭对伊利诺伊州高中协会提起诉讼。

（2）扼要评价

在本案中，争议的焦点主要在于伊利诺伊州高中协会是否属于《美国残疾人法》和《康复法》的调整对象，亚伦·霍尔茨米勒所提出的要求是否合理。

伊利诺伊州高中协会坚持认为，它是一个私人而非公共组织，因为它不是公共实体，所以不受《美国残疾人法》第2章和1973年《康复法》第504条的约束，并援引美国相关法律对“公共实体”的定义，指出公共实体包括“国家或地方政府的任何部门、机构、特殊目的区或其他工具”。但这一点被法院所驳斥，法院认为伊利诺伊州高中协会具有压倒一切的公共性质，虽然伊利诺伊州高中协会属于非营利性组织，但无论是组织结构还是职能方面，都扮演着公共实体的角色。从组织结构上看，伊利诺伊州九成以上的高中都属于伊利诺伊州高中协会的成员，并且伊利诺伊州高中协会的董事会成员也完全是这些学校的校长。从职能上看，伊利诺伊州高中协会不仅控制着全州的田径赛事，还凭借其对成员资格的要求，对大量常规赛事进行着间接控制。据此，法院认为，伊利诺伊州高中协会与公立学校系统紧密相连，其相关赛事的举办也与公立学校及其体育项目密切相关，其作为公共实体的地位具有约束力，本案中援引的事实不能提供质疑法院结论有效性的依据。

在解决了伊利诺伊州高中协会的公共实体地位问题后，《美国残疾人法》和《康复法》便可以适用于本案，从而触及本案的核心问题，即伊利诺伊州高中协会拒绝亚伦·霍尔茨米勒的要求是否构成对他的歧视。通常，为残障人士提供合理的便利是一个事实问题，但在这里这个问题可以作为法律问题来解决。《美国残疾人法》和《康复法》下的歧视可以通过以下证据来确定：其一，故意根据残疾情况做出某种对残障人士不利的行为；其二，被告拒绝提供合理的改变或者被告的规则不成比例地影响到残障人士。上述两种形式的歧视是分别独立的。具体到本案中，2017 年田径比赛的州决赛的春季资格赛是参与州决赛的前提条件，并且该资格赛自始没有设置残疾运动员分组，而进入决赛也必须符合资格赛标准，这种规则至少在表面上是中立而非歧视的。同时，也没有证据表明伊利诺伊州高中协会在采用表面中立政策来管理资格赛和州决赛时故意基于残疾进行了歧视。亚伦·霍尔茨米勒在答辩中也仅指出在游泳比赛中设置了残疾运动员分组而田径比赛没有设置。事实上，毫无争议的是，伊利诺伊州高中协会为亚伦·霍尔茨米勒提供了游泳比赛的帮助，但并不意味着伊利诺伊州高中协会对游泳运动员比田径运动员有歧视性偏好。也就是说，亚伦·霍尔茨米勒认为在游泳比赛和田径比赛中受到了不同影响，而不是主张该资格标准的目的是歧视身体残疾的运动员，他更多地是为了证明所要求的便利是合理的。他认为伊利诺伊州高中协会的规则剥夺了他获得资格的机会。

但是，法院认为虽然亚伦·霍尔茨米勒的残疾对他与健全的同龄人竞争的能力产生了不利影响，客观上亚伦·霍尔茨米勒拥有残疾人体育赛事世界纪录保持者的能力，也无法获得伊利诺伊州高中协会田径决赛的参赛资格。但是，正如亚伦·霍尔茨米勒答辩所称“基本上不可能在该标准下获得资格”，这并不能证明这些标准是他未能获得决赛资格的原因。因为伊利诺伊州高中协会的标准不仅阻止了像亚伦·霍尔茨米勒这样的残疾人跑者参加州决赛，还阻止了该州九成以上的非残疾高中运动员。因此，这些标准没有对残疾运动员产生特殊的歧视。也就是说，仅仅从残疾运动员未能获得州决赛资格这一事实推断构成歧视是不成立的。换句话说，即便没有残疾，获得资格的可能性也是微乎其微的，哪怕其提出证据表明他被认为是“优秀的残疾运动员”。

同时，伊利诺伊州高中协会认为如果接受亚伦·霍尔茨米勒所提出的第二、三条请求将从根本上改变其计划，因为降低竞争标准将使得州决赛作为校际高中健全人田径比赛的性质发生变化。显然，实施新的资格标准将降低州决赛的资格标准。同样，允许公路赛前五名以外的其他参赛者获得奖牌会降低该比赛中表现最好的选手的确定标准。法院认为在不违反《美国残疾人法》的情况下施加合法的身体要求是合理的。如同布鲁克哈特（Brookhart）诉伊利诺伊州教育委员会（Illinois State Board of Education）案的判决一样，扣留未能通过“最低能力测试”要求的智障学生的文凭是合理的。理由是改变智障人士的文凭标准将构成对委员会文凭要求的“实质性修改”。与这些先例一致，亚伦·霍尔茨米勒要求改变资格标准、降低残疾人进入州决赛的门槛也构成“实质性修改”。从这个意义上说，将使伊利诺伊州高中协会赞助和管理的田径比赛的州决赛产生不公平的竞争。

此外，伊利诺伊州高中协会还提出亚伦·霍尔茨米勒没有在公路赛中安全竞赛的能力，让身体残疾的非轮椅运动员和身体健全的运动员一起参加公路赛会产生严重的安全问题。如上所述，因为没有证据可以推断出亚伦·霍尔茨米勒可以满足要求的标准，所以也就无需降低其资格标准以促进残疾人参与。伊利诺伊州高中协会的立场是理性而非武断的，也就是说，在本案的情况下，伊利诺伊州高中协会拒绝为亚伦·霍尔茨米勒提供便利不构成歧视。

5. 美利坚合众国诉派克峰青年体育协会及巅峰青年体育协会案

2015 年 10 月 29 日，美国科罗拉多州地区法院（The United States District Court for the District of Colorado）发布合意判决①，美利坚合众国司法部（The United States Department of Justice）代表美利坚合众国与派克峰青年体育协会（Pikes Peak Youth Sports Association）、巅峰青年体育协会（Peak Youth Sports Association）自愿签署该合意判决，被告同意遵守《美国残疾人法》所规定的“禁止在充分和平等地享受任何公共场所的商品、服务、设施、特权、优势或便利方面基于残疾的歧视”，具体包括：合理修改政策、做法或程序，以使得其商品、服务、设施、特权、优势或便利等为残疾人士提供是必要的；不以残疾为由剥夺个人参与或从其商品、服务、设施、特权、优势或便利中受益的机会。同时，对于残疾人或其代表提出的对派克峰摔跤联盟（Pikes Peak Wrestling League，简称为 PPWL）政策、做法和程序进行合理修改的请求，均可被任何负责组织或监督 PPWL 赛事的被告员工接受。在收到合理修改的请求后，被告必须进行考虑，包括考虑摔跤手的具体情况以及相关规则、政策或做法的目的，以决定是否允许修改。除非修改不合理或会从根本上改变 PPWL 计划的重要方面。在执行方面，

---

① The United States of America v. Pikes Peak Youth Sports Association，llc，and Peak Youth Sports Association，CIVIL ACTON NO. 1：15-cv-02405 [EB/OL]. https：//www. ada. gov/pikes_ peak/pikes_ peak_ cd. html.

被告需要为其员工提供《美国残疾人法》相关的培训，涵盖其反歧视条款、对《美国残疾人法》下的政策、做法和程序进行合理修改的责任、被告在《美国残疾人法》下的义务以及被告的残疾非歧视政策。根据协议，PPWL 将采用和宣传残疾非歧视政策，包括处理残疾摔跤运动员政策修改请求的程序。被告将邀请美国所有摔跤协会负责人和 PPWL 注册的俱乐部教练免费参加此次培训。此外，被告同意将向投诉中确定的个人支付补偿性赔偿金，并向相关部门报告其遵守协议的情况。美国司法部首席副助理检察长瓦尼塔·古普塔（Vanita Gupta）对本案评价道："参加体育比赛对这个国家的儿童来说是一种形成性的体验，残疾儿童有权平等参与青年体育运动。"

（1）基本案情

派克峰青年体育协会以派克峰摔跤联盟的名义运营着一个全州范围的青年摔跤联赛。其目标是通过俱乐部发展、高质量比赛和定期训练活动，将青少年培养成高素质的摔跤手。而巅峰青年体育协会则是一家在科罗拉多州成立的非营利组织。2014 年 8 月，派克峰青年体育协会与巅峰青年体育协会进行了事实上的合并。其设立的派克峰摔跤联盟是一个青年摔跤联盟，根据《美国残疾人法》为科罗拉多州大约 4000 名爱好摔跤的儿童提供服务。位于科罗拉多州的 80 多个摔跤俱乐部都在派克峰摔跤联盟进行注册。

B. K. 是一个 7 岁的男孩。在他 18 个月大的时候被诊断出患有侏儒症，属于《美国法典》（U. S. Code）第 42 卷第 126 章第 12102 条所定义的残疾人。B. K. 的医生准许他与体重相似的儿童进行摔跤运动。他加入了在派克峰摔跤联盟注册的探雷峡谷摔跤俱乐部（Thunder-Discovery Canyon Wrestling Club）。在所有派克峰摔跤联盟的锦标赛中，摔跤手都按照年龄组进行比赛，对于参加派克峰摔跤联盟锦标赛的摔跤手，按年龄计算，B. K. 在 2013-2014 摔跤赛季将处于派克峰摔跤联盟的"8 岁及以下"年龄组。派克峰摔跤联盟年龄划分的目的在于：其一，让孩子们能够在一个安全和有体育精神的环境中参与比赛；其二，协助促进年龄、体型、能力和生理成熟度相近的运动员之间的公平竞争。但是派克峰摔跤联盟并没有专门为残障人士制定相应的便利政策。在 B. K. 参加他的第一场常规赛之前，探雷峡谷摔跤俱乐部的教练联系了 2014 年科罗拉多州摔跤锦标赛的赛事总监杰里米·艾德（Jeremy Eide），询问 B. K. 是否可以参加"6 岁及以下"年龄组的比赛，即使他已经年满 7 岁，但在"8 岁及以下"年龄组中没有其他人接近 B. K. 体重的。杰里米·艾德同意了这个请求，B. K. 参加"6 岁及以下"年龄组的三场常规赛当中。

与常规赛不同，在派克峰摔跤联盟所举办的州锦标赛中，派克峰摔跤联盟对于年龄的要求较为严格，2014 年 2 月 25 日，B. K. 的母亲给杰里米·艾德发送了一封电子邮件，称 B. K. 有影响他身材的残疾，使得 B. K. 体重仅有 34 磅，希望能够做出合理的安排，让 B. K. 参加 2014 年派克峰摔跤联盟州摔跤锦标赛的“6 岁及以下”37 磅体重级别的比赛。B. K. 的母亲之所以提出这个要求，是因为 B. K. 的医生已经允许他与体重相似的儿童摔跤。同日，杰里米 · 艾德给 B. K. 的母亲复信，通知她不允许 B. K. 参加 2014 年派克峰摔跤联盟州摔跤锦标赛的“6 岁及以下”年龄组的比赛。同月 27 日，B. K. 的母亲又给杰里米 · 艾德发了一封电子邮件，称她和她的丈夫认为他们的儿子参加州锦标赛的“8 岁及以下”年龄组比赛将会产生危险，还表示《美国残疾人法》要求各实体为残疾人提供便利。对此，杰里米 · 艾德没有予以回复。同年 3 月 1 日，B. K. 和他的父亲来到 2014 年派克峰摔跤联盟州摔跤锦标赛，当看到 B. K. 被划为“8 岁及以下”年龄组时，B. K. 和他的父亲离开了。为此，美国司法部民权司以公共利益为由向科罗拉多州地区法院提起诉讼。

（2）扼要评价

在本案中，由于派克峰青年体育协会和巅峰青年体育协会均属于民间组织，因此不受《美国残疾人法》第 2 章和 1973 年《康复法》第 504 条的约束。但需要受到《美国残疾人法》第 3 章的约束，即不得在运营中对残疾人进行歧视。亦即，本案争议的焦点在于派克峰青年体育协会和巅峰青年体育协会将 B. K. 划为“8 岁及以下”年龄组进行比赛是否构成对残疾人的歧视。

从派克峰青年体育协会和巅峰青年体育协会所制定的规则来看，对参赛儿童的分组不仅包括年龄也包括了体重，如参加“6 岁及以下”组时同时也需要满足“37 磅体重以下”的条件，参加“8 岁及以下”组时同时也需要满足“45 磅体重以下”的条件，也就是当 6 岁及以下儿童体重超过 37 磅时，需要参加更大年龄组的比赛。本案中，B. K. 作为先天患有侏儒症的特殊儿童，体重远未达到“8 岁及以下”组的 45 磅，医生也认为其只能与体重相似的儿童进行摔跤运动，在这一情况下，派克峰青年体育协会和巅峰青年体育协会拒绝其参加“6 岁及以下”组的比赛，也就是拒绝其平等参加基于残疾而举办的州摔跤比赛。同时，派克峰青年体育协会和巅峰青年体育协会还拒绝修改其不合理的年龄划分政策、做法和程序。具体而言，派克峰青年体育协会和巅峰青年体育协会将 B. K. 划为“8 岁及以下”年龄组，实质上构成了拒绝让患有侏儒症的 B. K. 有机会参加 2014 年科罗拉多州摔跤锦标赛，这种不合理的年龄划分政策、做法和程序，使 B. K. 无法与更接近他的体重和体型的摔跤手竞争。

实际上，派克峰青年体育协会和巅峰青年体育协会不应该在满足 B. K. 的需求方面存在问题，因为 B. K. 作为先天患有侏儒症的特殊儿童，无论是体格还是力量方面，都远逊于健全的儿童。同时，就摔跤比赛而言，通行的分组做法均是以体重为标准而非年龄，从这个角度来看，派克峰青年体育协会和巅峰青年体育协会拒绝将 B. K. 划分到“6 岁及以下”组，造成 B. K. 处于不利的竞争条件，甚至造成危险。派克峰青年体育协会和巅峰青年体育协会作为赛事的举办方，首要任务是确保包括 B. K. 在内的参赛者们的安全。具体而言，在本案中，B. K. 明显不能参与“8 岁及以下”组的比赛，使其参与“6 岁及以下”组的目的在于让其平等参加州摔跤比赛，获得与健全儿童同样的待遇。

从法律的层面来看，B. K. 及其父母并非以原告的身份参与到诉讼中，而是美国司法部民权司以美利坚合众国的名义向法院提起公益诉讼，实质上是以保护残疾儿童权益为目的的诉讼，也就是在非联邦财政支持的公共组织中出现了较多的歧视残疾人的情况，包括派克峰摔跤联盟等青年体育联盟，需要通过典型判例的方式促使这些组织在必要时合理修改其政策、做法或程序，以便其向残障人士提供其商品、服务、设施、特权、优势或便利时不产生歧视，并且使此类修改不会从根本上改变其商品、服务、设施、特权、优势或便利的性质。在这一案件中，科罗拉多州地区法院公平看待 B. K. 的残疾并给予他应得的平等，在美国残疾青少年当中都产生了强烈影响。根据《美国残疾人法》第 3 章，在健全人与残疾人同时参与的比赛中，需要修改一定的规则以确保它们能够更适合残疾人。该案件的结果有助于消除围绕残疾的歧视，而以和解（合意判决）的形式解决纠纷，不仅符合派克峰青年体育协会和巅峰青年体育协会的利益，更符合整个美国的公共利益。

6. 美利坚合众国诉印第安纳州高中体育协会案

2019 年 9 月 10 日，美利坚合众国司法部代表美利坚合众国与印第安纳州高中体育协会（The Indiana High School Athletic Association，简称为 IHSAA）达成和解协议[①]，印第安纳州高中体育协会同意遵守《美国残疾人法》所规定的“禁止在充分和平等地享受任何公共场所的商品、服务、设施、特权、优势或便利方面基于残疾的歧视”，不以残疾为由歧视任何个人。印第安纳州高中体育协会将对政策、做法或程序进行合理的修改，确保此类修改是为残疾学生提供参与机会所必需的，除非修改会从根本上改变其服务的性质。其政策的修改应规定以下程序：印第安纳州高中体育协会将记录需要补充信息的每个原因以及拒绝申请人的理由，并根据要求向行政机关提供此类文件。对于根据协议必须接受培训但未在协议规定的指定日期接受培训的人员，印第安纳州高中体育协会将提供培训。对于根据协议进行的每次培训，印第安纳州高中体育协会将保留反映培训日期、参加者姓名和职务以及参加者签名的出勤日志，并将根据规定

① Settlement Agreement between The United States of America and The Indiana High School Athletic Association under The Americans with Disabilities Act D. J. # 202-26-86 [EB/OL]. https://www.ada.gov/ihsaa_sa.html.

的报告要求，向行政机关提供反映其根据协议进行的培训的出勤日志。

（1）基本案情

2018 年 1 月，美利坚合众国司法部启动了对印第安纳州高中体育协会的调查，印第安纳州高中体育协会是一个私营实体，负责监督和管理其成员学校的校际体育活动，并为其成员学校制定全州范围的资格、竞争和体育精神标准。该调查是针对一名九年级青少年的投诉而启动，投诉称印第安纳州高中体育协会没有在必要时合理修改其关于最低课程入学率的规则，以允许有残疾的九年级青少年参加高中游泳队的校际比赛。在上高中之前，投诉人参加了一个休闲游泳队。当她进入罗彻斯特高中（Rochester High School）时，她想加入游泳队，代表罗彻斯特高中参加校际比赛。参加罗彻斯特高中的校际比赛受印第安纳州高中体育协会规则的约束，该规则要求高中文凭学生每天至少修最高全学分科目的 70%。因此，在罗彻斯特高中，文凭生必须至少修读五门全学分科目。

但是，投诉人学校规定的特殊教育计划需要进行家庭指导。这一要求将她在学校的时间限制为每周四天、每天三门全学分科目，使得投诉人不符合规则的要求，因此被禁止参加罗彻斯特高中游泳队的校际比赛。自 2010 年以来，印第安纳州高中体育协会设立了风险和竞争委员会（以下简称为委员会），以及与之相关的政策，学生可以向委员会申请并从印第安纳州高中体育协会的任何规则中获得调整。根据这一政策，委员会确定个人具有《美国残疾人法》所定义的残疾且在考虑了其运动或比赛的基本要素所需要的便利时，均可以给予合理的便利。因此，在得知投诉人将被禁止参加比赛后，投诉人的父母给印第安纳州高中体育协会的助理专员发了电子邮件，解释说投诉人所在学校规定的特殊教育计划使她由于残疾而被限制了她在学校的时间，并且拒绝她参加游泳队将剥夺她的权利，而她的同龄人享有许多相同的机会和经历。印第安纳州高中体育协会的助理专员回应说，罗彻斯特高中的管理部门正确地应用了印第安纳州高中体育协会规则，该规则允许特殊教育的非文凭生在他们的个别化教育计划目标上取得令人满意的进展，以满足规则中包含的印第安纳州高中体育协会学业标准。但是，投诉人是文凭生，因此规则并不适用。助理专员建议投诉人的父母与罗彻斯特的工作人员会面，讨论安排额外的课程，以便她能够满足规则的要求。但助理专员并没有向投诉人的父母提及印第安纳州高中体育协会的调整政策。因此，投诉人在九年级期间被禁止参加游泳队。这使投诉人没有机会参与比赛并与她的同龄人一起参与她所希望的活动。此次拒绝让投诉人感到悲伤、被排斥和失望，因为她被阻止与同龄人一起游泳，其中包括一位 2018 年春季毕业的十二年级的前游泳队队友。

2018 年 1 月，在司法部对此事展开调查后，印第安纳州高中体育协会向罗彻斯特高中发送了有关委员会和调整政策的信息以及一份空白申请表，并鼓励罗彻斯特高中让投诉人及其父母填写申请表并将其提交给委员会。同年 2 月 18 日，投诉人向委员会提交了申请。2 月 26 日，委员会为投诉人提供了便利，并免除了对投诉人规则的限制，从而使投诉人有资格参加罗彻斯特的校际比赛。

（2）扼要评价

在本案中，由于印第安纳州高中体育协会属于民间组织，因此不受《美国残疾人法》第 2 章和 1973 年《康复法》第 504 条的约束。但司法部认为印第安纳州高中体育协会经营着《美国残疾人法》第 3 章所指的公共接纳场所。而印第安纳州高中体育协会坚持认为它具有公共实体的地位，应受《美国残疾人法》第 2 章而非第 3 章的调整，虽然印第安纳州高中体育协会属于非营利性组织，但印第安纳州高中体育协会与公立学校系统紧密相连，其锦标赛的举办也与公立学校及其体育项目密切相关，其作为公共实体的地位具有约束力，扮演着公共实体的角色。法院对这一答辩予以了认可，根据《美国残疾人法》第 2 章，任何符合条件的残疾人均不得因此类残疾而被排除在公共实体的服务、计划或活动之外或被剥夺其利益，或受到任何此类实体的歧视。这种歧视包括公共场所未能在必要时对政策、做法或程序进行合理修改，以向残障人士提供其商品、服务、设施、特权、优势或便利，除非该实体能够证明此类修改将从根本上改变商品、服务、设施、特权、优势或便利的性质。以残疾为由拒绝个人参与或享受公共场所的商品、服务、设施、特权、优势或便利也是歧视性的。

同时，司法部还认为印第安纳州高中体育协会违反了《美国残疾人法》第 3 章的规定，由于未能根据需要合理修改其规则，以使投诉人有机会参加高中游泳队。从印第安纳州高中体育协会所制定的规则来看，要求文凭生必须至少修读五门全学分科目才能参加游泳队的规定似乎并不违反《美国残疾人法》的规定，但在罗彻斯特高中，残疾学生所接受的特殊教育计划使得其必定最多进行每周四天、每天三门全学分科目的学习，无法达到至少修读五门全学分科目的条件，亦即，印第安纳州高中体育协会所制定的规则实质上排除了进行特殊教育计划的残疾学生的合法权益，在这一情况下，印第安纳州高中体育协会拒绝投诉人参加校际游泳比赛，也就是基于残疾拒绝其平等参加游泳比赛。同时，印第安纳州高中体育协会还拒绝修改其不合理的政策、做法和程序。具体而言，印第安纳州高中体育协会将至少修读五门全学分科目作为参加游泳比赛的条件，实质上构成了拒绝包括投诉人在内的接受特殊教育计划的残疾学生参加游泳比赛的歧视，这种不合理的政策、做法和程序，使投诉人没有机会参与她的比赛并与她的同龄人一起参与她所希望的活动。

实际上，印第安纳州高中体育协会不应该在满足投诉人的需求方面存在问题，因为投诉人事实上无法完成至少修读五门全学分科目的条件。但同时，作为学校教育的补充，投诉人在家庭教育中得到了个性化的补充，可以视为完成了残疾学生所需要达到的标准。从这个角度来看，印第安纳州高中体育协会拒绝投诉人参与游泳比赛，造成了对投诉人实质体育权利的侵害。从法律的层面来看，投诉人及其父母并非以原告的身份参与到诉讼中，而是将情况反映给了美国司法部，其内设机构民权司向法院提起的公益诉讼，实质上是以保护残疾学生权益为目的的诉讼。在这一案件中，法院公平看待投诉人及其类似人群的残疾并给予其应得的平等，尽可能使其在教育、体育等各方面都能像健全人一样。司法部与印第安纳州高中体育协会合意达成的结果，也体现了对残疾学生体育权益的保护，同时，这种改变也不会对健全学生造成不利的影响。

从以上案例分析可以看出，美国的法院系统是“双轨制”体系，即联邦法院和州法院并行。只要各州的宪法和法律不违反联邦宪法、法律和条约的规定，各州就可以充分享有自主权。因此，在美国残疾青少年体育纠纷案件中，联邦法院和州法院都可以行使司法权。

二、英国残疾青少年体育纠纷解决机制

英国残疾青少年体育纠纷主要通过诉讼、调解、内部救济等途径解决，但诉讼救济是最常用的途径。其法律依据主要是《残疾歧视法》（The Disability Discrimination Act，简称为DDA）、《特殊教育需要和残疾法》（The Special Educational Needs and Disability Act）、《平等法》（The Equality Act）等。尤其是依据英国《平等法》的规定，有关残疾学生歧视的相关案件，应当提交至特别法庭审理。

（一）英国残疾青少年体育纠纷的诉讼和解

在英国，体育组织被认为是完全独立的自治主体，且体育运动是运动员等体育参与者内部的事情。并且，英国法院历来不愿干预私人组织的内部事务，在体育纠纷的解决中也极其尊重体育组织的自治性。

英国的民事诉讼和解制度类似于美国，包括了当事人自行和解（和解契约）与由法院进行合意判决两种方式。英国《民事诉讼规则》（Civil Procedure Rules）规定，若法院认为纠纷当事人适合和解的，应当促进当事人进行和解。[①] 首先，在时间上，英国的诉讼和解制度贯穿于诉讼全过程（包括上诉阶段）。在程序上，体育纠纷当事人既可以自行达成和解，也可以请求法院作出合意判决。体育纠纷当事人既可以依据普通的

---

① Civil Procedure Rules [EB/OL]. https://www.justice.gov.uk/courts/procedure-rules/civil.

民事和解程序自行和解或请求法官主持，也可以通过书面形式提出和解要约，在案件开庭审理前，通过要约提出自己的部分或全部诉求。一旦受要约方接受了要约方所提出的要约内容，则可以视为原被告双方已然达成了和解，并不再继续进行诉讼程序。除此之外，英国的《民事诉讼规则》所规定的民事诉前议定书也可以促进体育纠纷当事人达成和解。总体上可以看出，英国法院在适用诉讼和解制度时将体育纠纷当事人的意愿放在首位，法院只能起到鼓励、促进作用，而不能强制当事人达成和解。同时，体育纠纷当事人可以通过口头或书面的形式提出和解请求，这在形式上与实质上减轻了当事人的诉讼负担，并提高了体育纠纷解决的效率。也就是说，英国法院并不愿干预体育纠纷，不干预的理由是法院相信只有了解纠纷所涉运动及其内部章程的人最有资格对纠纷作出判决，但法院并不是合适的裁判主体。

总而言之，英国的体育组织内部纠纷通常由体育组织的内部裁决机构来裁决争议，法院不会主动审查体育纠纷的实质性问题，要求体育纠纷当事人只有在用尽体育行业内部解决方式时，才能向法院提起诉讼。并且，英国法院对于以体育协会为被告的案件较为谨慎，如果体育协会的决定可能构成限制贸易、影响运动员的职业生涯或构成其他不正当竞争，法院将行使对体育协会相关决定的审查管辖权，主要对案件的法律问题进行审查监督。如果体育纠纷当事人因内部处理等非诉方式向法院提起了诉讼，法院也只会对其程序性问题进行审查，而不审查纠纷本身的实质性问题。并且，在体育诉讼案件中，当事人可以请求法院颁发临时禁令以维权。

（二）汤姆·怀特诉克里斯皇家文法学校案

一位名叫汤姆·怀特（Tom White）的学生因患糖尿病而被拒绝参加克里斯皇家文法学校（Clitheroe Royal Grammar School）所组织的水上运动法国度假项目。怀特认为学校是基于残疾而歧视他，给予了他不公平的运动待遇。于是，怀特以学校的行为违反 1995 年《残疾歧视法》为由将克里斯皇家文法学校告上法庭。法院在审理该案时，将焦点放在学校作出将怀特排除在水上运动法国度假项目之外的决定是否与残疾“相联系”，且基于这种联系作出的决定是否合理且必要。①

在案件审理过程中，学校方提出怀特曾在之前的一次滑雪运动中未按要求测量血糖水平，最终导致了他因葡萄糖水平降低而陷入昏迷，而这也是学校决定将其排除在项目之外的原因。但也正是因为学校的此点主张，证明了学校拒绝怀特参加此次水上运动法国度假项目与其身体状况“相联系”，假设怀特并没有糖尿病，即使他曾出现过

① Additional information from Department for Transport [EB/OL]. https://publications.parliament.uk/pa/cm200304/cmselect/cmtran/439/439we10.htm.

类似的情况，很大可能不会被禁止参加项目。因此，学校的禁止行为与怀特的残疾具有不可分割的联系，这自然构成了非法的残疾歧视。最终，法院依据 1995 年《残疾歧视法》判决学校的决定构成违法，怀特胜诉，学校应给予怀特相应的损害赔偿。该案的对立双方是残疾青少年怀特和学校，依据的法律是 1995 年《残疾歧视法》，采用的诉讼程序是一般民事诉讼程序，并未提交至特别法庭，而是将其定义为普通侵权案件，并依据了特别法。鉴于此，英国的残疾青少年体育纠纷一般仍可被视为普通纠纷，诉至司法程序，适用一般管辖。

三、法国残疾青少年体育纠纷解决机制

由于残疾青少年身体上的特殊性，其在参加体育活动时会不可避免地引起一些体育领域的歧视问题。在体育活动中，人们总是会以各种各样的理由将残疾青少年拒之门外，他们认为残疾青少年参加体育运动会面临比健全人更大的安全风险。

2016 年法国卫生系统现代化法案中规定，医生可以为残疾病人设计适合其身体的体育活动。[①] 残疾青少年体育活动的细化增加了残疾青少年体育活动的种类，但仍有许多残疾青少年在日常生活中无法进行适当的体育锻炼。许多残疾青少年更倾向于可以单独进行的身体活动，因为他们大多惧怕他人异样的目光。从根本上来说，残疾青少年进行体育活动的目的与正常人相似，为了能保持身体健康或者从锻炼中获得快乐，还有一部分残疾青少年也希望通过体育活动融入社会并增加与他人的互动。从现实来看，虽然法国的官方和非官方组织都在努力地发展残疾青少年体育运动，但仍有一些侵犯残疾青少年体育权利的现象存在。

法国解决体育界的冲突不仅仅涉及国家权力机关，还包括在体育运动中建立的组织，为了处理体育领域的争端，对一个案件适用各种法律机制，实际上是法律多元化发展的必然结果。残疾青少年由于年龄偏小，他们大多处于家庭或者学校的监管之下，在发生体育纠纷时，责任主体更加广泛。一般来说，法国残疾青少年在生活中会面临社会体育活动、学校体育教育以及体育比赛等三个方面的纠纷。

（一）社会体育活动纠纷的解决

法国残疾青少年在日常生活中面临的社会体育活动纠纷的发生场所主要包括公共空间、体育俱乐部、健身房以及所生活的社区等。残疾青少年在社区体育活动中进行锻炼主要依赖于小区中无障碍设施的建设，以及家庭陪护人员对青少年的帮助和引导。

---

① 〔法〕吉尔·杜阿迈尔（Gilles Duhamel），雷萍，于广军．法国现代卫生体系概论：医院管理与医院改革［M］．上海：复旦大学出版社，2019：45-48.

其中权利纠纷的当事人主要包括社区基层组织、负有照顾义务的残疾青少年陪护人员以及房地产承包商。该权利旨在保证残疾青少年可以自由地进出社会公共区域，与健全人一样拥有同等的活动空间。日常体育锻炼主要是指残疾青少年不以参加正式比赛为目的进行的体育锻炼，其中可能涉及健身房、活动室、俱乐部以及体育馆等场所，主要为残疾青少年进行特定的体育活动提供合适的场地，这些场所往往需要配备专业的辅助器材，可以满足残疾青少年的运动需要。在这些场所中产生纠纷主要是由于某些公共场所不允许残疾青少年进入，或者内部设施没有按照规定进行改造。可以看出，法国残疾青少年在社会体育活动中遇到的纠纷，其责任主体较为广泛，既可能涉及普通的民事主体，也可能涉及由体育联合会管辖的体育俱乐部或者体育协会等有关主体。

法国残疾青少年在日常体育活动中的权利受限可以选择向司法法院或者行政法院起诉。涉及残疾青少年的体育诉讼一般在行政法院解决，因为法国的残疾青少年体育纠纷主要涉及公权力机关侵权，属于不平等主体之间的纠纷。例如，当事人如果对残疾青少年权利和自治委员会的补助金发放决定存在异议，可以向省级残疾青少年之家申请指派调解员进行调解，如果调解无效，当事人可以向法院提起行政诉讼。例如，一名坐在轮椅上的残疾学生，由于火车上的柜台和厕所没有安装无障碍设施，将法国国家铁路公司告上了最高行政法院，经过调查后得知，该铁路公司没有按照 2015 年颁布的法律对铁路上的设施进行改造，所以才导致这种情况的发生。残疾青少年在遇到公权力主体侵权时可以利用残疾人的主体地位，援引青少年保护法的内容，维护自身的合法权益。

法国残疾青少年很难进入专门的运动场所进行体育锻炼，特别是一些给健全人使用的场所，管理者会以各种理由阻止残疾青少年进入。例如，残疾青少年很难进入当地的健身房进行体育锻炼，一方面是由于健身房没有专门为残疾青少年设计的运动设施，另一方面是由于健身房的管理者不愿意承担残疾青少年进行体育锻炼可能产生的安全风险。在这种情况下，残疾青少年可以选择向司法法院提起民事诉讼。在庭审程序中，残疾青少年可以选择适合自己的对话方式，由国家承担额外费用。例如，法院应该为视障青少年提供技术援助，方便其查阅相关的文件。失语症患者可由自己选择的人或者专业人员陪同出庭，以解决其在沟通方面的困难。

法国残疾青少年在参加体育俱乐部或者单项体育协会的活动时产生纠纷，可以通过体育协会内部的调解机制进行救济。这种调解是非终局性救济手段，双方未能调解成功时，他们可以选择向法院起诉。《体育法典》（Code du Sport）第 L141-4 条规定，法国国家奥林匹克和体育委员会（以下简称为委员会）负责调解被许可方、体育经纪人、体育协会和社团以及经批准的体育联合会之间的纠纷，但涉及兴奋剂的纠纷除外。

第 R141-5 条规定，当纠纷是由体育联合会行使公共权力特权或根据其章程作出的决定（无论是否受到内部上诉）所引起的时，提交委员会进行调解是任何诉讼的强制性先决条件。因此，单项体育协会内部纠纷交由委员会进行调解是残疾青少年向法院起诉必经的前置程序，委员会一方面基于法律规章对其成员具有管理的权力，另一方面基于其作为比赛组织者的地位可以对涉及青少年运动员资格、成绩、比赛机会、队员选拔、俱乐部的财政预算等有关的雇佣合同以及教练、运动员、俱乐部违反法律法规的行为进行调解。① 委员会指派调解员进行，这些调解员都是具有丰富的法律知识和运动知识的人。例如，体育协会或者体育俱乐部没有按照法律的规定对残疾青少年开放，在这种情况下，他们可以向委员会申请调解，这种调解在双方一致同意的情况下进行。此外，在调解程序中一般会召开听证会，听证会邀请当事人双方及其家属，还有其他相关的人员参与，双方可以就争议决定充分行使辩论权，保障调解结果最大限度地满足当事人双方的意愿。

一般来说，残疾青少年的体育纠纷影响较小，案件比较简单，可适用《体育法典》的调解程序。当事人的调解申请应以挂号信、传真或电子邮件形式送交调解员会议主席，继而调解员会议主席对调解申请进行审查以决定是否受理。调解听证会应在法国国家奥林匹克和体育委员会所在地举行，除非调解员另有决定。如果当事人在听证会上没有达成协议，调解员应立即告知各方当事人调解措施。调解员提出的措施被视为各方当事人已接受，并且当事人必须在接到通知后立即实施。但是，各方可以在收到此通知后的 15 天内提出异议。如果当事人向法院提出上诉，调解提案则由调解员会议主席转发给主管法院。对于青少年体育活动纠纷来说，体育组织的调解优势明显，可以以最快的速度解决纠纷并且让青少年获得补偿，充分调用民间资源，让矛盾化解在基层。

（二）学校体育教育纠纷的解决

法国青少年学生的体育运动由学校体育联合会进行管理，法国残疾青少年体育联合会与其进行合作，致力于促进残疾学生学校体育运动的发展。青少年是法国体育教育权的主体，在学校接受体育教育是残疾青少年获得体育教育的主要方式。学校体育教育主要是通过在学校开展适合残疾青少年学习的体育课程以及课外体育活动，为残疾青少年进入社会打下良好的基础，并在该过程中，帮助残疾青少年治疗和恢复身体健康，培养残疾学生与外界互动和交流的能力。

---

① Code du sport［EB/OL］. https：//www. legifrance. gouv. fr/codes/id/LEGITEXT000006071318/，2024-11-21.

法国在学校体育教育方面的规定比较完善，但是由于每个地区的经济发展水平存在差异，一些学校和教育机构并未按照法律或政策对学校的教育、管理和相关规章进行调整或修正，向残疾学生配备特殊体育专业教师，提供特殊体育课程、特殊体育器材设备和改造无障碍运动场地等，以满足残疾学生的特殊体育教育需要，从而在实践中衍生出一些侵害残疾学生体育教育权的行为。例如，残疾青少年在普通学校就读时，由于设施和专业教师的缺乏，无法与健全的学生一起上体育课。青少年主要的活动场所为学校，对于残疾学生来说，他们除了希望可以跟健全的孩子一起学习文化知识，更加渴望通过身体活动真正融入班集体，在体育活动中他们可以与他人产生语言和肢体上的互动，这些都是在文化课堂上无法完成的事情。

在这种情况下，青少年学生在学校内参加体育活动或者体育课程产生的纠纷首先是寻求学校内部的救济手段。法国政府在学校设立了由学校心理教师、教育心理矫正教师、运动心理矫正教师三人组成的心理支援小组。[①] 后来，教师、校医、学校社会助理组成的教育小组与该心理支援小组合并成为教育心理支援小组，共同管理全校学生的体育教育生活，并决定某些学生的特别体育教育和矫正性体育教育措施。教育心理支援小组帮助协调学校与残疾学生之间的关系，改善普通学校的教学设施，满足残疾学生参加体育教育课程的需要。此外，法国还在普通学校设置融合班级，教育心理支援小组会针对残疾青少年制定个性化的受教育计划，例如，设计一些适合残疾青少年参与的体育运动项目。普通学校配置了专业的辅导员和陪同人员，他们负责管理和照顾残疾学生的个体学习生活、共享学习生活和集体学习生活。残疾青少年学生在学校遇到纠纷时可以向教育心理支援小组申请协调，也可以向辅导员请求帮助。

法国残疾青少年体育教育权的法律保障以《教育法典》（Code de l' éducation）为基石，以《体育法典》为补充，对残疾学生的体育教育权进行特殊保护。目前，尚无法律规定有特殊教育需求的儿童或青少年（adolescents）必须在非主流教育系统的特定机构中单独接受教育，目的是在学生群体内部减少残疾青少年与健全人之间的差距。为了确保青少年学生在学校可以获得及时的救济，普通学校配有教育心理支援小组和生活辅导员进行协调，在一般情况下，学校内部救济可以解决大多数的纠纷。少部分纠纷实在无法解决的，残疾青少年仍然可以向法院起诉。

（三）体育比赛当中纠纷的解决

在体育比赛中的纠纷主体主要涉及体育组织、运动培训人员以及残疾青少年体育

---

① 姚佳文．法国残疾青少年体育教育权法律保障及对中国的启示［J］．安徽体育科技，2020，41（01）：5-8+44.

主管部门。在体育比赛中，需要对残疾运动员进行合理的划分和培训，保障残疾青少年在公平的条件下参加比赛。其目的是让残疾青少年运动员在参加竞技体育运动的同时认识到自身存在的价值和意义，激发顽强拼搏的奋斗精神，为国争光，从而正视自己身体上的缺陷，顺利地融入社会。

那些被选拔为运动员的残疾青少年在参加地区或者国家的比赛时可能会面临一些纠纷。一是主办方未按照法律对体育比赛规则进行调整，对残疾运动员适用健全人的比赛规则，从而出现因损害残疾青少年竞技体育权而产生的纠纷。例如，残疾青少年因身体疾病可能导致风险而被拒绝参赛。二是社会体育活动团体或者俱乐部未依照法律或政策对行业规章和体育场地设施进行修改或改造，以适应残疾运动员的特殊需要，在实践过程中给残疾青少年参加体育比赛带来了诸多困难而导致的纠纷。甚至还有一些比赛场地不对残疾青少年开放或者其更衣室、厕所禁止残疾青少年进入。

法国某市的巡回法庭就曾审理了一起拒绝给残疾青少年运动员提供场地的案件，由于这些运动员在举办运动会时需要用到轮椅，而该场地的负责人认为，这些轮椅会对地面的特殊涂层造成破坏，因而不予借用。但法官经过调查发现，该场地常年租借给他人举办大型狂欢活动，场地负责人的做法无疑是对残疾运动员的一种歧视。因此，法官强烈谴责了这种做法，并判决这些残疾青少年运动员可以定期使用体育馆进行比赛和训练，或者判决结果生效后 15 天内由场地负责人向法院提交他们的要求，逾期需缴纳 100 法郎一天的罚款。从法官最后的判决来看，法官对弱势群体的权利保障十分重视，不仅允许残疾青少年利用公共场地进行体育活动，还规定了履行期限和相应的罚款，以此迫使被告不得不及时履行判决。

残疾青少年有时会与健全运动员一起参加比赛，主要表现为参赛权、有意义的参与权，但他们经常会受到体育协会和其他运动员的歧视。例如，《费加罗报》就报道了一位残疾运动员参加法国田径锦标赛的新闻。该名残疾运动员参加的运动项目是跳远，由于他的成绩非常接近健全的优秀的跳远运动员，所以他被允许参加这次比赛，但这种尝试引起了其他健全运动员的不满。此外，在大多数主流比赛中，残疾运动员需要使用辅助器具参赛，一些主办方认为其中可能存在不正当的竞争优势，从而引起关于比赛成绩是否公正的质疑，鉴于此，将残疾青少年拒之门外。

在此类体育纠纷中，法国的残疾青少年一般会采用单项体育协会内部的调解机制，但一些影响较大的纠纷会适用法国的体育仲裁机制。在法国，残疾青少年体育纠纷中可以使用仲裁的案件大部分是涉及各单项体育协会之间，国家、地区和部门体育机关之间的冲突，或者是其下属的体育组织之间的纠纷，这些纠纷往往引起了较为广泛的关注或者产生了较为严重的社会影响。可以使用仲裁手段的案件包括两类：一类是双方签订的合同中约定了仲裁，一类是纠纷发生之后双方一致同意将案件提交仲裁。法国体育仲裁委员会由 5 名成员组成，由法国奥林匹克委员会（The French National and Olympic Sports Committee，简称为 CNOSF）董事会根据其道德委员会的建议任命，这些仲裁员不仅具备专业的法律知识，还具有长期在体育领域从事某项运动的丰富经验，他们的任期为 4 年，在审理时，这些仲裁员必须居中裁判，不得给任何一方提供法律咨询。[①]

残疾青少年在参加仲裁时可以选择任何人为其提供协助或者代理，除律师外，其他人都必须获得特别授权。在仲裁程序进行的过程中，仲裁小组可以采取必要的调查措施，可以根据一方的请求采取临时保全措施。仲裁员在仲裁的过程中同时履行调解的职能，引导双方达成一致意见；若未能达成一致意见，在信息收集完整之后，仲裁小组可以省略陈述申辩环节，直接作出裁决。仲裁裁决具有终局效力，不可以上诉。

可以看出，法国残疾青少年体育纠纷的仲裁程序与普通仲裁程序类似，只在对仲裁员的要求以及受案范围上与普通仲裁存在一定的区别。例如，体育仲裁的仲裁员必须具备体育领域相关的实践经验等。

（四）法国残疾青少年体育纠纷解决机制的特点

法国残疾青少年体育纠纷主要分为三类：社会体育活动纠纷、学校体育教育纠纷和体育比赛当中的纠纷，其解纷机制也相应地具有各自的特点。

由于社会体育活动纠纷，其责任主体较广，既有普通民事纠纷，又有体育协会或体育俱乐部相关纠纷。如果残疾青少年在日常体育生活中的权利受限，则可以选择向司法法院提起民事诉讼。若残疾青少年体育纠纷涉及公权力机关侵权，属于不平等主体之间的纠纷，此类体育诉讼一般在行政法院进行。法国残疾青少年在参加体育俱乐部或者单项体育协会的活动时产生纠纷，一般由体育协会内部的调解机制进行解决。若调解不成功时，则可选择向法院起诉。

青少年学生在学校内参加体育活动或者体育课程产生的纠纷首先是寻求学校内部的解纷手段。法国政府在学校设立教育心理支援小组，共同管理全校学生的体育教育生活，教育心理支援小组和辅导员帮助协调学校与残疾学生之间的关系，协助解决残疾青少年学生在学校遇到的体育教育活动纠纷。若少部分体育纠纷校内无法解决，残疾青少年仍然可以向法院起诉。

竞技体育中，残疾青少年运动员因主办方未按规定调整比赛规则而让残疾运动员

---

① Qu'est-ce que la chambre arbitrale du sport ? [EB/OL]. https://cnosf.franceolympique.com/quest-ce-que-la-chambre-arbitrale-du-sport, 2023-11-11.

适用健全人运动员比赛规则，或者因残疾青少年身体疾病可能导致风险而拒绝其参赛，还有社会体育活动团体或者俱乐部未依照法律或政策对体育场地设施进行修改或改造，而在实践中给残疾青少年比赛带来诸多困难等导致的残疾青少年竞技体育侵权纠纷，一般采用诉讼解纷机制。

残疾青少年因参与健全人运动员的比赛，而受到体育协会或其他健全人运动员的歧视所产生的纠纷，一般会采用单项体育协会内部的调解机制，但影响较大的纠纷会适用法国体育仲裁机制。

四、日本残疾青少年体育纠纷解决机制

（一）法律制度

《日本国宪法》（日本国憲法）第 25 条第 1 款规定，全体国民都享有健康的最低生活水准。[①] 同时日本《体育基本法》（スポーツ基本法）也规定，人人享有参与体育的权利。[②] 具体到残疾人体育权益保障上，《残疾人基本法》（障害者基本法）规定，所有残疾人都应有机会作为社会成员参加社会、经济、文化和其他领域的活动，国家和地方政府应采取必要的措施，如发展设施、设备和其他各种条件，对与文化、艺术和体育有关的活动给予补贴等，并采取其他必要措施，使残疾人能够顺利地从事文化和艺术活动、体育或娱乐活动。[③] 残疾青少年合法享有体育权利成为一项法定权益，若其体育权利受到侵害也可以借助司法、仲裁、调解等常规方式进行维权。区别于英美国家，日本的残疾人体育纠纷一般不诉至法院，而是选用内部救济的方式，并当用尽内部救济后仍无法维权，可以继续向体育仲裁机构申诉。因此解决残疾青少年体育纠纷也少采用诉讼手段，而是更多地适用内部救济及仲裁。

可以说在日本，残疾青少年可适用的仲裁救济已形成了基本体系。早在 2003 年日本就设立了体育仲裁机构以解决相关的体育纠纷，该机构可受理残疾青少年提出的侵权救济请求，只要残疾青少年受到了体育协会的侵害，或对其所作决定存在不满都可以向仲裁机构提出申诉，且依据《体育仲裁规则》（スポーツ仲裁規則），残疾青少年应在体育协会作出决定的 6 个月或 1 年内提出申诉。[④] 该时效性规定也是为了督促受侵害的残疾青少年尽快进行体育权利维护，以免因过长的等待期延误了最佳救济时期。

---

① 日本国憲法［EB/OL］. https：//www. shugiin. go. jp/internet/itdb_ annai. nsf/html/statics/shiryo/dl-constitution. htm.

② スポーツ基本法［EB/OL］. https：//www. mext. go. jp/a_ menu/sports/kihonhou/index. htm.

③ 障害者基本法［EB/OL］. https：//www8. cao. go. jp/shougai/suishin/kihonhou/s45-84. html.

④ スポーツ仲裁規則［EB/OL］. https：//www. jsaa. jp/release/2013/01rulenew. pdf.

（二）日本残疾青少年体育治理体制

日本《体育基本法》在修订中，新增了“根据残疾的类型和程度来促进体育运动，以使残疾人能够自愿和积极地参加体育运动”① 的规定，以往残疾青少年体育权益仅规定在《残疾人基本法》的情形有所改善，也是日本重视残疾人体育权益的体现。专用体育设施是这一法规修订后精细化供给的体现，其中，截至 2013 年 2 月日本共有 114 所残疾人公共体育设施②，并且日本为了改善残疾青少年所处的运动健身环境，专为残疾青少年设计了其可优先使用的专用体育设施、无障碍设施，并通过在社区和学校设置专门的教练、举办体育课等方式加强残疾青少年体育的发展，还考虑到残疾青少年的体育权利救济需求，就其中可能出现的纠纷作出了解决预案。结合日本《体育仲裁规则》可以发现：（1）残疾青少年体育纠纷仲裁主要审查规则的合理性、合法性及程序的正当性。正如前文所述，日本体育纠纷大多先通过内部救济解决，内部救济不成再进入仲裁程序的残疾青少年体育纠纷需要审查前置程序有无瑕疵，是否存在不公平、不透明的现象，是否侵害或二次侵害了残疾青少年的体育权利及程序权利。例如，当适用体育协会内部规则解决残疾青少年的体育纠纷时，需要先审查体育协会的“侵权行为”是否存在违反体育协会内部规则的情形。同时，审查的程序有没有程序缺失，或虽然符合内部规则规定，但该规定本身违法或存在歧视。（2）残疾青少年可以使用特殊程序缩短申诉期限。一般而言，自残疾青少年提出申诉后，仲裁庭应在庭审结束后当天或三周之内作出裁决。但若在特殊时期，仲裁庭可以选择快速处理，而不用等待提出申诉、提交答辩、陈述申辩、提交证据等流程链的期限限制。

日本在奥林匹克体育发展方向上与中国有相似之处。1964 年东京奥运会后，日本政府将体育发展政策的重点落到了全民体育而不是竞技体育上。20 世纪 80 年代后期，文部省（现称为文部科学省）设立了专门的体育管理机构，以恢复日本竞技体育的水平，但当时的日本奥委会仅是日本体育协会的一个委员会。到 1991 年，日本奥委会从日本体育协会中脱离出来而正式成为一个独立的公共组织，承担起发展竞技体育的任务，制定了一系列详细的法案，从短期、中期到长期以不同的发展水平发展竞技体育，重点是发展竞技体育能力。在某种程度上，许多具有专业水准的教练、运动员和运动医学专业人士都深入到全民体育事业当中，为日本竞技体育人才库的建设发挥了重要

① スポーツ基本法（平成 23 年法律第 78 号）（条文）［EB/OL］. https：//www. mext. go. jp/a_ menu/sports/kihonhou/attach/1307658. htm.

② 徐盛城，蔡赓，吴清．日本残疾人公共体育设施现状解析及启示［J］. 体育文化导刊，2017（11）：73-78. .

作用。在俱乐部方面，日本与美国不同，俱乐部多数都为大型财团或公司控股，颇像子公司的形式。而整个俱乐部联盟也都是由实力雄厚的公司赞助和承揽的，也就是说俱乐部竞技体育成为企业文化展示的另一个平台。但是，随着日本职业体育的发展，其引入了欧美国家一些先进的职业体育发展模式。在这种情况下，日本职业联赛以及一系列球员开发策略在1993年进入了改革的新时代，标志着日本竞技体育深化改革的开端。

日本残疾青少年体育纠纷解决机制首选体育组织内部救济的方式，当用尽内部救济后仍无法解决，则向体育仲裁机构申诉。若当事人对仲裁裁决存在异议，则可向法院提起诉讼。日本残疾青少年体育纠纷诉讼解决机制主要在于诉讼和解制度，包括“即决和解”和诉讼过程中的和解。“即决和解”也称为起诉前的和解，即案件未进入诉讼程序，但请求法院以和解方式受理结案。依据日本《民事诉讼法》（民事訴訟法）第265条的规定，法院、授权法官或受托法官在当事人提出共同申请时，可制定适当的和解条款以解决案件。① 符合要求的体育纠纷案件可以由简易法院依据有关法律规定，先确定申请的案件是否符合受理条件，若符合条件，便可以确定时间以传唤当事人到法院进行和解协调。但这不意味着日本法院可以强制要求体育纠纷当事人进行和解，只是鼓励日本法院促进适合的当事人达成和解。除此之外，日本《民事诉讼法》第264条规定，当事人因居住偏远等其他事由而难以出庭的，可事先提交书面声明，表示接受法院、授权法官或受托法官提出的和解条款，对方当事人在口头辩论等日期出庭并同意该和解条款，应视为双方当事人达成和解。② 也就是说，日本允许书面和解的方式，存在出庭困难的体育纠纷当事人可以递交书面和解，再提交给受诉法院，由法官审查双方递交的书面协议是否符合法律在程序上及实体上的规定。经审查后，若书面协议有效，即达成和解，诉讼程序便终结；反之，则书面和解无效，法院应对体育纠纷案件继续进行审理。

五、澳大利亚残疾青少年体育纠纷解决机制

澳大利亚残疾青少年体育纠纷主要由澳大利亚人权委员会（Australian Human Rights Commission，以下简称AHRC）采取调解救济，由委员会主席或专员负责调解。

（一）法律制度

澳大利亚处理残疾青少年体育纠纷主要适用的法律是《人权与机会平等委员会法》

① 民事訴訟法［EB/OL］. https：//hourei. net/law/408AC0000000109#a265.

② 民事訴訟法［EB/OL］. https：//hourei. net/law/408AC0000000109#a265.

（The Human Rights and Equal Opportunity Commission Act）和《残疾歧视法》（The Disability Discrimination Act），残疾青少年可以就其所遭受的体育侵权向 AHRC 提出申诉，然后交由专门人员对申诉案件进行评估，以判断该案是否符合 AHRC 的受理标准。由于残疾青少年所涉的体育纠纷与其生理特征密切联系，案件双方可能需要提交有关医学方面的证明材料。为了保障残疾青少年通过 AHRC 获得公正的救济，调解程序从申诉的受理到证据的采用都进行了严格的规定，且考虑到残疾青少年可能因残疾存在维权障碍，AHRC 要求调解程序必须是易于理解的。此外，残疾青少年如果对 AHRC 的调解结果不满意，可以继续向澳大利亚联邦法院或联邦巡回法院起诉进行维权。[①]

（二）经典案例——唐纳德·威廉·泰特诉克劳德·拉芬和卧龙岗区板球俱乐部案[②]

2000 年 11 月，唐纳德·威廉·泰特（Donald William Tate）认为克劳德·拉芬（Claude Rafin）和卧龙岗区板球俱乐部（Wollongong District Cricket Club）的行为违反了《残疾歧视法》。他要求道歉和赔偿。泰特在一次意外中，左膝盖骨的骨头碎裂，随后他接受了关节镜手术，取出了碎骨。大约两周后，他恢复了板球训练。其受伤后在南海岸协会的谢尔哈伯板球俱乐部（Shellharbour Cricket Club）打球。他以快速投球手的身份取得了 64 个三柱门得分。但他发现难以进行快速跑步，从而更多地专注于他的击球。随后，泰特为伊拉瓦拉和南海岸协会（Illawarra and South Coast Associations）的其他板球俱乐部效力：橡木鞋（Oak Flats）、格林贡（Gerringong）和阿尔比恩公园铁路（Albion Park Rail）。并且他在每个赛季都参加了比赛。在 1995-1996 赛季开始时，他加入了卧龙岗区板球俱乐部。但是在俱乐部选拔参赛选手时，泰特并没有被列入名单。为此，泰特询问该俱乐部及其负责人克劳德·拉芬，但得到了否定的答复，从而泰特产生了一些侮辱性的言语以及行动暴力，最后俱乐部就泰特的行为做出了两项决定：第一个决定是剥夺他参加俱乐部或与俱乐部有关的任何训练或比赛活动，或使用俱乐部设施或设备的权利，第二个决定是终止他的俱乐部会员资格。

基于上述事实，泰特向 AHRC 提出听证请求，并认为其被开除是由于俱乐部对他的歧视行为，在听证会过程中，提到了泰特在培训中与拉芬讨论期间的行为方式。泰特承认对方让自己的情绪有所暴躁，但他说这是由于他患有创伤后应激障碍（Post Traumatic Stress Disorder，PTSD）。在他的结案陈词中，泰特辩称，在决定将他开除出

---

① Complaints under the Disability Discrimination Act [EB/OL]. https：//humanrights. gov. au/complaints/complaint-guides/complaints-under-disability-discrimination-act.

② Tate v Rafin [2000] FCA 1582 (8 November 2000) [EB/OL]. http：//www8. austlii. edu. au/cgi-bin/viewdoc/au/cases/cth/FCA/2000/1582. html.

俱乐部时考虑到他的行为而言，委员会因为他的心理残疾而歧视他。泰特认为《残疾歧视法》对“残疾”一词的定义包括“影响一个人的思维过程、对现实的感知、情绪或判断的障碍、疾病，或导致不安行为”。但听证会认为焦点问题是，俱乐部是否无理要求泰特遵守某项要求或条件，即是否有相当多比例的无残疾者遵守或能够遵守，但泰特却没有遵守俱乐部的规章。因此，听证会认定俱乐部的行为不构成《残疾歧视法》意义上的基于残疾的歧视，驳回了泰特的申请。

（三）澳大利亚残疾青少年体育纠纷解决机制的特点

在澳大利亚体育纠纷调解机制中，残疾青少年一旦向 AHRC 提出申诉，调解员就必须对符合条件的案件进行评估，对专家证人提供的证据及证人证言等材料进行严格审查，并及时对案件进行处理。澳大利亚所处理过的残疾青少年体育纠纷调解案例主要针对参赛资格问题，侵权主体多因残疾青少年的残疾而拒绝其参与有关体育活动。直到 1999 年《人权立法修正案法》出台，AHRC 的职能进行了变革，AHRC 不再拥有司法审理权，但可以作为“法庭之友”，即法庭第三方的角色，协助法庭在重大问题上作出正确的判决。这是一种对残疾青少年体育不直接干预，又让专业俱乐部保持相对独立的做法。

第三节　残疾青少年体育纠纷解决机制的比较

残疾青少年体育纠纷的特殊性决定了其纠纷解决机制的多样性。而各类纠纷解决机制在各国的运用又有所区别，美国主要适用诉讼（诉讼和解）制度，英国民事诉讼制度与美国相类似；法国和澳大利亚则主要适用调解机制；日本则以体育仲裁为主。这一系列差异的产生源于各国法律文化的不同，具体而言，各国多元化纠纷解决机制均有自身的特点，本节将比较各残疾青少年体育纠纷解决机制，总结其特点并探寻其发展趋势。

一、残疾青少年体育纠纷解决机制的特点

美国作为体育强国，非常重视残疾青少年的体育事业，并在残疾青少年体育纠纷解决方面具有相对充足的经验。在保障残疾青少年参加体育竞赛权时通常会采取诉讼的方式，法院处理残疾青少年体育赛事中的纠纷数量相对较大。随着诉讼和解的引入，许多案件在进入审理之前就可以通过和解解决。这种现象的出现主要基于美国的法律

文化与司法资源不足等美国司法的客观事实。首先，美国诉讼化程度高，美国民众对司法程序十分信赖。由于美国人在接受教育时就被要求遵守并依靠法律，这一过程被视为实现自由和权利的一种方式。因此，美国残疾青少年学生通常在遇到体育纠纷时会采取诉讼的方式。其次，美国人具有强烈的权利意识，自美国独立以来，权利一直是美国社会的中心话题。现代美国法律文化的标志是特殊权利的出现，包括残疾青少年学生的权利。因此，美国残疾青少年学生大多都充分了解自己的体育权利。最后，由于美国诉讼的爆炸性增长，公众对司法制度开始产生不满。高昂的诉讼成本是美国司法中的主要问题。司法部门正在积极营造诉讼和解文化，并引入多元化的纠纷解决机制，以解决层出不穷的残疾青少年体育纠纷。同样的，英国的民事诉讼和解制度类似于美国，包括当事人自行和解与由法院进行合意判决两种方式。体育纠纷当事人既可以依据普通民事和解程序自行和解或请求法官主持，也可以通过书面形式提出和解要约，在案件开庭审理前，通过要约提出自己的部分或全部诉求。一旦受要约方接受了要约方所提出的要约内容，则可以视为原被告双方已然达成了和解，并不再继续进行诉讼程序。而英国的《民事诉讼规则》所规定的民事诉前议定书也可以促进体育纠纷当事人达成和解。英国法院一般不干预体育纠纷诉讼。英国的体育纠纷通常由体育组织的内部裁决机构来裁决争议，只有当体育纠纷当事人用尽体育行业内部解决方式，才能向法院提起诉讼。英国法院对于此类案件较为谨慎，如果体育协会的决定可能构成限制贸易、影响运动员职业生涯或构成其他不正当竞争，法院将行使审查管辖权，主要审查监督案件的法律问题。如果体育纠纷当事人因内部处理方式等向法院提起了诉讼，法院只审查其程序性问题。在残疾青少年体育诉讼案件中，法院可应当事人请求颁发临时禁令以维权。

法国的权利保护范围十分广泛。他们不仅关注肢体残疾的青少年，还格外关注心理残疾的青少年。同时，法国残疾青少年体育权的责任主体十分明确，在《建筑与住宅法》《社会和家庭行动法》等法律中都可以找到对残疾人的日常体育活动和无障碍设施建设负责的特定主体，各部门和组织之间分工明确，各司其职，确保国家在对各项计划的实施情况进行评估时能够落实到具体的责任主体。可以说，法国的残疾青少年体育纠纷解决机制基本是以体育协会内部调解为主、仲裁为辅、诉讼为终局性救济手段。考虑到残疾青少年主体和体育纠纷的特殊性，法国政府十分重视调解制度的建设，这种方式有利于尽快解决纠纷，也照顾到残疾青少年本身应诉的不便。将调解作为诉讼的前置程序避免当事人双方将矛盾扩大化，也有利于充分调动体育协会内部的自治性和协调性，协会属于兼具公私性质的体育组织，受国家法律管理，又具有政府机关缺少的群众性，符合体育纠纷需快速有效解决的目标。调解中设置的听证会制度，仿照了行政诉讼中的程序，更加公开透明合理，保障了残疾青少年在纠纷中的陈述和表达意见的权利。同时，法国仲裁机构可为残疾职业运动员在参与体育协会、俱乐部时遭遇的纠纷提供快速的解决手段，残疾青少年在参与仲裁时可以自由选择合适的人进行协助，仲裁庭在证据搜集比较充分时可以直接作出裁决，无需经过完整的陈述申辩环节。最后，诉讼作为终局性救济手段，让残疾青少年可以借助公权力充分维护自身合法权益，例如，在日常生活和学校体育教育活动中，政府或教育机构如果没有为残疾青少年的体育活动创造规定的便利条件，则残疾青少年可以通过诉讼手段维护自身的合法权益。在庭审程序中，考虑到残疾青少年身体的不便，法国政府还为其所需的额外设施和帮助承担费用。可以说，诉讼手段为残疾青少年体育权利的保障构筑了最后一道防线。

在日本，残疾青少年的体育纠纷则主要通过仲裁的方式来解决，而不是通过诉讼。这是由于日本传统法律文化的影响，特别是在近代以来发展的传统法律意识，与中国“厌讼”文化类似，为了避免使纠纷对簿公堂，当在行业内、校内或者其他领域内出现无法解决的针对残疾青少年的体育纠纷时，他们更倾向于向体育仲裁机构提出申诉而排斥司法救济。

而在澳大利亚，对涉嫌歧视残疾青少年的体育纠纷采用调解为主的方式。这与该国独特的文化息息相关。澳大利亚是一个典型的移民国家，不同种族、多种文化和宗教共存，不同文化相互渗透和融合，形成相互适应、兼容并包、接受差异并拒绝歧视的特点，尊重和公平对待所有不同的文化价值观。同时，在澳大利亚普遍认为调解比诉讼更具有优势，因为调解是一种简单、廉价且高效的纠纷解决机制和程序，有助于预防和解决冲突。许多纠纷可以在调查和审理前即得到解决。因此，通过调解解决残疾青少年体育纠纷在澳大利亚获得了良好的社会效益。

二、残疾青少年体育纠纷解决机制的发展

发达国家由于体育事业发展较早，其残疾青少年体育纠纷解决机制也相对完善。美国、英国、法国、日本和澳大利亚等均制定了符合本国的体育纠纷解决机制，如美国主要通过仲裁和诉讼来解决体育纠纷。考察残疾青少年体育纠纷解决机制的发展趋势，从国际的角度来看，国际奥委会设立的 CAS 是国际体育纠纷解决机制发展的一个里程碑。在这些国家和体育组织中解决体育纠纷的方法显示出与体育健康发展高度相关的多元发展趋势。完善和发展残疾青少年体育纠纷解决机制是依法治体建设中的一项关键任务，而这一目标的实现就是建立起包括调解、仲裁、诉讼在内的体育纠纷多元解决体系。

（一）更加注重残疾青少年的人权保障

残疾青少年作为特殊群体，在纠纷发生后常常处于弱势一方。因此，当前残疾青少年体育纠纷解决机制的发展更为注重残疾青少年的人权保障。如美国的《康复法》是禁止歧视残疾人的相关法律，其中残疾青少年体育权利的保障主要集中在该法的第504条规定，将对残疾青少年的歧视视为非法，无论是残疾青少年进行体育赛事还是课外体育活动，都需要为残疾青少年体育权利的实现提供帮助，对于受到歧视的残疾青少年可根据相关规定提出申诉和索赔。同时，国家还支持残疾青少年参加学校组织的体育赛事和其他组织举办的体育竞赛，在参加俱乐部运动时不受歧视。同样的，《美国残疾人法》也有类似的规定。

包括联合国《残疾人权利公约》在内的许多国际条约和国内立法都保障残疾青少年体育权利实现的优先级，这种适当的优先是保障残疾青少年体育权利的基础。同时，优先级也体现了对残疾青少年的区别保护，是全球人权理念所普遍认可的，这种平等也包括地位和机会的平等。由于残疾青少年的特殊性，残疾青少年需要特殊的照顾和保护才能实现真正的平等，这就必须以公平合理的方式建立和残疾青少年的情况有关的制度。也就是说，残疾青少年体育权利实现的条件应当与健全人实现体育权利的条件相适应。无论是学校体育、社会健身体育还是体育竞赛，都需要通过更为注重人权保障，以确保残疾青少年在体育活动中不受到歧视。促进残疾青少年体育权利的相对优先级与平等的实现并不矛盾，因为平等原则强调残疾青少年与社会其他成员在体育权利方面拥有相同的机会。在产生纠纷时，由于残疾青少年难以保障自身体育权利的实现，法律援助制度在残疾青少年体育纠纷解决当中起到了较大的作用，多数国家都立法并确立了法律援助制度以适用于保护残疾青少年的体育权利。同时，司法是保障残疾青少年体育权利实现的最后一道屏障。因此，当前残疾青少年体育纠纷解决机制的发展，已经转向机会平等的方式，更为注重残疾青少年的人权保障。

（二）继续采取公力救济兜底的纠纷解决方式

由于残疾青少年体育纠纷的特殊性，其与一般体育纠纷不同，非公力救济的解决方式可能并不利于纠纷的解决，在坚持体育自治原则的基础上，考虑到残疾青少年群体的特殊性，大多数国家也会采取公力救济兜底的纠纷解决机制。如英国《平等法》规定，涉及残疾青少年的歧视、侵犯受教育权等相关的案件必须由法院进行审理，并且设立了处理残疾相关案件的特别法庭，这种特别法庭在残疾青少年体育权益保障领域拥有丰富的经验，负责审理因残疾而违反《教育法》《平等法》的行为。并且在举证责任方面，对于残疾青少年体育权利的歧视、违反《教育法》侵犯残疾青少年体育教育权的，在规定情况下由歧视一方和学校承担举证责任，从而在这一类纠纷解决当中，充分保障了残疾青少年体育权利的实现。如果残疾青少年一方所提出的诉求是合理的，法院可以要求被告一方支付损害赔偿金，责令学校提供合适的体育特殊教育、赔礼道歉等。

而对于一般的残疾青少年体育纠纷，通常还是采取与一般民事纠纷基本相同的解决方式，其主要特征在于体育民事纠纷是可以通过诉讼、和解、仲裁和调解进行解决。在诉讼当中，法院是体育民事纠纷的主要裁决机构，代表国家行使管辖权。使用调解和仲裁解决体育纠纷是基于体育纠纷各方的自愿性质。体育纠纷的各方当事人可以自行决定选择通过调解还是仲裁解决争端，也可以中止和终止体育纠纷的解决程序。如果体育纠纷的一方采取诉讼，则另一方必须作出回应。在程序方面，体育民事诉讼的各个方面都有严格的程序规则，这可能会使程序变得复杂。在体育调解和仲裁中，程序则相对灵活，通常没有确定的体育调解程序，但是调解过程要考虑到体育纠纷当事人的意愿以及调解内容的合法性。尽管体育仲裁具有程序规则，但体育纠纷当事人通常在体育仲裁中享有更大的选择自由。体育纠纷各方可能认为仲裁不适合他们而有权继续或终止仲裁。就体育纠纷主体的法律地位而言，体育纠纷可以发生在具有相同法律地位的当事人之间，也可以发生在法律地位不平等的当事人之间。在体育纠纷中，当事人之间的程序权利平等，诉讼权是体育纠纷各方采取法律行动的基本权利。具体而言，这涉及体育纠纷各方要求法院代表国家行使司法权以保护法律规定的合法权益的权利①。体育纠纷当事人的诉权最重要的特征是所有体育纠纷主体在法律地位上是平等的，这种平等反映了在法律面前人人平等的精神。

因此，同解决民事纠纷类似，解决残疾青少年体育纠纷也有需要遵循的价值理念和原则。首先就是公平公正处理体育纠纷，只有确保解决体育纠纷的公正性，才能提升体育组织及公民个人对解决体育纠纷的信心。基于事实寻求真相，持开放态度，尊重体育纠纷中的当事人，避免对体育纠纷有利益冲突的法官、仲裁员、调解员的参与，从而保证体育纠纷各方受到公平公正的对待。其次是效率原则。从经济学的角度来看，这主要是指解决体育纠纷有关的成本，包括体育纠纷各方用来解决纠纷所耗费的人力和物力。从社会效益的角度来看，这主要是指解决体育纠纷所取得的客观效果。如果采用某一方式解决体育纠纷的社会影响是好的，将导致人们对体育纠纷解决机制更为深入了解，并提高该方式解决纠纷的采用率。最后是诚实原则，要求体育纠纷中的各

---

① 高升，王家宏．职业体育治理的制度逻辑、现实冲突与协调思路研究［J］．天津体育学院学报，2019，34（05）：417-424.

当事人、证人和其他当事人在根据事实寻求真相时必须遵守客观性和公正性原则。

可以说，公力救济在残疾青少年体育纠纷解决当中是相当重要的。公力救济在特殊群体权利保障中是优于私力救济的。如果残疾青少年在体育运动中的权利受到侵犯，是可以优先提供公力救济的。公力救济与私力救济相比，公力救济更具约束力，具有法律权威和公正审判的优势。残疾青少年属于易受侵犯、经济落后、社会地位低等情况的弱势群体，如果他们的体育权利受到侵犯，他们难以靠自己的力量来实现救济，需要国家和社会的帮助才能得到有效的救济。因此，残疾青少年体育纠纷解决机制的发展当中，公力救济变得越来越重要，也是残疾青少年体育权利救济中不错的选择。可以说，公力救济在残疾青少年体育纠纷解决机制中对于保障残疾青少年体育权利发挥着主导作用。

（三）解纷机制呈现国际化

残疾青少年体育纠纷解决机制基本图景的建构是一个相对复杂的过程，在这一过程中不仅涉及体育学、法学、管理学、社会学等学科，也涉及包括奥委会、残奥委会等在内的组织的改革与发展，需要运用程序法、实体法对体育纠纷解决机制之间的相互衔接进行构建。随着体育国际化进程不断向前，国际上残疾青少年体育纠纷的发生也愈加频繁。由于不同国家、地区的司法管辖和国情体制的不同，在不同国家就同一残疾青少年体育纠纷寻求司法裁判时很可能会得到不同的结果。这表明体育仲裁作为解决残疾青少年体育纠纷的主要方法之一，在解决残疾青少年体育纠纷中具有很大的优势，已成为国际体育领域解决残疾青少年体育纠纷的主要方法。此外，仲裁程序具有许多国际化特征。特别是《承认及执行外国仲裁裁决公约》（又称为《纽约公约》）的签署使各成员国能够认可和执行其他国家或地区仲裁程序的结果，也包括中国在内。因此，通过体育仲裁解决国际残疾青少年体育纠纷具有一定的优势。从这个意义上说，体育纠纷解决机制的构建离不开国际化的视野。

小　结

本章是关于国外残疾青少年体育纠纷解决机制的比较与借鉴。

首先，对国外不同类型的残疾青少年体育解纷制度加以探析，关于体育行业纪律处罚，提出其法理基础在于体育自治。可以看出包括残疾人体育协会在内的各体育协会的特点在于非营利、中介、独特和竞争性的协调，其目的在于保护群体特定的共同利益。体育协会的自治是社会发展的必然结果，是其积极运作的结构性前提，是国家权力下放和协会成员自愿让渡权利双重作用下的自然结果，同样也是体育行业纪律处罚的依据。对于体育仲裁，提出体育行业内部仲裁以其自治性、非强制性、依赖行业惯例、程序简便快捷、追求实质性公平、保障当事人权益以及与外部机制相协调等特点，在体育纠纷解决中发挥着重要作用；而残疾青少年体育行业第三方仲裁是在竞技体育活动中发生争议的双方当事人，根据体育协会相关章程所达成的仲裁协议，自动将争议事项交由第三方体育仲裁机构进行裁决，各方履行裁决义务的解决体育争议的方式或活动，是根据国家的仲裁法规和体育法规建立的解决体育争议的一项制度。学校系统内部申诉中，校内申诉机制相较于其他解纷方式属于一种替代性纠纷解决机制。就争端解决系统的功能结构而言，其属于体育多元化争端解决机制的重要一环。从体育教育的角度来看，保障残疾青少年学生体育受教育权的校内申诉机制依赖于残疾青少年学生与学校之间基于体育受教育权法律关系的维系。残疾青少年学生校内申诉系统存在的目的是使其能够方便地维护自身合法权利。对于诉讼解决体育纠纷，提出在残疾青少年体育纠纷解决当中，诉讼和仲裁是公认的两种较好的体育纠纷解决方式，但由于体育仲裁的局限性，法律的支持和监督对仲裁是必不可少的。这构成了对体育仲裁权力合理使用的司法保障，也可以进一步保障残疾青少年合法的体育权益。

其次，对美国、英国、法国、日本、澳大利亚等国的残疾青少年体育纠纷解决机制进行了梳理，具体到美国，发现美国残疾青少年主要通过学校内部救济、体育组织内部救济和诉讼救济三种途径解决体育纠纷。美国更多地选用非诉讼方式解决体育纠纷。对残疾青少年体育纠纷，采用最多的纠纷解决途径是内部体育仲裁。在内部体育仲裁不能解决的情况下适用外部仲裁。在梳理美国残疾青少年体育纠纷解决机制时，通过对麦克法登系列案等案件的分析，得出在美国体育纠纷案件中，联邦法院和州法院都可以行使司法权。具体到英国，发现英国的民事诉讼和解制度类似于美国，包括当事人自行和解与由法院进行合意判决两种方式。在英国，残疾青少年体育纠纷主要通过诉讼、调解、内部救济等途径解决，但诉讼救济是最常用的途径，其中诉讼和解制度贯穿于诉讼全过程（包括上诉阶段）。在程序上，体育纠纷当事人既可以自行达成和解，也可以请求法院作出合意判决。事实上，英国法院不愿干预体育纠纷。英国的体育组织内部纠纷通常由体育组织的内部裁决机构来裁决争议，纠纷当事人只有在用尽体育行业内部解决方式时，才能向法院提起诉讼。体育组织被认为是完全独立的自治主体，即便法院受理，也只会对其程序性问题进行审查，而不审查纠纷本身的实质性问题。法国残疾青少年对于不同的体育纠纷采用不同的解纷途径，包括向行政法院或司法法院起诉的司法解纷途径、以教育心理支援小组为核心的学校内部解纷途径、单项体育协会内部的调解机制和第三方体育仲裁途径。法国残疾青少年体育纠纷的仲裁程序与普通仲裁程序类似，只在对仲裁员的要求以及受案范围上与普通仲裁存在一定的区别。日本残疾青少年体育纠纷解决机制首选体育组织内部救济的方式，当用尽内部救济后仍无法解决，则向体育仲裁机构申诉。若当事人对仲裁裁决存在异议，则可向法院提起诉讼。日本残疾青少年体育纠纷诉讼解决机制主要在于诉讼和解制度，包括“即决和解”和诉讼过程中的和解。具体到澳大利亚，处理残疾青少年体育纠纷主要适用的法律是《人权与机会平等委员会法》和《残疾歧视法》，而残疾青少年体育纠纷主要由澳大利亚人权委员会采取调解救济。

最后，对国外残疾青少年体育纠纷解决机制进行了比较，提出各国在残疾青少年体育纠纷解决机制中所具有的特点，发现当前残疾青少年体育纠纷解决机制的发展更加注重残疾青少年的人权保障、继续采取公力救济兜底的纠纷解决方式以及解纷机制呈现国际化的趋势。

第四章　中国残疾青少年体育纠纷解决机制的思辨

第一节　开辟校内解纷新途径

一、校内解纷机构的建立

校内解纷主要通过调解促进残疾青少年体育纠纷的解决。在不违背法律法规和国家政策的前提下，并在尊重当事人意思自治的基础上，可以促使当事人平等进行协商并达成调解协议，解决有关纠纷。

（一）构建校内解纷机构的重要作用

依据《学生伤害事故处理办法》第 18 条的规定：“发生学生伤害事故，学校与受伤害学生或者学生家长可以通过协商方式解决；双方自愿，可以书面请求主管教育行政部门进行调解。成年学生或者未成年学生的监护人也可以依法直接提起诉讼。”① 因此，学校内部有权自行解决与处理有关残疾青少年的体育纠纷，且由于学校本身自带的性质，调解是其解纷的最重要的手段。基于此，如何在学校内部建立以调解为主的解纷机构至关重要。

1. 内部解决的时效优势

长期以来，诉讼、仲裁是传统体育纠纷解决体系中最受推崇的两种方式。但残疾青少年体育纠纷具有特殊性，对时效性的要求高于一般纠纷，通过诉讼、仲裁此类的

---

① 学生伤害事故处理办法［EB/OL］.http：//www. moe. gov. cn/jyb_ xxgk/xxgk/zhengce/guizhang/202112/P020230523575099914289. pdf.

外部解决途径需要消耗当事人更多的时间、金钱，但得到的实际收益不一定能达到当事人的最初预期。

首先，现行《体育法》第 92 条规定，除了《仲裁法》规定的可仲裁纠纷和劳动争议，体育仲裁主要针对竞技体育活动中的体育纠纷，其是我国体育纠纷解决的主要途径。其次，最新修正的《中华人民共和国民事诉讼法》（以下简称为《民事诉讼法》）第 152 条规定："人民法院适用普通程序审理的案件，应当在立案之日起六个月内审结。有特殊情况需要延长的，经本院院长批准，可以延长六个月；还需要延长的，报请上级人民法院批准。"第 164 条规定："人民法院适用简易程序审理案件，应当在立案之日起三个月内审结。有特殊情况需要延长的，经本院院长批准，可以延长一个月。"① 可见，若选用诉讼程序解决体育纠纷案件耗时普遍在半年内，部分案件还可能经过二审程序，甚至再审程序，诉讼时间也可能增加至一年以上，这会加大残疾青少年的诉讼成本负担，即使最后的判决结果满足了当事人的诉求，也可能因过长的等待时间降低了实际可得利益。因此，针对残疾青少年而言，非竞技类体育纠纷先选择内部解纷途径用时更短，成本更低，且并不影响当事人在后期继续通过其他解决途径维权。

2. 临时调解的弊端

学校内部治理体系是一个科学发展的开放系统，也就是说学校内部的决策机构、执行机构和监督机构等部门应当是相互配合协作并监督制约的。为了满足学生的多元需求，学校应当配置体育纠纷解决资源，设立专业解纷机构。

基于对初等教育和中等教育学校（主要考虑中小学）内部职能机构设置的分析，校长室、教务处、政教处、总务处是主要组成部门，其中教务处是教学管理机构，主要负责制定和实施教学计划，进行教学改革与研究等；政教处是以负责学生德育思教工作为主的职能机构。从职能上看，学校现存的职能机构并未专门设置纠纷解决部门，从实践上看，发生学校体育伤害事故时若当事人选用学校内部解决的方式，学校通常会选择临时组建调解小组，而小组的成员也大多是教师及其他教职人员。这样的处理方式存在许多弊端：首先，调解人员并未经过专业培训，缺少调解的技巧与专业度；其次，临时指派的调解人员并未进行严格筛选，可能会出现不公正、不中立的情况；最后，习惯于临时组建调解小组的学校在面对突发体育事故时可能来不及有效、及时地安排和处理，这不仅会延误纠纷解决的时间，还会侵害残疾青少年的合法权利。因此，学校内部有必要专门建立一个解纷机构以应对可能发生的残疾青少年体育纠纷。

---

① 中华人民共和国民事诉讼法［EB/OL］. https://flk.npc.gov.cn/detail2.html?ZmY4MDgxODE4YTIxZGMxMzAxOGI0MjUzMDNiNzA4NmQ%3D, 2023-09-01.

（二）校内解纷机构的受案范围

校内解纷机构的受案范围一般包括体育合同违约纠纷、体育侵权纠纷。

1. 体育合同违约纠纷

合同型体育纠纷主要指运动员、教练员或体育俱乐部等多类体育主体之间因有关合同的履约问题或就某些条款发生争议而引起的体育纠纷。体育纠纷合同责任则是体育合同成立后及履行期间，某缔约方因单方违约对合同相对方造成了侵害，而应当依法承担的法律责任。

残疾青少年在校内发生的体育合同违约纠纷，如残疾青少年与学校签订了特殊培养合同，一方当事人却违约或延迟履约，给合同相对方造成了损失，受损方有权借助合法途径进行维权。合同本就是高度尊重当事人意思自治的产物，这不仅体现在合同的签订的方式、地点自由，权利义务的分配自由，还体现在当事人可以在法律允许的范围内自由选择解决纠纷的方式。因此，残疾青少年与学校之间产生的体育合同违约纠纷可以由校内解纷机构先行处理。

2. 体育侵权纠纷

《民法典》侵权责任编第 1165 条第 1 款规定："行为人因过错侵害他人民事权益造成损害的，应当承担侵权责任。"① 包括人身安全在内的合法民事权益受该条款保护。残疾青少年学生体育侵权，一般是由于教育机构、教育系统体育组织、体育社团、其他体育团体或俱乐部等公共机构以及体育协会违反了《教育法》《残疾人保障法》《体育法》以及相关法律法规等，使残疾青少年学生不能充分享有与同龄健全人一样的体育教育权或体育活动权所导致的②。残疾青少年在校内体育教育和体育活动中遭遇权利侵害，即体育侵权。同时，在体育侵权纠纷中，部分也涉及体育合同。《民法典》第 186 条规定："因当事人一方的违约行为，损害对方人身权益、财产权益的，受损害方有权选择请求其承担违约责任或者侵权责任。"③ 残疾青少年在遭遇违约责任与侵权责任竞合时可以择一请求侵害人承担相应的民事责任。无论当事人选择请求对方承担体育侵权责任还是合同违约责任，都可以先通过校内的解纷机构进行调解。

（三）国外已有的解纷实践经验

我国在建立具有中国特色的残疾青少年校内解纷机构时，可以借鉴参考国外的有

① 中华人民共和国民法典［EB/OL］. https：//flk. npc. gov. cn/detail2. html? ZmY4MDgwODE3MjlkMWVmZTAxNzI5ZDUwYjVjNTAwYmY%3D，2020-05-28.

② 黄世昌. 中外残疾学生体育权利保障比较研究［M］. 湘潭：湘潭大学出版社，2017.

③ 中华人民共和国民法典［EB/OL］. https：//www. court. gov. cn/zixun/xiangqing/233181. html，2020-06-01.

效实践经验。以美国为例，美国民权办公室规定每个学校（包括中小学和大专院校）都须设有残疾人服务协调员，且学校必须设有申诉机构，以确保残疾学生的合法权益得到保障。美国仲裁协会、美国律师协会和冲突解决协会制定的《调解员行为标准范本》（Model Standards of Conduct for Mediators）规定了调解员的回避、调解员的职业道德准则等基本问题。[①] 澳大利亚则通过 AHRC 调解救济残疾学生的体育侵权事件，且 AHRC 内设调解专员职位，调解专员有权与委员会主席一起负责申诉案件，并对残疾学生体育侵权申诉进行评估和审查。需注意的是，AHRC 进行的调解救济类似于一般诉讼程序，首先，调解过程中双方当事人需就体育、医学等专业问题聘请专家证人；其次，调解程序包括了证据提交、事实陈述、交叉质询等；最后，如果残疾学生对调解结果不满，可以依法向法院提起诉讼。英国组建的“体育纠纷解决中心”（Sport Resolutions，简称 SRs）旨在为英国的运动员、教练员、俱乐部等提供公正便捷的体育纠纷救济机制。该机制包含了调解制度，且 SRs 专门制定了《调解规则》。

美国和澳大利亚针对残疾学生制定的调解救济制度有值得参考借鉴和学习的内容，例如，学校在建立校内解纷机构时可以考虑增设兼职调解专员职位；在制定解纷具体章程时引入诉讼相关流程；与校外医学鉴定机构、律师事务所等专业机构建立合作关系，辅助校内教职人员进行残疾青少年体育纠纷解决等。

1. 校内解纷机构的职能

首先，需明确校内体育解纷机构的职能。基于我国体育纠纷解决机制的发展现状及需求，残疾青少年校内解纷机构需要承担的责任包括但不限于：调解残疾青少年校内发生的体育合同纠纷与体育侵权纠纷，帮助残疾青少年就校外体育纠纷提起仲裁、诉讼，提供残疾青少年所需的救济帮助等。这主要考虑到，残疾青少年体育纠纷法律关系并不一定发生于校内，若单一地将校内解纷机构的职能圈定为解决校内体育纠纷，则并不能真正实现其建立目的，要求校内解纷机构辅助残疾青少年进行校外体育纠纷维权，实际上为校内解纷机构附加了教育、指导等义务，不仅能够丰富校内解纷机构的功能，也使机构组建更具意义。

2. 建立途径

校内设立残疾青少年解纷机构有两种途径：一是在已有的职能部门中增设，二是专门新设解纷机构。鉴于我国的体育法体系和残疾人保障法治体系都尚待进一步完善，在中小学等教育机构全面覆盖建设解纷机构并不现实，因此，先在已有的职能部门（如政教处、总务处等）中试点设立体育解纷机构，待解纷制度逐渐成熟后，再考虑独

① Model Standards of Conduct for Mediators [EB/OL]. https://www.adr.org/sites/default/files/document_repository/AAA-Mediators-Model-Standards-of-Conduct-10-14-2010.pdf.

立建立校内体育解纷机构。

3. 校内仲裁解纷

《学校体育运动风险防控暂行办法》提出用“仲裁”解决学校体育运动伤害纠纷，具体由学校主管教育行政部门会同体育、医疗、司法等部门及相关方面的专业人士组建学校体育运动伤害事故仲裁小组。① 该小组仅提供仲裁意见，且该意见不具有终局性和强制力。但根据该思路，在学校内建立由体育、医疗、教育、司法专业人员共同组成的解纷机构更具操作性。

（四）校内调解程序的启动与基本原则

1. 基本原则

保障残疾青少年体育权利是建立校内解纷机构的出发点及最终目的。基于对《体育法》《残疾人保障法》《民法典》原则精神的理解，可以认为，校内解纷机构至少应当遵循以下几项基本原则：

一是平等原则。残疾青少年与学校、学校主管教育行政部门存在地位差距，当这些主体成了纠纷的对立方时，其权利与义务却必须实现法律意义上的平等。二是自愿原则。校内解纷机构主要通过调解的手段解决残疾青少年的体育纠纷，但调解是一种以自治为基础的纠纷解决制度，首要原则是基于双方自愿。解纷机构虽属于学校内部组成，可以主动启动调解程序，但不得利用其优势地位强迫或诱导残疾青少年进行调解，且对于是否达成和解、如何达成调解都应充分尊重当事人意思自治。三是残疾人权益保障原则。残疾人属于我国法定的弱势群体，在纠纷双方权利义务平等的基础上，校内解纷机构应当为残疾青少年顺利进行调解提供必要的基础设施、辅助人员等，尽量弥补双方之间可能存在的解纷能力差距。此外，保密原则、程序正当原则、公平原则也是校内解纷机构开展解纷工作时应当遵循的基本原则。

2. 校内解纷程序的启动

依据民事调解的法律制度及原则精神，校内解纷程序的启动，至少应包含以下几种模式：（1）体育纠纷的双方当事人共同申请校内调解；（2）体育纠纷的一方当事人申请调解，另一方当事人表示同意；（3）双方还未选择体育纠纷的解决方式，协议也未约定的，校内解纷机构可以先行向双方提出建议，若双方表示同意，则可以进入调解程序。

以上三种启动模式都要求校内解纷程序的启动充分尊重当事人的意志，前两种模

① 教育部关于印发《学校体育运动风险防控暂行办法》的通知［J］. 中华人民共和国国务院公报，2015（21）：58-61.

式将调解的主动权交给了当事人，实际上保护了当事人的自由，第三种模式属于主动调解，虽然从表面上对当事人的选择进行了适度干预，但考虑到残疾青少年的行为能力，机构有必要主动介入，为残疾青少年主动释明可供选择的解纷途径有哪些以及校内存在内部调解机构。

二、校内解纷机构人员组成

2019 年 6 月 25 日，教育部、最高人民法院、最高人民检察院、公安部、司法部联合印发了《关于完善安全事故处理机制维护学校教育教学秩序的意见》（以下简称《意见》），提出建立由教育、法律、医疗、保险、心理、社会工作等方面专业人员组成的专家咨询库，为调解工作提供支持和服务。[①] 学校内部的人员组成较为单纯，但教育、医疗、心理等相关工作人员是基本配备的，可以满足建立校内解纷机构的人员素质最低标准需求，可以将《意见》中提出的专家咨询库组成与体育纠纷的特殊需求相结合，优化校内解纷机构人员配置。

（一）同时吸纳内外部力量

1. 校内人员

考虑到学校的人员组成结构，教师及教职人员是占比最大的群体之一，在建立校内解纷机构时，必然需要吸纳在职教师。首先，考虑到残疾青少年体育纠纷具有特殊性，涉及学校体育伤害需要专业的人员介入，而校内最能体现专业性的是体育老师，因此，可以从体育教研室挑选合格的教师编入校内解纷机构。其次，残疾青少年易因体育纠纷产生身体和心理的双重伤害，医疗救助和心理辅导对于保障残疾青少年权益具有同样重要的意义，若有条件的学校配备了心理辅导室，应将心理辅导老师引进到校内解纷机构中。

2. 外部第三方

依据《意见》，校内解纷机构应引进教育、法律、医疗、保险、心理、社会工作等领域的专业人员。但学校具有封闭性且人员结构较单纯，一般并未专门设置法务岗、保险岗等专业性岗位，学校所设岗位大多以维护学校运行为目的，在面对体育纠纷此类特殊事故时即使学校有法务、医护人员，也可能无法满足解决残疾青少年体育纠纷的基本要求。因此，从外部引入专业的第三方机构可以增加校内解纷机构的专业性，也能增加当事人对解纷机构的信赖度，从而更愿意通过校内解纷的途径解决体育纠纷。

---

① 教育部等五部门关于完善安全事故处理机制维护学校教育教学秩序的意见［EB/OL］http://www.moe.gov.cn/srcsite/A02/s7049/201908/t20190819_394973.html，2019-08-20.

具体而言，学校可以协调律师事务所、专业鉴定机构、保险公司等第三方，分别达成合作协议，在协议中规定由对方提供专业服务或定期坐班工作人员。

（二）校内解纷机构工作人员的培训

强调对校内解纷机构工作人员进行培训的理由主要有两点，一是由于我国的调解系统还不够成熟，虽然近几年我国越来越重视调解在纠纷解决系统内的作用，也积极组织培训考察团以学习国内国外先进的调解经验，但在调解组织的人员组成、调解程序、经费来源等方面还处于探索和完善的阶段；二是考虑到无论是学校内部的教师，还是从外部引进的第三方机构人员都缺少体育纠纷的调解经验，其在上岗前仍需统一进行有关调解工作的培训学习。

美国的民事调解系统处于较成熟的状态，有许多可借鉴的地方。以美国调解人员的培训实践为例，美国的调解机构主要分为官方主办的调解机构（如联邦调停调解局）和民间建立的调解机构（如美国司法仲裁与调解服务股份有限公司）两类，其调解员通常由律师、退休法官、商业人士、心理专家等人员担任，且调解员须经过业务培训。例如，芝加哥争端解决中心要求，调解员经培训后应懂得如何创造性地解决问题，重视倾听的作用，如何实现情绪化管理，且芝加哥争端解决中心还专门提供了包括讲座、沙龙、案例实践等在内的多样化培训教学模式。我国的残疾青少年校内解纷机构也可以借鉴学习美国的调解员培训模式，负责组织专业培训，促进校内解纷机构调解员的专业化发展。

三、调解的方式

日本的棚濑孝雄教授将调解分为判断型、交涉型、教化型和治疗型四种模式。① 廖永安教授在《中国调解学教程》一书中提出面对面调解和背对背调解两种模式。将两种模式进行对比，面对面调解和背对背调解可以简单理解为纠纷当事人在调解员的主持下直接进行交涉和调解员作为中介分别与双方沟通、传递调解意向。

（一）面对面调解

体育纠纷当事人就争议的权利义务在校内解纷机构的主持下，自愿进行协商，通过疏导和教育，促使双方达成协议的调解方式被称为面对面调解。这种调解方式一般针对矛盾不尖锐的体育纠纷，当事人可以在平等、公开的对话空间内进行证据交换。

① 张进德．论人民调解的复兴与转型［J］．中国海洋大学学报（社会科学版），2018（5）：103-109.

1. 三方组成结构

在面对面调解中，纠纷双方当事人与校内解纷机构的调解模式用流程图可表现为：

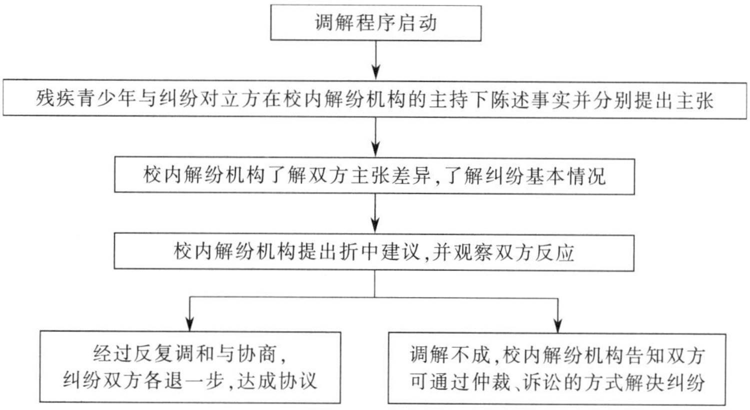

图 4.1　三方组成结构的面对面调解程序

2. 面对面调解的优缺点

面对面调解又被称为公开调解，其特点在于调解的全过程面向体育纠纷当事人公开，无论是各方对纠纷的不同表述，还是各方提出的不同主张，对他方意见、证据的反驳都是在校内解纷机构的主持下进行的。

面对面调解的方式有其制度优势。首先，公平公开是其最大的优势。程序公开与透明原则是体现公正的重要内容，以民事审判程序为例，正是通过审判公开，公民及案件当事人才充分信服法院的判决。调解也是如此，调解的全过程对体育纠纷的当事人公开，当事人会愿意相信校内解纷机构具有中立性。其次，面对面调解能最大程度体现当事人意思自治。调解本就不同于诉讼，当事人可以基于自愿就权利义务的分配、责任承担方式等问题达成合意，不需拘泥于固定的法律条文规定，甚至可以约定超过或低于依据公平原则所确定的应赔偿的金额。并且，面对面调解意味着体育纠纷当事人在调解员的主持下共同参与解纷，当面进行意见交换与质证，当事人可以自己整理信息，并决定是否接受对方的调解方案。面对面调解的缺点在于，该模式更多地适用于争议不大且矛盾不尖锐的体育纠纷。因此，若个别矛盾特别尖锐的纠纷选择面对面调解，则可能激化矛盾，不仅无法顺利解决纠纷，还可能造成更大的损失。

（二）背对背调解

背对背调解，又称个别调解，是指调解员依据纠纷事实分别与纠纷当事人进行协商沟通，听取双方的陈述，了解双方的诉求，并成为双方当事人的沟通桥梁，促使当事人进行和解。

1. 三方组成结构

在背对背调解中，体育纠纷的当事人并不用当面进行论辩，也不会对证据进行质证或陈述，当事人双方通过作为中介的调解员传达自己的主张及了解对方的主张，并希望通过调解员的游说使对方接受自己的调解意见。相较于面对面调解，背对背调解缺少了透明度，调解员具有很大的自由发挥空间。

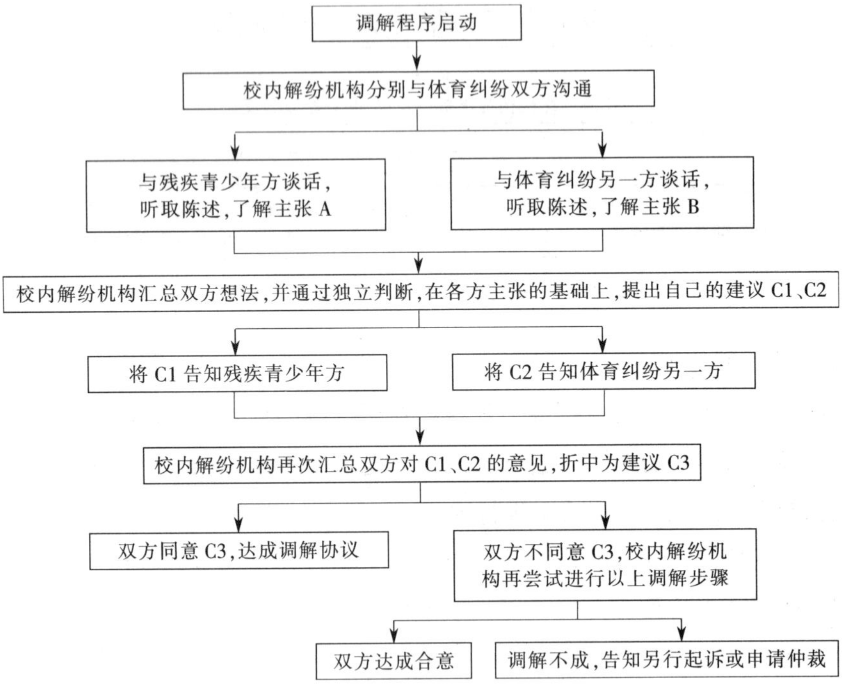

图 4.2　三方组成结构的背对背调解程序

2. 背对背调解的优缺点

通过分析背对背调解模式，可以发现在背对背调解的三方组成结构中，只有调解员可以全面掌握对方诉求，且调解员具有很大的自由，可以在信息交换的过程中进行自由加工与改变。

该模式的优点有以下两个方面：一是对于矛盾尖锐的体育纠纷，不适合让对立双方共处一室，双方当事人在非理性状态时会下意识排斥调解程序，此时调解员作为沟通中介传递彼此的主张及方案可以避免过激语言或情绪“丑化”真实想法。二是背对背调解一定程度上可以加速调解进程，虽然面对面调解可以直接让当事人了解对方的想法，但本就处于矛盾对立面的当事人可能会因为“争一口气”等情绪化原因不愿轻易接受对方的调解建议，而背对背调解这种模式因为有中介在背后调和，可能会更快地达成合意。该模式的缺点也有两个方面：一是背对背调解对解纷机构的中立性要求极高。调解员分别在体育纠纷当事人之间进行游说，以残疾青少年方的视角为例，残疾青少年所了解到的对方主张与调解方案全部来源于调解员，且因为校内解纷机构人员组成中包括了校内工作人员，残疾青少年可能会怀疑调解员与对方当事人之间存在私下利益输送，从而怀疑校内解纷机构的中立性，在对调解员与校内解纷机构缺少信任的背景下，纠纷当事人很难积极配合调解工作的开展，也可能会因调解结果与预期有较大差距而随时中断调解，延误解纷的黄金时期。二是背对背调解违背了当事人辩论、自治原则。《最高人民法院关于进一步发挥诉讼调解在构建社会主义和谐社会中积极作用的若干意见》第 7 条要求人民法院在诉讼调解中要采取积极措施，充分保障当事人能够真实地表达自己的意愿，依法行使其处分权利。[①] 但背对背调解属于非公开调解，当事人既不用进行论辩，也没有机会对质，只能通过调解员获取所需信息、传递主张，当事人的真实意愿在这种非公开过程中不断被隐藏与改变，并不能真正地体现当事人意思自治。

四、校内调解与诉讼的对接

（一）校内调解的有限性

判断一种纠纷解决方案能否真正满足残疾青少年的需要应从多角度着手，例如解纷的效率、双方实现诉求的满意度、解纷方案的执行力等。相较于人民调解、行政调解等其他调解，校内调解更具有温和性，再加上调解本身并不具有强制力，残疾青少年通过校内调解的途径解决体育纠纷可能存在程序权利受损、诉求满足不充分或非自愿达成调解等情况。并且，学校这一特殊环境决定了校内解纷机构主要由学校内部人员组成，这样的内部调解模式可能会存在一些问题。当残疾青少年体育纠纷的另一方当事人是学校时，学校内部组成的解纷机构从地位上看并不具有绝对中立属性，甚至更容易出现偏颇。因此，为了保障残疾青少年的合法权益不受侵害，在构建校内调解解纷机制的同时，也应重视校内调解的后续制度对接。

（二）校内调解与诉讼的关系

校内调解并不排斥残疾青少年依法通过诉讼的途径进行维权，这是因为《人民调解法》第 3 条强调“不得因调解而阻止当事人依法通过仲裁、行政、司法等途径维护自己的权利”。校内调解与诉讼之间存在的区别主要表现为：一是程序不同。校内调解

① 最高人民法院关于进一步发挥诉讼调解在构建社会主义和谐社会中积极作用的若干意见［J］. 司法业务文选，2007（20）：28-33.

的程序较为灵活，通常由调解员协助双方进行协商；而诉讼则严格按照法定程序进行，包括立案、开庭、辩论等环节。二是效力不同。校内调解达成的协议属于民事合同，具有合同效力；而诉讼判决则具有法律效力，具有强制执行力。三是主动性不同。校内调解需要双方自愿参与，诉讼则可能由一方主动提起。但是二者目的相同，即校内调解和诉讼都是为了解决纠纷，维护当事人的合法权益，并且相互影响，校内调解不成功时，当事人可以选择通过诉讼解决纠纷；在诉讼过程中，法院也可能尝试调解以促进双方之间的纠纷得到实质性化解。在学校体育纠纷处理中，校内调解具有快速、灵活、低成本的优势，而诉讼则具有权威性和强制执行力。二者相辅相成，共同维护着学校的正常秩序和学生的合法权益。

（三）校内调解与诉讼的衔接

学校依据法律法规设立校园纠纷调解委员会，其作为校园纠纷调解工作的主要负责机构，制定相应的《校园纠纷调解工作条例》。校园纠纷调解委员会由校长担任主任，相关副校长、部门负责人、教师代表、学生代表等为成员。当事人向校园纠纷调解委员会申请调解，也可以口头请求其进行调解。校园纠纷调解委员会认为有必要调解的，可以主动进行调解。校园纠纷调解委员会接受调解申请后，应当及时通知当事人双方进行调解。当事人应当按时参加调解，如实陈述事实，遵守调解纪律。校园纠纷调解委员会应当充分听取当事人的陈述，了解纠纷的实际情况，疏导矛盾，引导当事人自愿达成调解协议。调解协议应当符合法律法规的规定，尊重当事人的意愿，公平合理地解决纠纷。调解协议经当事人签名或者盖章后生效。调解协议生效后，当事人应当自觉履行。不履行调解协议的，可以向人民法院提起诉讼。而法院可设立专门的教育纠纷调解庭，负责对学校内部纠纷进行调解。

学校应建立健全校内调解制度，明确调解员的职责、权力和调解程序。同时，学校与法院建立紧密的合作关系，为校内调解与诉讼的衔接提供便利。学校作为调解的主导者，应积极组织调解工作，保障调解的公正、公平和高效。而法院则作为支持者和监督者，为校内调解提供法律支持，监督调解结果的执行。校内调解与诉讼是学校纠纷处理中的两种重要方式。实现校内调解与诉讼的制度衔接和合作机制建设，对于提高校内残疾青少年体育纠纷处理效率、维护当事人合法权益具有重要意义。

第二节　强化调解制度

调解是一种具有合意性、高效性、保密性、经济性的纠纷解决方式，是一种建立在社会主义法治基础之上的保障公民权利以化解矛盾、维护稳定为主要目的的纠纷解决方式，其根植于我国的传统和文化已有数千年的历史。人民调解、司法调解和行政调解相得益彰，体育调解作为调解的一部分，作为全面促进法治的一部分，具有其独特的天然优势，不仅可以有效保护残疾青少年的体育权利，还有利于争端和平解决并保持后续的稳定关系，是残疾青少年体育纠纷多元化解决机制中的重要一环。

一、调解员的组成

调解员的中立性、纠纷解决的经验和专业知识、语言能力及效率是调解成功的关键。鉴于体育纠纷多元化解决机制的发展，调解也成为解决残疾青少年体育纠纷的重要方式，可以说，确保调解员的专业素质成为调解机制有效的关键。

（一）调解员的产生

根据美国仲裁协会（The American Arbitration Association，简称为 AAA）的标准，调解员的选择是非常严格的。在内部审查的过程中，协会将根据经验确定处理案件所需的调解员类型。而在外部审查的过程中，则由美国仲裁协会组成具体的工作小组测试调解员的调解技巧、经验、道德和业务适应性。同时，在最终成为调解员之前，还必须评估其中立性和判断力。一旦被批准并列入调解员名册后，需要一直保持严格的道德标准，并遵守美国仲裁协会制定的《调解员行为准则》。与仲裁员不同的是，调解员必须具有更好的人际交往能力以及能够在决策过程中帮助各方提出合理建议的能力。

由于中国体育调解机构尚未建立，可以参考中国国际贸易促进委员会/中国国际商会调解中心和上海经贸商事调解中心的调解员组成。上述两机构均明确了调解员的要求，首先是调解员必须有参与商事教育与研究、商事立法或执法活动、经济实务工作或者曾担任法官或检察官的经验，符合条件的申请人需要获得来自该领域的专业人士、教授或协会成员的书面推荐。被批准的调解员在被指定为调解员之前，还必须参加调解中心主办的培训课程。考虑到当事人的利益，各个调解中心设定的门槛通常较高，以确保调解员的资格和专业水平。因此，体育调解机构对调解员的要求也可以参考上述条件，即从参与体育教育与研究、体育立法或执法活动、体育实务工作或者曾担任法官或检察官的人选中产生，并考察其调解技巧、经验、道德和业务适应性，以确保体育调解机构的调解质量。残疾青少年体育纠纷调解员，则还需具备残疾人相关医学和功能分级、体育特点等专业知识。

（二）调解员的选择

当事人各方就调解达成协议后，便进入选择调解员的阶段。在调解中调解员的作用是明确的，即为了实现调解，因此，调解员必须始终保持中立并与当事人的目标保持一致。调解的成功或其价值在很大程度上取决于调解员的素质和参与调解过程的质量。如果各方提出诉求存在冲突，调解员必须具有良好的组织能力，在调解方面有丰富的经验，并做到耐心和善意的沟通。因此，各方调解的成功在很大程度上取决于专业调解员。每个调解员都有着自己的特色，选择合适的调解员，可以使当事人各方都能够在友好的环境下促进调解的顺利进行。[①] 因此作为调解员选择的示例，本处对美国仲裁协会调解机构进行考察。如果当事人双方能够合意选择调解员，则以当事人双方的合意为准；而在未能合意选定调解员的情况下，调解机构将通过考虑调解员的国籍、语言、地点和专业特点，选出合适的调解员候选名单并向当事人各方进行介绍。当事人各方通过该候选名单对倾向的调解员进行排序，而后调解机构根据各方的共同偏好，在征询调解员是否存在影响其公正性、独立性的情况后，任命调解员使其更为符合双方的诉求。可以看出，美国仲裁协会调解机构在调解员的任命上主要侧重于当事人的合意，而不是由调解机构主导。从当事人的角度来看，毫无疑问这也是双方都更乐意见到的情况。

因此，在中国残疾青少年体育调解当中，借鉴美国仲裁协会调解机构的经验，同时考虑到我国的实际国情，原则上应当从调解机构提供的调解员名册中进行选择，而调解机构应当在不违背调解保密性的前提下对调解员的信息进行公示，使参与调解的各方在了解各调解员的教育背景及业务特长后能够做出更为合适的选择。当然，在调解员名册内无法达成合意时，双方也可以合意选择名册之外的调解员，但是需要将该调解员的信息提供给调解机构并得到调解机构的确认。同时，调解员的选择必须由双方共同选择或者达成合意委托调解机构选择。如果无法共同作出选择或者达成委托合意，则不能进入调解程序。考虑到有时会存在疑难复杂案件，一名调解员可能难以胜任，如果双方都有意向，调解机构可以增加调解员的数量进行调解，并确认其中的首席调解员。

---

① AKC Koo. Exploring Mediator Liability in Negligence [J]. Common Law World Review, 2016, 45 (2): 165-185.

（三）调解员的职责

1. 保密性要求

调解的一个重要特征是调解过程的保密性，由于调解员需要在当事人各方中进行调停斡旋，因此调解员也需要了解到当事人不愿披露出来的问题。保密性的要求使得这些问题能够交换给调解员，以分析纠纷当中的关键点。因此，调解员必须确保调解过程的保密性，消除各方对信息披露风险的担忧，这是显著提高调解成功率的重要保障。从法律的角度来看，调解过程中调解员和当事人之间的信息传递是非常重要的。美国《统一调解法》（Uniform Mediation Act）明确了调解的保密原则，并规定了有关调解程序的信息披露不能在之后的法律程序中作为证据使用。同时它还规定了保密性的例外，即人身威胁、策划或实施犯罪和危害联邦利益等的信息披露不受保密性要求的限制。① 新加坡《调解法》（Mediation Act）则规定，调解员不能将调解事项披露给任何第三方，也不得将调解信息用作诉讼或仲裁的证据，只有为了安全或者履行调解协议时才能援引或披露相关信息。而从调解程序的意义上来看，保密原则是调解程序的核心，所有调解机构都必须对调解规则的保密性进行监管。在内部控制上，调解员行为守则规定了在非公开调解过程中披露信息的保密义务。在外部程序上，在调解失败后，当事人各方均可申请仲裁或者提起诉讼，由于调解程序中所披露的信息不能作为证据使用，调解员也必须负有保密义务，同时调解员不能在同一争议的后续仲裁或诉讼中担任仲裁员或证人。

2. 中立性要求

由于调解的保密性，调解会议通常不公开举行。双方平等参加谈判和调解、接受调解信息、陈述和充分解释理由、提供信息和材料、提供证据以及提出调解的诉求。同时，当事人各方还需要在调解过程中与调解员协同推进调解程序，不得提供不正确的信息或材料、不应损害他人的利益。由于调解员的中立性，调解过程开始后，当事人各方必须在调解员的指导下撤回或中止与调解问题有关的所有法律诉讼和仲裁，积极进行调解。

调解会议是调解的重要组成部分，由调解员主持。首先调解员说明双方和案件的情况，并由调解员向当事人各方同时声明保密性。从申请调解一方开始，对纠纷事实、问题和起因进行描述。在此过程中，调解员可以更好地了解相关信息，而利益相关者也可以清楚地了解另一方的要求。之后调解员组织当事人各方进行辩论，调解员通过

① James R. Coben. My Change of Mind on the Uniform Mediation Act［J］. Dispute Resolution Magazine，2017（2）：6-11.

总结当事人各方陈述中获得的信息，由浅入深组织各方对纠纷争议的焦点进行阐述，以便使各方都能更好地理解争端的焦点，从而获得更多有助于解决问题的信息。各方公开辩论后，则进入秘密会议阶段。这也是调解会议最具特色的过程。也就是说，调解员可以分别与双方进行一次或多次沟通。在秘密会议上，双方倾向于表达他们更容易解决纠纷的意图，以便调解员可以对此问题发表评论，特别是有机会打破调解僵局，而这一过程也是调解对保密性、中立性要求最高的环节，为最后达成调解协议铺平道路。最后当事人各方进入相互谈判的阶段，调解员可以通过之前获得的信息促使各方寻求适当的解决方案以达成协议。

通常，调解员在收到调解请求后，将与当事人各方积极沟通，以确保当事人各方同意调解并尝试签署调解协议。在调解过程中，调解员分析当事人各方的问题并解决他们之间的主要争议。在此阶段，将以中立的方式告知当事人各方所有的利弊，这将有助于当事人各方提出适当的解决方案。在调解程序中，因为当事人各方都有自己的看法，可能会存在拒绝做出让步的敌对情绪，科学合理的调解程序不仅有助于迅速解决双方之间的争端，而且还减轻了诉讼负担。因此，调解员在调解会议中的职责是利用调解技巧迅速评估当事人各方的关系并建立和谐关系，确定当事人各方都存在争议的问题，帮助评估案件的风险和情况、提出解决僵局的调解方案。如果调解会议结束后问题仍未解决，则调解员必须继续工作，直到案件解决或所有方案用尽为止。即使在无法进行调解的情况下，调解程序通常也可以使当事人各方对纠纷的范围和性质有更清晰的了解。可以说，调解员是调解程序的中心。除了调解员的产生、选择外，调解员的职责也是独立的残疾青少年体育调解机构架构的核心。如何在充分尊重当事人意思自治的前提下，加强调解机制在残疾青少年体育纠纷解决中的作用，是未来残疾青少年体育纠纷多元化解决机制发展必须考虑的问题。

二、调解途径

根据体育调解机制的性质，体育调解的受理范围是受到一定限制的。如果发生由行政行为等引起的纠纷，调解是无权干预公权力的，体育调解机构的目的是使当事人各方进行妥协、做出让步而达成调解协议。因此，如果当事人各方的法律地位不平等，则不能采用体育调解程序。但是，体育调解程序对于残疾青少年体育劳资纠纷、商事纠纷是适用的。

（一）残疾青少年体育纠纷中的调解原则及类型

残疾青少年体育纠纷调解在实践过程中，应遵循以下基本原则：一是自愿原则，即调解应在当事人自愿的基础上进行，不得强迫或变相强迫任何一方接受调解。二是公正、公平原则，调解应公正、公平，尊重双方当事人的权益，不偏袒任何一方。三是保密原则，调解过程及内容应严格保密，保护当事人的隐私权。四是合法原则，调解应在法律、法规和政策的框架内进行，不得违背法律法规和政策的规定。五是高效原则，调解应尽可能迅速、高效，及时解决纠纷，减轻当事人的经济和时间负担。

残疾青少年体育纠纷的调解类型多种多样，包括法院调解、专门机构调解和人民调解等。法院调解是指在人民法院审判人员的主持下，双方当事人就体育纠纷中的民事权益争议自愿、平等地进行协商，达成协议，解决纠纷的活动。法院调解遵循查明事实、分清是非、自愿与合法的原则，调解协议经法院确认后具有法律约束力。在体育活动中，如果当事人无法通过其他方式解决纠纷，可以向人民法院提起诉讼，并在诉讼过程中选择法院调解。法院调解具有法律强制力，一旦达成协议，当事人必须履行。法院调解属于庭内调解。专门机构调解是指由特定的体育纠纷调解机构或组织，如体育仲裁委员会、体育调解中心等，对残疾青少年体育纠纷进行调解。这些机构或组织通常具备专业的法律知识和体育知识，能够针对体育纠纷的特点制定合适的调解方案。专门机构调解具有专业性、公正性和权威性的特点，因此在一些复杂的体育纠纷中得到了广泛应用。人民调解则是指在人民调解委员会的主持下，以国家的法律、法规、规章、政策和社会公德为依据，对残疾青少年体育纠纷当事人进行说服教育、规劝疏导，促使纠纷各方当事人互相谅解、平等协商，自愿达成协议，消除纷争的一种群众自治活动。虽然人民调解在体育领域的应用相对较少，但在一些涉及社区等基层单位的残疾青少年健身体育纠纷中，人民调解仍然具有一定的作用。专门机构调解和人民调解属于庭外调解。

体育调解是我国司法制度、仲裁制度与调解制度运作上的有机结合，残疾青少年体育纠纷当事人在第三方（包括庭内和庭外）的调停主持下，通过积极有效地谈判协商，从而使纠纷得以解决。

（二）残疾青少年体育纠纷调解程序

调解程序的启动，首先是当事人各方达成合意，共同选择调解并指定调解机构。调解机构会视调解范围、性质而决定是否可以接受该纠纷的调解。其次是选择调解员，当调解机构接受当事人各方调解诉求时，会征求各方的意见，以了解各方是否就选择调解员达成协议，否则体育调解机构将指定调解员。再次是进行调解，根据法律法规、行业协会的规章和事实，调解员向当事人各方介绍事实和理由，进行疏导和协调，使各方逐渐做出让步。在此过程中，调解员不仅要提出事实和论据，而且需要充分理解当事人各方的要求。调解员可以分别与一方谈判，推动纠纷有效化解，并带着各方的要约和反要约在各方之间往返协调，协助当事人各方厘清纠纷的细节和思路，以此达成最终的调解协议。

最后是调解结束，如果调解成功，当事人各方须签署调解协议，并根据协议内容履行各自义务；而如果调解程序超过一定期限，则调解员可以出具一份调解声明，并将其提交给体育调解机构，由机构集体评估是否存在继续调解的必要性。如果评估后体育调解机构认为无继续调解的必要性，终止调解程序并告知当事人各方将需要寻找如仲裁、诉讼在内的其他方式来解决纠纷。

残疾青少年体育纠纷可采用以下几种调解方式：（1）直接调解：当残疾青少年体育纠纷发生时，双方当事人可以向调解机构或调解员提出直接调解的申请。调解机构或调解员在收到申请后，及时对申请进行审查，确认纠纷的性质和双方当事人的资格。由调解员直接组织双方当事人进行面对面沟通，了解他们的诉求和意见。通过有效的沟通，可以帮助双方当事人更好地理解彼此的观点和立场，促进纠纷的解决。如果双方当事人能够接受调解员提出的调解方案，可以在调解员的主持下达成调解协议。调解协议应明确双方当事人的权利和义务，规定履行期限和方式等内容。调解协议一旦达成，即具有法律效力，双方当事人应自觉履行。（2）书面调解：对于无法直接面对面沟通的当事人，可以采用书面方式进行调解，通过交换书面意见、提出调解方案等方式解决纠纷。调解机构受理纠纷后，应及时向双方当事人发出书面调解通知。通知中应明确调解的时间、调解员信息以及双方当事人的权利和义务等。双方当事人在收到调解通知后，应在规定时间内书面回复是否同意调解。如有一方不同意调解，调解程序将终止。书面调解作为一种有效的纠纷解决方式，具有记录明确、程序规范、便于执行等特点。（3）网络调解：利用互联网、电话等现代通信工具，组织双方当事人进行远程调解，提高调解效率。当体育纠纷发生时，双方当事人可通过指定的网络平台提交书面调解申请。申请中应详细描述纠纷事实、争议焦点及双方的诉求。调解机构在收到申请后，进行受理审查。线上证据提交后，由调解员组织双方当事人进行网络会议，听取双方当事人的陈述和诉求，并引导双方当事人进行充分的沟通和协商，尝试解决争议点。双方当事人也可在会议中提出自己的意见和建议。如经过网络调解，双方当事人仍未能就纠纷达成一致意见，调解程序将终止。双方当事人可选择其他纠纷解决方式，如仲裁、诉讼等。网络调解作为一种新兴的纠纷解决方式，具有高效、便捷、灵活等优点，将为残疾青少年体育纠纷的解决提供新的途径。（4）专家协助调解：根据残疾青少年纠纷的具体情况，可以邀请体育专家、医学专家、心理咨询师等协助调解，提供专业意见和建议。通过引入具备残疾青少年体育专业知识和经验的专家，协助调解纠纷，有助于为双方当事人提供专业的建议和帮助，提高调解的效率和公正性。在专家协助下，双方当事人进行充分的沟通和协商，尝试解决争议点。专家将根据事实和法律规定，提出合理的调解方案。如双方当事人对调解方案表示同意，将签署书面调解协议。协议内容应明确双方的权利和义务、履行期限和方式等。双方当事人按照协议内容履行各自义务，调解机构和专家将对履行情况进行监督和跟进。在调解过程中，应充分尊重残疾人的身心特点和需求，确保调解过程和结果的公正性和合理性。

三、调解与诉讼的对接

从《体育法》《体育仲裁规则》的相关规定中可以看出，调解的权限被归于体育仲裁机构，但是在体育调解和诉讼的程序衔接问题上，至少在法律层面上并没有加以明确，从法律体系的角度来看，我国的调解机制没有后续程序衔接的说法。调解是残疾青少年体育纠纷解决机制中不可或缺的一部分，诸多法律法规也确立了调解在解决纠纷当中的作用。除了《仲裁法》《体育法》之外，《人民调解法》也可以作为体育调解法律渊源的存在，至少具有一定参考价值。其中《人民调解法》第 34 条规定："乡镇、街道以及社会团体或者其他组织根据需要可以参照本法有关规定设立人民调解委员会，调解民间纠纷。"[①] 体育组织作为社会团体的一种，自然可以依据该条设立人民调解委员会或者说体育人民调解委员会。《人民调解法》的立法目的是解决民间纠纷，此处用的是民间纠纷一词而非民事纠纷，而《体育法》将调解的范围则限于竞技体育纠纷，调解对象的不同意味着两部法律所规定的调解适用范围也存在差异。但是参考《人民调解法》为各方确立的权利义务、法律原则，其依然可以适用于体育调解。

在体育调解与诉讼程序衔接问题上，在《体育法》的基础上建立起体育仲裁委员会之外，还需要成立专门的体育调解委员会。体育调解委员会可以参照《人民调解法》的规定，作为中国奥委会或中华全国体育总会下的独立非政府机构，以保持其独立性和中立性，并且根据《仲裁法》及其他有关法律有序运作，充分考虑体育调解的特点，对于标的、纠纷较小且争议较小的残疾青少年体育纠纷应当及时进行调解加以解决。同时，调解不应作为强制性程序妨碍当事人依法通过仲裁、行政、司法等途径维护自己的权利。

---

① 中华人民共和国人民调解法［J］. 中华人民共和国全国人民代表大会常务委员会公报，2010（06）：543-546.

（一）调解与诉讼的关系

调解程序的存在并不排斥残疾青少年依法通过诉讼的途径维权，这是因为《人民调解法》第3条强调“不得因调解而阻止当事人依法通过仲裁、行政、司法等途径维护自己的权利”①。同时，法律早已明确了应积极促进诉讼调解的融合适用，这被称为“调判结合”。诉讼调解，是指通过人民法院的组织支持，诉讼双方当事人经过平等协商，达成协议，并终结诉讼活动。而判断一种纠纷解决方案是否能真正满足残疾青少年的需要应从多角度着手，例如解纷的效率、双方实现诉求的满意度、解纷方案的执行力等。由于调解本身并不具有强制力，残疾青少年通过调解解决体育纠纷可能存在程序权利受损、诉求满足不充分或非自愿达成调解协议等情况。因此，为了保障残疾青少年的合法权益不受侵害，在构建调解解纷机制的同时，也应重视调解的后续制度对接。

最早的调判结合出现于新民主主义革命时期的“马锡五审判方式”，后在实践经验的基础上，1950年召开的第一届全国司法会议提出诉讼调解是“我国审判制度的一个必要组成部分”②，2007年3月最高人民法院公布的《关于进一步发挥诉讼调解在构建社会主义和谐社会中积极作用的若干意见》第2条确立了“能调则调，当判则判，调判结合，案结事了”③ 的指导方针。调解和诉讼作为体育纠纷解决机制中的两种手段，并不相互排斥，而是相互衔接递进的关系。诉调对接，即诉讼和非诉讼解纷方案的结合。一般而言，最简单的诉调对接主要有两种模式：一是法院内部的诉前调解与诉讼程序对接；二是纠纷当事人经过社会调解后，又将纠纷诉至法院。前一种是法院内部的诉调对接，后一种是外部调解与诉讼程序的对接。

（二）调解与诉讼的对接程序

依据我国现行《民事诉讼法》，诉讼调解可分为立案前的先行调解、开庭前的调解与开庭后判决前的调解三种类型。残疾青少年可采用这三种方式调解体育纠纷，若无法借助调解机构的力量进行维权，则可以依法向人民法院提起诉讼。

---

① 中华人民共和国人民调解法［J］．中华人民共和国全国人民代表大会常务委员会公报，2010（06）：543-546.

② 谷佳杰．中国特色诉讼调解制度之70年变迁与改革展望——基于司法政策对诉讼调解影响的分析［J］．山东大学学报（哲学社会科学版），2019，（06）：36-46.

③ 最高人民法院关于进一步发挥诉讼调解在构建社会主义和谐社会中积极作用的若干意见［J］．司法业务文选，2007（20）：28-33.

1. 诉前调解程序

2010 年最高人民法院印发的《关于进一步贯彻“调解优先、调判结合”工作原则的若干意见》提出“调解优先、调判结合”的司法政策，倡导人民法院“在收到当事人起诉状或者口头起诉之后、正式立案之前，对于未经人民调解、行政调解、行业调解等非诉讼纠纷解决方式调处的案件，要积极引导当事人先行就近、就地选择非诉讼调解组织解决纠纷，力争将矛盾纠纷化解在诉前。”① 基于对该倡议的理解，法院在正式受理残疾青少年提交的体育纠纷案件前，可以通过告知当事人向有条件的调解机构申请调解进行诉前调解案件分流，从而使调解与诉讼的对接落到实处，也可以提高诉讼的效率。

2. 调解协议确认程序

2009 年 7 月最高人民法院出台的《关于建立健全诉讼与非诉讼相衔接的矛盾纠纷解决机制的若干意见》第 20 条规定：“经行政机关、人民调解组织、商事调解组织、行业调解组织或者其他具有调解职能的组织调解达成的具有民事合同性质的协议，经调解组织和调解员签字盖章后，当事人可以申请有管辖权的人民法院确认其效力。”② 依据该条款形成的制度被称为司法确认制度，即由当事人申请，经人民法院审查后确认调解组织对当事人纠纷调解达成的协议合法有效，并赋予该调解协议强制执行力。

从理论层面看，司法确认制度是将调解与司法程序对接的合理化路径。从实践层面看，残疾青少年通过调解机构达成的调解协议并不具有强制执行力，还是要依赖于当事人的自觉履行。虽然绝大多数调解协议都能够得到履行，但仍存在部分调解后反悔或迟延履行调解协议的事件。借助调解机构解决残疾青少年体育纠纷，是考虑到时间成本与金钱成本，但确保调解后所达成的协议具有强制执行力也同样是保障残疾青少年权益的着手点之一。

3. 调解不成另行起诉

诉前调解案件分流强调将诉诸司法的体育纠纷引导至调解程序，司法确认制度关注的是已通过调解达成协议的体育纠纷，这两者虽都是诉调对接的模式，但存在的阶段不同。除了以上两种模式，残疾青少年在选择调解机构进行调解后，因调解不成、协议无法履行等状况未顺利解决体育纠纷的，当事人可以另行向有管辖权的人民法院提起诉讼，这也是诉调对接的一种常见模式。根据调解与法院诉讼的互补关系，残疾

① 最高人民法院关于进一步贯彻“调解优先、调判结合”工作原则的若干意见［J］. 司法业务文选，2010（29）：37-46.

② 最高人民法院关于建立健全诉讼与非诉讼相衔接的矛盾纠纷解决机制的若干意见［J］. 司法业务文选，2009（38）：33-38.

青少年一旦认为调解无法解决发生的体育纠纷，抑或调解存在不公的现象时，在结束调解后都可以另行起诉，重新将纠纷诉至有管辖权的人民法院，通过司法程序解纷。

第三节　发挥中国体育仲裁委员会的职能

体育仲裁是解决残疾青少年体育纠纷的有效方法。国家体育总局依法设立了专门的仲裁机构——中国体育仲裁委员会，其受理的案件涵盖了各类体育纠纷，残疾青少年体育纠纷同样可以通过中国体育仲裁委员会进行仲裁，以确保残疾青少年运动员的合法权益得到保护。我国当前处于相对特殊的发展阶段，需要将社会、文化背景与时代特征相结合，同时借鉴学习国外在仲裁领域的成功经验，发挥中国体育仲裁委员会的职能，完善体育仲裁机制来解决残疾青少年体育纠纷。

一、中国体育仲裁委员会的建立

2023 年 1 月 1 日新实施的《体育法》增设体育仲裁专章，为在我国建立体育仲裁制度奠定了法律基础。《体育法》第 91 条规定：“国家建立体育仲裁制度，及时、公正解决体育纠纷，保护当事人的合法权益。体育仲裁依法独立进行，不受行政机关、社会组织和个人的干涉。”第 93 条第 1 款规定：“国务院体育行政部门依照本法组织设立体育仲裁委员会，制定体育仲裁规则。”这些规定明确国家建立体育仲裁制度，由国务院体育行政部门设立体育仲裁委员会，制定体育仲裁规则。无论在专门从事体育运动的国际体育组织还是在体育事业相对发达的国家，体育仲裁都是解决体育纠纷的最重要方法之一。严格按照《体育法》相关规定组织设立中国体育仲裁委员会，是加强《体育法》配套制度建设、确保《体育法》贯彻落实的有力体现。《中国体育仲裁委员会组织规则》第 2 条规定：“中国体育仲裁委员会（以下简称体育仲裁委员会）是由国家体育总局（以下简称体育总局）依法设立、专门处理体育纠纷案件的仲裁机构。”第 3 条规定：“体育仲裁依法独立运行，不受行政机关、社会组织和个人的干涉。”体育仲裁委员会独立于行政机关、社会组织和个人，这是保证体育仲裁独立性和体育仲裁结果公正性的根本。尤其是对于残疾青少年的体育仲裁，由于残疾青少年在纠纷当中通常属于弱势一方，更需要有中立的仲裁机构对其权益加以保障。

随着体育全球化开始深入体育纠纷解决领域，国际奥委会、单项体育联合会和绝大多数国家奥委会都开始接受国际体育仲裁院的管辖，国际体育仲裁院的影响力也在逐渐增加。中国体育仲裁委员会的设立是及时的。依据《中国体育仲裁委员会组织规则》，中国体育仲裁委员会（以下简称体育仲裁委员会）依法履行的职责主要包括：（1）制定与修改章程。体育仲裁委员会负责制定和修改自身的章程，以明确仲裁机构的宗旨、职责、组织机构和运作方式等。（2）聘任与解聘仲裁员。体育仲裁委员会负责聘任和解聘具备专业知识和经验的仲裁员，以确保仲裁工作的公正、高效和专业。（3）受理体育纠纷。体育仲裁委员会受理的体育纠纷包括对体育社会组织、运动员管理单位、体育赛事活动组织者按照兴奋剂管理或者其他管理规定作出的取消参赛资格、取消比赛成绩、禁赛等处理决定不服发生的纠纷，因运动员注册、交流发生的纠纷，在竞技体育活动中发生的其他纠纷。（4）监督仲裁活动。体育仲裁委员会对仲裁活动进行监督，以确保仲裁程序的合法性和仲裁裁决的公正性。（5）制定内部管理办法。体育仲裁委员会负责制定内部管理办法，以规范仲裁工作的运作和仲裁员的行为。（6）履行法律、法规以及章程规定应当履行的其他职责。

综上，体育仲裁委员会的建立旨在专门处理体育领域的纠纷案件，通过制定章程、聘任仲裁员、受理案件、监督仲裁活动和制定内部管理办法等职责的履行，来确保体育仲裁工作的公正、高效和专业。

二、仲裁员的组成及监督

（一）仲裁员的组成

根据《中国体育仲裁委员会组织规则》，体育仲裁委员会由体育行政部门代表、体育社会组织代表、运动员代表、教练员代表、裁判员代表以及体育、法律专家组成。仲裁员由体育仲裁委员会聘任，依法独立仲裁体育纠纷。体育仲裁委员会应当建立仲裁员名册，并予以公告。仲裁员依法享有以下权利：（1）独立处理体育纠纷，不受行政机关、社会组织和个人的干涉；（2）履行职责应具有的职权和工作条件；（3）人身、财产安全不因履行职责受到威胁、侵犯；（4）法律、法规以及中国体育仲裁委员会制定的仲裁员聘任和管理办法规定的其他权利。仲裁员应当履行以下义务：（1）依法处理体育纠纷；（2）维护国家利益和公共利益，保护当事人合法权益；（3）严格执行廉政规定，恪守职业道德；（4）自觉接受监督；（5）参加聘前培训和履职培训；（6）法律、法规以及中国体育仲裁委员会制定的仲裁员聘任和管理办法规定的其他义务。仲裁员聘期一般为4年。体育仲裁委员会负责仲裁员考核，考核结果作为解聘和续聘仲裁员的依据。[①]

---

① 中国体育仲裁委员会组织规则［EB/OL］. https://www.sport.gov.cn/n315/n20001395/c25040714/content.html，2022-12-25.

《中国体育仲裁委员会组织规则》第 6 条第 1 款规定：“体育仲裁委员会设主任一名，副主任和委员若干名，组成人员总人数不超过二十一人，且为单数。”① 根据体育纠纷的不同类型，设立仲裁员名册，方便当事人各方选择。按照规定，三分之二以上的组成人员应当具有八年以上体育或法律教学、科研或者实务经历。考虑到体育中包括残疾人体育，因此仲裁员的构成应包含法律专家、律师和有残疾人体育管理经验的工作者、运动员、教练员等。同时由于仲裁的质量主要取决于仲裁员，因此无论是当事人还是仲裁机构都应对究竟由谁来对当事人之间的争议进行裁决的问题给予足够的重视。

（二）仲裁员的监督

在确定仲裁员的组成外，监督则成为保证仲裁中立性的关键。仲裁机构的设置体系决定了仲裁机构内部监督的必要性。《中国体育仲裁委员会组织规则》第 4 章对体育仲裁委员会的监督管理事宜作出明确规定，设立监事会对申请受理、办案程序、仲裁员及其他工作人员的行为等进行监督，但不得干涉具体案件；对仲裁员的职业操守、行为规范等进行监督；对仲裁员各类违规违纪违法行为进行相应处理。另外，还有条款对仲裁秘书等办案辅助人员的职业行为规范进行监督。

体育仲裁委员会已经制定并颁布了与职业道德和仲裁纪律有关的行为准则，如果违反规定，则可以由在该框架内成立的监事会对仲裁员施加制裁或处罚。仲裁机构的内部监督是个案监督，而仲裁协会的监督既包括标准法律条文下的一般监督，也包括个案监督等。同时，行业监督与司法监督之间也存在异同。司法监督旨在监督个案而非个人，而行业监督则是关于资格的认定和个案的质量保障，并且更多地关注仲裁员的监督。而两者的相似之处在于与内部监督的自律相比，司法监督和行业监督是外部的。

此外，舆论监督也是仲裁监督的一种主要形式。虽然公众参与仲裁监督存在“舆论绑架”的可能，在一定程度上影响了仲裁的独立性，但是舆论监督的积极作用并不在于在案件审查中对仲裁员及其仲裁庭直接干预，而在于对仲裁员及其专业行为进行评估和限制。因此围绕仲裁的舆论监督是一种长效的监督机制。对特定问题的司法监督、内部监督和行业监督总是存在着难以克服和避免的缺点和局限性。因此，舆论监督是一种必然的监督方法。作为社会的一员，仲裁员无法避开社会的目光。对仲裁进行舆论监督是一种经济高效的选择，社会力量可以有效地用于实现监督目标，营造良

---

① 中国体育仲裁委员会组织规则［EB/OL］. https：//www. sport. gov. cn/n315/n20001395/c25040714/content. html，2022-12-25.

好的仲裁环境从而为仲裁的发展作出巨大贡献。

三、仲裁程序

体育仲裁委员会的仲裁程序主要包括普通程序、上诉程序和特别程序。普通程序主要涉及民事责任和商事责任的残疾青少年体育纠纷等。对于《仲裁法》规定的可仲裁纠纷和《中华人民共和国劳动争议调解仲裁法》规定的劳动争议，体育仲裁委员会不予受理，而其他的涉及体育领域的民商事纠纷，双方当事人既可以根据仲裁协议向体育仲裁委员会提起普通仲裁，也可以向法院寻求司法救济。[①] 而上诉程序的主要目的在于就体育争议中当事人对体育组织内部决定不服时，比如纪律处罚决定、兴奋剂处罚、参赛资格异议等，可以向体育仲裁委员会提出上诉。特别程序是发生在重大体育赛事活动期间或开幕式前 10 日内，需要即时处理的体育赛事活动纠纷适用的。

具体而言，将体育行业的内部解纷程序作为申请体育仲裁之前的一项必经的前置程序，如果体育组织没有内部纠纷解决机制或者内部纠纷解决机制未及时处理纠纷的，当事人可以申请体育仲裁。[②] 在体育争端发生之后提起仲裁之前，根据体育争端的性质，有必要充分利用行业自治的作用，对于可以在体育协会内解决的残疾青少年体育纠纷，应根据“穷尽内部救济”的原则来解决体育纠纷。争端各方必须先向体育协会等主管机构寻求解决方案，无法解决纠纷再将体育争端提交体育仲裁委员会。当前，学界普遍认为，当运动员选择一项特定的运动时，他就表示接受了该运动所属协会的管理。此外加上体育纠纷解决也有时效和专业的要求。如对运动员的参赛资格认定，违规服用兴奋剂、违反特定运动的竞技规则等行为需要作出裁决时，采用体育组织自身内部纠纷解决方式更有效、更合理。在考虑解决不同国家体育组织内部纠纷的方法时，首先依赖体育协会内部解决的方案。因此，毫无疑问，体育协会内部纠纷解决是寻求体育仲裁解纷之前的一种主要救济方法。

在仲裁程序方面，《体育法》第 9 章“体育仲裁”对体育仲裁机构的普通、上诉、特别程序进行了原则性规定，并授权由国务院体育行政部门制定细化的体育仲裁规则。我国体育仲裁委员会建立后，可采用直接受理案件的方式进行普通程序仲裁。启动普通程序的书面请求，需要包含被申请人的名称和详细地址、对事实和法律的说明、申请人的救济请求、包含仲裁协议的合同或章程副本、仲裁员的选择并缴纳仲裁费用。在普通程序中，可以采取书面或口头形式，对于相对复杂的案件可以采取听证会的形式，以便当事人陈述纠纷详情并质证。而对体育组织已作出决定不服的，则可以启动

---

① 中华人民共和国体育法［EB/OL］. https：//www. sport. gov. cn/n10503/c24405484/content. html，2022-06-25.

② 中华人民共和国体育法［EB/OL］. https：//www. sport. gov. cn/n10503/c24405484/content. html，2022-06-25.

上诉程序。在上诉程序中，除普通程序的一般规定外，仍应对事实和程序一并审理，同时基于体育仲裁的时效性要求，上诉请求提出的时间应不晚于原体育组织作出决定的21日内。

特别程序是在大型体育赛事举办过程中，对实时发生的体育纠纷进行仲裁的程序。通常需要设立特别仲裁庭，以便更快受理仲裁申请并及时作出裁决。特别程序仅存在于赛事存续期间，也仅对赛事中发生的如参赛资格争议等非技术性纠纷等进行受理。无论何种仲裁程序，申请人均要按照仲裁程序规定提交合适的仲裁申请书，否则视为撤回仲裁申请。反过来，如果被申请人未能按照程序规则提交答辩，仲裁庭则可以继续审理并作出裁决。最后，任何一方未出席听证会不影响仲裁庭继续审理。

四、仲裁与诉讼的对接

在我国，法院与仲裁委员会之间的关系经历了绝对不干预、绝对干预和有条件干预三个发展阶段。由于我国经济社会发展的不断进步和法治建设进程的不断加快，我国的仲裁逐渐得到法院的支持。2006年《最高人民法院关于适用〈中华人民共和国仲裁法〉若干问题的解释》出台，法院与仲裁委员会之间的关系逐步明确，该解释就其中的衔接制定了详细的规则，尤其在仲裁协议方面。根据相关规定，残疾青少年体育纠纷的当事人不仅可以在纠纷发生的事前签署仲裁协议，事后也是可以进行签署的。在签署了仲裁协议的情况下，根据《仲裁法》第5条的规定："当事人达成仲裁协议，一方向人民法院起诉的，人民法院不予受理，但仲裁协议无效的除外。"① 根据《体育法》第97条、第98条规定，体育仲裁裁决书自作出之日起发生法律效力，裁决作出后，当事人就同一纠纷再申请体育仲裁或者向人民法院起诉的，体育仲裁委员会或者人民法院不予受理。但如果有违反程序公正以及其他违法情形，或者认定裁决违背社会公共利益的，当事人可以向体育仲裁委员会所在地的中级人民法院申请撤销裁决。②

由此，当存在有效仲裁协议的情况下，纠纷的解决只能通过仲裁的方式，排除司法机关对案件的管辖。但是这种排除不是绝对意义上的例外，并不意味着司法机关完全不能干预体育纠纷的解决。如果对仲裁协议的有效性产生争议，或者存在仲裁程序违法等情况，当事人仍然可以向法院提起诉讼。在通常情况下，体育仲裁机构作出仲裁裁决后，残疾青少年体育纠纷各方不能向体育仲裁机构提出申诉，也不能向法院提起诉讼。但是，如果体育仲裁协议在法院审查后被认定无效，则法院可以接收此类体

① 中华人民共和国仲裁法［EB/OL］. http://www.npc.gov.cn/npc/c2/c30834/201905/t20190521_278151.html，2017-09-12.

② 中华人民共和国体育法［EB/OL］. https://www.sport.gov.cn/n10503/c24405484/content.html，2022-06-25.

育纠纷的诉讼请求。因此，在仲裁与诉讼的对接上，可以参照以下几点原则。

（一）充分尊重意思自治

当事人自治是仲裁的基础，是仲裁重要且独有的特征。它不仅贯穿在仲裁发展的全过程，也是现代仲裁最显著的特征。[①] 关于仲裁与诉讼的对接，我国的残疾青少年体育仲裁可以从充分尊重意思自治上进行：（1）遵守仲裁协议的要求。我国《体育法》第 92 条明确规定了三种适用仲裁的体育纠纷，即当事人可以根据仲裁协议、体育组织章程、体育赛事规则等，对体育社会组织、运动员管理单位、体育赛事活动组织者按照兴奋剂管理或者其他管理规定作出的取消参赛资格、取消比赛成绩、禁赛等处理决定不服发生的纠纷，因运动员注册、交流发生的纠纷以及在竞技体育活动中发生的其他纠纷。因此，如果残疾青少年体育纠纷属于上述三类纠纷，则可适用仲裁，需要遵守相关仲裁规则。（2）加强当事人自治原则。如果当事人双方都同意，则当事人可排除司法复审，排除法院对仲裁协议的异议或对裁决上诉的裁定权。

（二）司法对仲裁的认可

司法与仲裁并不是对立的，在仲裁程序越来越成熟的当下，着重体现司法对仲裁的认可。《体育法》明确了体育仲裁与法院司法管辖等的关系。[②] 首先，仲裁庭必须有权自己确定仲裁协议的有效性以及仲裁庭是否具有管辖权。当前，主要国际仲裁机构和仲裁条约通常允许仲裁委员会或者仲裁庭对仲裁协议和仲裁管辖直接作出裁定。《体育仲裁规则》第 15 条第 1 款规定，体育仲裁委员会有权对仲裁协议的存在、效力以及仲裁案件的管辖权作出决定。其次，关于仲裁员的选定，根据《仲裁法》第 32 条的规定："当事人没有在仲裁规则规定的期限内约定仲裁庭的组成方式或者选定仲裁员的，由仲裁委员会主任指定。"[③]《体育仲裁规则》第 28 条第 1 款规定："仲裁庭由三名仲裁员组成的，申请人和被申请人应在收到仲裁通知后十五日内各自选定或委托主任从《仲裁员名册》中指定一名仲裁员。当事人未在上述期限内选定或委托主任指定的，由主任指定。"可以看出在对仲裁员组成的异议方面，主要由仲裁委员会行使职权，法院一般不予介入。并且根据《体育仲裁规则》第 31 条、第 32 条，体育仲裁委员会将组庭情况书面通知当事人，仲裁员收到组庭通知后应当签署声明书，承诺独立、公正仲

---

① 石育斌．国际商事仲裁研究 总论篇［M］．上海：华东理工大学出版社，2004：38.

② 新时代体育事业发展的法治保障——体育总局政策法规司负责人解读新修订的体育法［EB/OL］．https：//www. sport. gov. cn/n315/n20067006/c24405415/content. html，2022-06-25.

③ 中华人民共和国仲裁法［EB/OL］．http：//www. npc. gov. cn/npc/c2/c30834/201905/t20190521_ 278151. html，2017-09-12.

裁，并主动书面披露其知悉的可能引起对其独立性、公正性产生合理怀疑的情形，若该情形足以构成应当回避的事由，则应当主动回避。当事人对仲裁员亦可提出回避申请。因此，如果当事人对体育仲裁委员会的仲裁员组成的异议裁决不满意，现行规定提供了补救措施。再次，关于仲裁裁决的效力，根据《体育法》第 97 条规定，体育仲裁裁决书自作出之日起发生法律效力。裁决作出后，当事人就同一纠纷再申请体育仲裁或者向人民法院起诉的，体育仲裁委员会或者人民法院不予受理。从仲裁协议的存在、效力以及仲裁案件的管辖权，仲裁员的选定和仲裁裁决的效力方面来看，相关规定充分显示了体育仲裁的独立性和司法对体育仲裁的支持与认可。体育仲裁的核心在于独立性，这也是未来体育仲裁事业进一步发展的内在需要。

（三）司法对仲裁的监督

仲裁司法审查是人民法院对仲裁活动进行监督的一种重要方式。司法对仲裁的监督主要体现在对仲裁裁决的审查。当前，对仲裁裁决有效性的审查仍是行使司法撤销权的关键。《体育法》第 98 条对体育仲裁裁决行使司法撤销权的情形作了明确规定，即人民法院经组成合议庭审查核实裁决有法定的违规情形的，或者认定裁决违背社会公共利益的，应当裁定撤销。法定的违规情形具体包括：适用法律、法规确有错误的；裁决的事项不属于体育仲裁受理范围的；仲裁庭的组成或者仲裁的程序违反有关规定，足以影响公正裁决的；裁决所根据的证据是伪造的；对方当事人隐瞒了足以影响公正裁决的证据的；仲裁员在仲裁该案时有索贿受贿、徇私舞弊、枉法裁决行为的。[①] 具体而言，如果仲裁裁决在适用法律、法规方面存在错误，导致裁决结果不符合法律规定；仲裁庭裁决的事项超出了体育仲裁的受理范围，构成越权裁决；仲裁裁决所依据的证据是伪造的或对方当事人故意隐瞒重要证据，导致裁决结果不公正；仲裁庭的组成不符合规定，或者仲裁程序存在明显瑕疵，仲裁员在仲裁过程中存在违法违纪行为，人民法院可依法撤销仲裁裁决。

同时，司法对仲裁的监督需要规范重新仲裁的制度。《仲裁法》第 61 条规定："人民法院受理撤销裁决的申请后，认为可以由仲裁庭重新仲裁的，通知仲裁庭在一定期限内重新仲裁，并裁定中止撤销程序。仲裁庭拒绝重新仲裁的，人民法院应当裁定恢复撤销程序。"[②]《体育法》第 98 条第 3 款规定："人民法院受理撤销裁决的申请后，认为可以由仲裁庭重新仲裁的，通知仲裁庭在一定期限内重新仲裁，并裁定中止撤销

---

① 中华人民共和国体育法［EB/OL］. https：//www. sport. gov. cn/n10503/c24405484/content. html，2022-06-25.

② 中华人民共和国仲裁法［EB/OL］. http：//www. npc. gov. cn/npc/c2/c30834/201905/t20190521_ 278151. html，2017-09-12.

程序。仲裁庭拒绝重新仲裁的，人民法院应当裁定恢复撤销程序。”① 并且《体育仲裁规则》第61条继续强调了该规定：“人民法院通知重新仲裁的，仲裁庭应当重新审理，并作出裁决。”② 但仲裁裁决的撤销、仲裁范围、重新仲裁的仲裁庭组成等规定不够明确。这就导致了在各个地区的法院的理解和运作中造成了矛盾。这种重新仲裁是在提交撤销仲裁裁决请求之后、撤销之前的一种救济程序。因此，只有在认为不适合授予仲裁庭新的仲裁权并且新的仲裁受到程序缺陷的限制时，法庭才能全部或部分撤销。另外如上所述，很明显重新仲裁的期限规定过久，需要缩短重新仲裁的期限，且需要明确在重新仲裁后原仲裁裁决自动失效等。仲裁司法审查并不是对仲裁裁决的全面审查，而是对仲裁活动的合法性和公正性进行必要的监督。因此，在进行司法审查时，人民法院会尊重仲裁的独立性和专业性，并充分考虑仲裁的特点和优势。《体育法》赋予了人民法院对体育仲裁裁决进行司法审查的权力，确保了仲裁裁决的合法性和公正性。同时，它也促进了体育仲裁制度的完善和发展，为体育纠纷的解决提供了更加公正、高效的途径。

综上，完善仲裁与诉讼的对接，是残疾青少年体育纠纷解决的关键问题，这对于积极解决体育领域的矛盾和纠纷、确保体育事业和谐稳定发展非常重要。仲裁和诉讼是各种争端解决机制中较为重要的纠纷解决方法，都有着自身的优势和劣势。与体育仲裁程序发达的国家、地区和国际组织相比，我国的体育仲裁机制尚待进一步完善。

第四节　优化诉讼机制

诉讼，是人们在实践生活中运用诉讼制度、诉讼组织、诉讼活动等解决社会纠纷的常见手段。中国的诉讼文化与诉讼制度经历了长时间的变革，伴随着中国法治化进程的推进，在由“完善法制”发展为“实现法治”的过程中，诉讼越来越成为纠纷解决机制中最能体现法律权威的途径。

一、诉讼解纷机制

相较于调解、和解、仲裁等纠纷解决方式，诉讼解纷有其自身的特点。首先，诉讼是经过立法确认且完善的制度性解纷方式。以《中华人民共和国民事诉讼法》《中华

① 中华人民共和国体育法［EB/OL］. https：//www. sport. gov. cn/n10503/c24405484/content. html，2022-06-25.
② 体育仲裁规则［EB/OL］. https：//www. sport. gov. cn/n315/n20001395/c25040650/content. html，2022-12-25.

人民共和国刑事诉讼法》《中华人民共和国行政诉讼法》为代表的程序性法律及其配套产生的司法解释是诉讼解纷的法律支撑，在这些法律条文中包含了证据规则、审理程序、审判监督标准和当事人权利义务等内容。其次，诉讼的基本原则具有更强的指导性。当事人诉讼权利平等原则，同等原则，辩论原则，处分原则，调解原则，以事实为依据、以法律为准绳原则，回避原则，公开审判原则等多项原则中，一类原则是实体法与程序法的共有原则，另一类原则是程序法特有的原则，共有原则和特有原则共同规范了当事人通过诉讼解纷的程序。最后，诉讼在一定程度上涵盖了调解、和解等纠纷解决手段的部分内容，但诉讼可以在这些原有内容的基础上增加强制力，使调解与和解制度内容更具有优势。

（一）体育纠纷解决中诉讼的地位与作用

体育纠纷解决具有特殊性，这种特殊性一般表现为体育纠纷解决的专业化要求与体育纠纷解决的时效性需求。正是基于这种特殊性，体育纠纷解决机制中仲裁与调解更多地被体育纠纷当事人选用，诉讼并不常作为首要选择出现。依据《中华人民共和国民事诉讼法》（以下简称为《民事诉讼法》）的有关规定，我国的公民、法人和相关组织均可以作为体育民事诉讼的当事人。在体育民事诉讼中，纠纷当事人都处于平等的法律地位，必须在民事诉讼的受案范围内，向有管辖权的人民法院提起民事诉讼。实践中，体育纠纷诉讼可分为体育行政诉讼、体育刑事诉讼、体育民事诉讼等几大类，且一般性体育纠纷大多被强制要求“先裁后审”，并不能直接通过法院的诉讼解决。所以，从实践层面和法律制度发展现状来看，体育诉讼并不是体育纠纷解决机制的主流。但正如前文所述，诉讼具备仲裁与调解等其他纠纷解决方式所没有的制度优势，能够辅助体育纠纷顺利解决。

依据裁判案例实践可以发现，进入到诉讼程序中的体育纠纷主要为合同纠纷、侵权纠纷、行政纠纷等，法院作出裁判的依据往往涉及《体育法》《全民健身条例》等法律法规及各地区行政规章等内容。同时，案件可以经过两级法院审理，即只要当事人对原审法院的裁判不服，便可依程序提起上诉。这是诉讼具有的制度优势，可以帮助体育纠纷当事人获得两次救济的机会，上诉法院可以对审理程序与事实认定两方面进行审查及纠正。由于体育组织“内部救济”的纠纷解决机制具有封闭性，且内部组织不具有绝对中立性，内部仲裁或调解所具有的专业性和时效性便会大打折扣。从裁判的法律依据和程序上看，相较于其他纠纷解决方式，体育诉讼可以从整体上确保体育纠纷当事人的合法权益受到保护。

（二）人民陪审员的特殊作用

除了诉讼原则和程序，诉讼也因其拥有特殊的制度内容成为当事人的选择，例如，人民陪审员制度。依据《中华人民共和国人民陪审员法》，符合任职资格的公民可以参与人民法院的审判活动，与法官共同了解和处理有关纠纷案件，除法律另有规定外，可以享有与法官同等的权利，依照此类规定产生的便是人民陪审员。2019 年 4 月 24 日，最高人民法院公布了《关于适用〈中华人民共和国人民陪审员法〉若干问题的解释》，吸收非职业法官共同参与司法审判活动，提升诉讼活动的透明度与公正度，提升特殊领域纠纷的审判专业化水平。首先，从法律与道德的关系出发，人民陪审员可以将民意引进司法，让司法更有温度。其次，纠纷类型多样化对审判提出了更高的要求，尤其涉及以残疾人为代表的弱势群体诉讼纠纷，人民法院在处理案件的过程中可以通过人民陪审员了解法律之外的专业知识，并将其提供的意见作为裁判参考。最后，人民法院也可以聘请残联工作人员、从事残疾人事务研究的专业人士和具备法律知识的残疾人士担任人民陪审员。

（三）诉讼介入残疾青少年体育纠纷

《残疾人保障法》第 60 条第 1 款规定："残疾人的合法权益受到侵害的，有权要求有关部门依法处理，或者依法向仲裁机构申请仲裁，或者依法向人民法院提起诉讼。"[①] 残疾青少年体育纠纷的主体特殊。残疾青少年是弱势群体之一，该群体对体育纠纷解决的需求比一般体育纠纷更特殊，除了专业性和时效性的基本要求之外，残疾青少年体育纠纷具有更丰富的理念原则体系。

首先，残疾青少年在生理特征上除了在肢体、器官、智力或精神等方面存在损伤或功能障碍，还具有独特的心理特征。[②] 残疾青少年可能存在与社会的交流障碍，这种抵触心理可能会影响其在面对体育纠纷时的解决方案选择。其次，残疾青少年体育纠纷主体可能会涉及教育行政部门、学校、教师等，在纠纷解决过程中，残疾青少年往往并不能够凭借自身力量进行维权，而是需要辅助能量介入，弥补纠纷对立当事人之间的力量差距。

残疾青少年体育纠纷可大致分为学校体育纠纷和非学校体育纠纷。非学校体育纠纷又可以进一步分为竞技体育纠纷和非竞技体育纠纷。与运动员注册、参赛资格等相

---

① 中华人民共和国残疾人保障法［EB/OL］. https：//flk. npc. gov. cn/detail2. html？ZmY4MDgwODE2ZjEzNWY0NjAxNmYxZDEzNGM4ODEzMmI%3D，2018-10-26.

② 黄世昌 . 中外残疾学生体育权利保障比较研究［M］. 湘潭：湘潭大学出版社，2017：110.

关的竞技体育纠纷需依据《体育法》第92条的规定提交至体育仲裁委员会，而学校体育纠纷与非竞技体育纠纷则可能直接进入到司法程序，即通过诉讼解决体育纠纷。

二、立法保障的完善

诉讼解纷是残疾青少年所涉体育纠纷可以直接选用的解纷机制，但现行立法并未明确，且有不足之处，应明确法律依据，补充救济条款，完善保障体系。

（一）立法现状

1.《残疾人保障法》相关规定

《残疾人保障法》规定，残疾人的合法权益受到侵害的，可向残疾人组织投诉，有权要求有关部门依法处理，或者依法向仲裁机构申请仲裁，或者依法向人民法院起诉。基于此，中国残疾青少年体育纠纷的救济方式可大致分为行政救济、仲裁救济与司法救济三类。其中，有关司法救济的法律规定存在规定不明晰、操作不便捷、配套制度不完善等现象。

2.《体育法》相关规定

在我国现行法律中，《体育法》是有关体育的最高层级的专门性立法，规定了公民的体育权利义务等内容，也提及了保障条件、法律责任等附随规定。但该部法律尚不能全面地、有效地解决当前国内体育领域相关纠纷，以《体育法》第92条为例，该条规定了在竞技体育活动中发生纠纷，由体育仲裁委员会负责调解、仲裁。当然，该条仅将发生纠纷的体育事务局限在竞技体育中，而未提及学校体育、全民健身等其他项类的体育纠纷。因此，可以依据《体育法》第92条规定维权的残疾青少年体育纠纷只能是竞技体育纠纷，在校内发生的学校体育伤害事故则不能适用该条款。

（二）制约因素

1. 法律中尚未明确规定残疾人体育纠纷

截至目前，《体育法》和《残疾人保障法》是保障残疾人体育参与的主要法律，但从这两部法律的具体条款中无法直接找到“残疾人体育纠纷”等字眼，因此“残疾人体育”并没有法律条款明确规定。残疾青少年暂时只能依据《残疾人保障法》中类似“残疾人在政治、经济、文化、社会和家庭生活等方面享有同其他公民平等的权利”① 进行维权。《体育法》中规定，全社会应当关心和支持残疾人参加全民健身活

① 中华人民共和国残疾人保障法［EB/OL］. https://flk.npc.gov.cn/detail2.html?ZmY4MDgwODE2ZjEzNWY0NjAxNmYxZDEzNGM4ODEzMmI%3D，2018-10-26.

动。各级人民政府应当采取措施，为残疾人安全参加全民健身活动提供便利和保障。学校应当在体育课教学时，组织病残等特殊体质学生参加适合其特点的体育活动。① 从这些法律条款中可找寻到残疾青少年体育权利保障的法律依据。

2. 缺乏残疾人体育专门立法

正如前文所述，我国尚未明确规定“保障残疾人体育的法律责任”，有关的法律规定也散落在《宪法》《残疾人保障法》《体育法》和各项政策文件中，且条款内容都偏向原则性规定，并没有可直接依据的明确法律规定，缺乏残疾人体育专门立法。

3. 缺少残疾人体育配套法规

现行《体育法》《残疾人保障法》规定了许多原则性的内容，但都不具有可直接操作性。例如，《残疾人保障法》第 41 条第 2 款规定了：“各级人民政府和有关部门鼓励、帮助残疾人参加各种文化、体育、娱乐活动，积极创造条件，丰富残疾人精神文化生活。”② 但对于残疾人的参与方式、依据，如何针对各类残疾人的不同需求提供帮助等问题都没有进一步说明。在残疾人体育权利未明确规定的现状下，一般都是原则性规定，具有模糊性，若没有配套法规的支持，原则性规定内容的实际存在意义也会大打折扣。

（三）完善立法

从法律层面上考虑，应先从《残疾人保障法》和《体育法》着手进行制度完善。

1. 明确残疾人体育的法律责任

现行《宪法》第 21 条第 2 款明确规定：“国家发展体育事业，开展群众性的体育活动，增强人民体质。”③ 这表明国家认为公民平等享有体育权利，以残疾人为代表的特殊群体自然也享有该基本权利。然而，考虑到现在各部法律都涵盖体育权利，而相关条款内容又相对模糊，不利于残疾人（包括残疾青少年）的体育维权。为了保障残疾青少年能享有与其他健全青少年平等的体育权利，在修订《残疾人保障法》等法律时，应将残疾人体育权利明确规定于法律条款中。

2. 补充残疾青少年体育纠纷解决条款

除了《体育法》第 92 条规定适用体育仲裁的纠纷范围，《残疾人保障法》相关规定明确残疾人的合法权益受到侵害的可以向残疾人组织投诉，有权要求有关部门依法

① 中华人民共和国体育法［EB/OL］. https：//www.sport.gov.cn/n10503/c24405484/content.html，2023-08-18.

② 中华人民共和国残疾人保障法［EB/OL］. https：//flk.npc.gov.cn/detail2.html? ZmY4MDgwODE2ZjEzNWY0NjAxNmYxZDEzNGM4ODEzMmI%3D，2018-10-26.

③ 中华人民共和国宪法［J］. 中华人民共和国全国人民代表大会常务委员会公报，2018（S1）：104-132.

处理，也可以依法向仲裁机构申请仲裁或向有管辖权的人民法院提起诉讼。这些规定是残疾人体育纠纷解决的主要法律依据。

诉讼解决体育纠纷的不可替代性，在《体育法》中亦有明文列出，从而保障包括残疾青少年在内的残疾人体育权利。并且，残疾青少年参加体育活动的类型不同，会产生不同的身份，可分别考虑残疾青少年作为竞技体育选手、学生及普通运动参与者所可选择的维权途径。根据《民法典》侵权责任编的相关规定，为保护体育领域民事主体合法权益，可增加有关侵权责任的具体规定，除了竞技体育中残疾青少年运动员参赛权等以外，应设立条款对体育伤害涉及的人身权等侵权行为进行规制。规定竞技体育、学校体育、社会体育发生纠纷时可选择的解纷途径，明确诉讼可以成为体育纠纷的备选救济途径之一，对于暂不适宜采用诉讼方式解决的体育纠纷，统一采用清单模式列举。

三、程序规范的完善

体育纠纷的解决应从实体法视角和程序法视角分别进行考察。除了完善立法，诉讼程序规范的完善也是需要重视的内容。体育纠纷进入诉讼程序须经历“事实认定”和“法律适用”两个阶段，其中，完善相关立法要解决的是法律适用的基本依据问题，程序规范的完善要保障的是“事实认定”和“法律适用”的公正与合理。

（一）证据规则

公正是证据制度的首要价值。2020 年 5 月 1 日起正式施行的《最高人民法院关于民事诉讼证据的若干规定》（以下简称《民事证据规定》）重新对民事证据规则体系进行了解释与重构。这一变化自然会影响体育纠纷民事诉讼证据规则的走向。鉴于残疾青少年主体的特殊性，把握、适用和理解证据规则应更加仔细。

1. 理解适用“书证提出命令”

民事诉讼一般强调“谁主张，谁举证”的原则，然而在实践中却存在主张方举证不能或获证受阻的现象，例如，另一方处于优势地位并控制所需证据，则主张方就很难依靠自己的力量获取该证据。残疾青少年体育纠纷诉讼就可能存在这一困境。首先，残疾青少年的身体机能或精神状态存在缺陷，本就不具备一般健全行为人群的行动或思考能力；其次，残疾青少年大多不属于完全民事行为能力人，并不能独立实施民事法律行为。因此，残疾青少年在进行体育纠纷诉讼维权的过程中可能遭遇举证不能的障碍，影响维权的效率与结果。

依据《最高人民法院关于适用〈中华人民共和国民事诉讼法〉的解释》（以下简

称为《民事诉讼法解释》）第112条第1款规定，“书证提出命令”是指“书证在对方当事人控制之下的，承担举证证明责任的当事人可以在举证期限届满前书面申请人民法院责令对方当事人提交”，且《民事证据规定》第48条第1款规定：“控制书证的当事人无正当理由拒不提交书证的，人民法院可以认定对方当事人所主张的书证内容为真实。”① 法律明确规定了当事人有权借助人民法院的公权力收集所需证据，缺乏举证能力的当事人群体都应该全面理解适用该证据规则，并将其纳入特殊群体权利保障体系中。

残疾青少年属于举证能力不足的群体之一，该群体在面临体育纠纷诉讼时，面对的当事人可能是学校、行政机构、体育组织等强势主体方，致使残疾青少年调查收集证据的途径十分有限，而这种情况影响了法院进行“事实认定”与“法律适用”。为此，从权利保障的需求出发，应推进“书证提出命令”规则的普及应用，并将其固定于法律法规的条文中。考虑到残疾青少年的行为能力差异，在完善残疾青少年诉讼证据规则时，有必要在民事诉讼体系中的“书证提出命令”有关规定的基础上增添新的特殊内容，使证据规则的应用更具适配性。

2. 合法证据适用规则

一般来说，在进行“事实认定”时必须以双方当事人提交的证据为依据，这也会影响后续“法律适用”及最终裁判结果。证据的合法性密切关联当事人权利与程序正义，因此，为促进审判正义，必须规范所有证据的适用。

首先，《民事诉讼法解释》第107条规定：“在诉讼中，当事人为达成调解协议或者和解协议作出妥协而认可的事实，不得在后续的诉讼中作为对其不利的根据，但法律另有规定或者当事人均同意的除外。”② 残疾青少年在将体育纠纷诉诸人民法院前可能会经过调解等程序，在该过程中，可能会为了尽快达成调解作出一些让步，但这些内容原则上不能成为后续诉讼程序中当事人自认的证据。

其次，残疾青少年的隐私信息应受到保护。《民事诉讼法》第137条第1款规定：“人民法院审理民事案件，除涉及国家秘密、个人隐私或者法律另有规定的以外，应当公开进行。”③ 因此，若残疾青少年提起的体育纠纷诉讼涉及了其个人隐私，则不应当公开审理。且人民法院在适用证据时，应明确违规收集、分析、披露的个人信息将不

① 最高人民法院关于民事诉讼证据的若干规定［EB/OL］. https://flk.npc.gov.cn/detail2.html?ZmY4MDgwODE3NzdkMGM5NDAxNzdjY2QyOWQ4OTRkZWQ%3D，2019-12-25.

② 最高人民法院关于适用《中华人民共和国民事诉讼法》的解释［EB/OL］. https://flk.npc.gov.cn/detail2.html?ZmY4MDgxODE4MWNkY2ViMzAxODFkODAxYzMxYzQwNzA%3D，2022-04-01.

③ 中华人民共和国民事诉讼法［EB/OL］. https://flk.npc.gov.cn/detail2.html?ZmY4MDgxODE4YTIxZGMxMzAxOGI0MjUzMDNiNzA4NmQ%3D，2023-09-01.

作为合法证据被采纳。

（二）司法审查兼顾程序审和事实审

司法审查是指法院行使司法权全面监督、审查行政权规范性与合法性的过程。美国和欧洲国家的法院对体育纠纷，包括体育协会纪律处罚纠纷，均有司法介入，一般遵循“穷尽内部救济”原则，主要对纠纷案件的法律问题和正当程序进行审查。也有国家对事实进行审查。例如美国和英国法院在审理体育纠纷时，一般不关注纠纷实质内容的合法性，只对纠纷所涉的程序性问题进行审查。我国法院也应当在审查包括残疾青少年在内的残疾人的体育纠纷时兼顾程序审查与事实审查，在以程序审查为主的基础上对所涉体育纠纷的部分或全部事实进行二次审查。司法机关在对残疾青少年体育纠纷进行司法审查的过程中，应当着重审查有关主体裁判的程序是否存在瑕疵，其作出裁判的依据是否充分。一旦纠纷出现了程序错误或者事实判断错误，法院便可以依职权对违规主体进行裁判，对错误的处罚进行纠正，这有利于维护残疾青少年的合法体育权益。

（三）上诉救济

两审终审是我国司法体系的一项特色，绝大多数的体育纠纷在进入司法程序后都可以适用二审的程序。与仲裁等体育纠纷解决机制相比，诉讼本就应该体现其制度的优越性。

《民事诉讼法》第 171 条赋予了体育纠纷当事人上诉的救济权利。上诉是指诉讼当事人对一审判决不服，请求二审法院予以撤销并加以改判的诉讼行为。二审法院受理体育纠纷案件的原因包括但不限于：（1）体育纠纷当事人对原审法院的裁判结果不满的；（2）体育纠纷当事人认为原审法院存在程序违法；（3）体育纠纷当事人认为原审裁判遗漏了诉讼请求；（4）体育纠纷当事人找到了新的证据材料，可能推翻原审裁判等。残疾青少年在结束民事诉讼一审程序后，若对裁判不满，可依法向有管辖权的上诉法院提起上诉。

四、配套制度建设及监督

要切实保障残疾青少年的体育权利，有关部门应根据法律制定相应的配套政策和实施办法，对残疾青少年提供必要的指导、标准及必要的支持。

（一）加强配套法规建设

为贯彻实施《残疾人保障法》《体育法》，促进中国残疾人体育事业的发展，保障包括残疾青少年在内的残疾人合法享有体育权利，中国政府应制定一系列相应的法规。以2011年国家体育总局等六部门联合发布的《残疾人体育工作“十二五”实施方案》为例，该方案通过人力物力投入安排、项目推广等行动促进残疾人体育的发展。[①] 为了完善残疾青少年体育权利保障体系，除了完善立法外，还需要随之出台具体、可操作的专项配套法规制度，对残疾青少年的体育权利救济途径、责任分配、权利义务主体等内容进行全面的规定。因此，探索制定“残疾人体育权利保障工作安排”“残疾人权利救济体系建设规划”等专项政策性文件有利于弥补专项立法的空缺。

（二）加强配套制度建设

1. 建立残疾人体育专业人士陪审员数据库

司法介入体育纠纷解决的一大困境在于体育纠纷的专业化、技术化要求。体育自治存在的合理性源于其内部规则的适用程度，这导致了当前我国司法在处理体育纠纷时表现出一定的谨慎态度，一般不愿轻易介入体育纠纷。在我国法院当前受理的案件的结构中，民事、刑事、行政是主流的几大分类，而近年来被投以重点关注的商事法庭可谓专业化程度要求极高，可以看出除却常规的民、刑、行案件，其他任何方向的法律案件都需要有关的专业人士参与，这很大一部分原因在于我国的法官更多地倾向于传统的常规案件审理，若要求其立即、完整地掌握受理的体育案件所涉及的体育规则是不现实的，也增加了法官的压力。但鉴于脱离体育规则的司法存在一定的盲目性，容易出现判断偏差，在选用诉讼解决体育纠纷的同时，必须保证诉讼是以体育事务为基线进行的公正裁判。体育纠纷当事人在排除了诉讼外纠纷解决方式，抑或“穷尽内部救济”进入诉讼程序时，法律应当回馈体育纠纷当事人充分的信任及支持，而这种信任与支持可以通过审判专业化体现出来。法院对于残疾青少年体育纠纷案件进行司法审查，由于专业性较强，可由熟悉残疾人体育事务的法官主持庭审，并建立残疾人体育专业人士陪审员数据库，在诉讼案件中，聘请残疾人体育专业人士作为人民陪审员，以增强诉讼裁决的专业性。对于残疾人体育专业人士陪审员数据库的建立，可从以下几个角度着手：一是，残疾人体育专业人士陪审员数据库应独立于一般陪审员数据库，仅允许其参与体育纠纷诉讼。在常规的陪审员选任中，并未对其从事职业方向作出严格的限制，这意味着体育专业人士亦可能成为一般陪审员，若欲建立体育专业人士陪审员数据库，将之前已成为人民陪审员的残疾人体育专业人士与新选任的残疾人体育专业人士合并至统一的陪审员数据库中有利于增强该数据库的专业性与独立性。

---

① 关于印发《残疾人体育工作“十二五”实施方案》的通知［EB/OL］. https：//www.zgmx.org.cn/newsdetail/d-47515.html，2012-02-27.

二是，残疾人体育专业人士陪审员数据库也应当进一步细分。因此当涉及不同残疾青少年体育事务的纠纷进入到诉讼程序时，迅速分派不同专业方向的残疾人体育专业人士陪审员有利于帮助主审法官准确查明与案件相关的体育规则，从而提升体育纠纷诉讼的效率。最重要的是，残疾人体育专业人士陪审员的选任规则应经过严格考虑，并形成文字。对于残疾人体育专业人士的认定，是以其有残疾人体育教育背景为准还是以其体育专业知识为参考都值得进一步思考。并且，由于一个地区内可被选任为残疾人体育专业人士陪审员的人数具有一定的局限性，若在案件进入诉讼程序后，又发生需要回避的事项，如何保证数据库中的陪审员能够符合庭审要求又是另一个应在规则中明确说明的问题。

2. 引入临时禁令制度

禁令（Injunction）又称“强制令”。牛津法律大辞典将禁令定义为“一种衡平法性质的法律救济方法，据此可以命令某个人不得从事某种行为（限制性强制令），或命令其从事特定行为或事情（命令性强制令）”①。而临时禁令是指在诉讼过程中，权利人为了保障自己的权益不受侵犯，请求法院责令侵权行为人作为或不作为，临时性是其最大特征。与永久禁令相比较，临时禁令的意义在于在诉讼程序结束前，预防意外的损害发生。将该制度引入到残疾青少年体育纠纷诉讼程序中，是考虑到体育纠纷对时效性的要求极高。一般来说，一项体育赛事所持续的时间多为半个月，甚至几天就可以结束。在比赛期间若发生了体育纠纷，运动员更多地考虑的是能否继续完成赛事。而诉讼期间长达三个月到半年，残疾青少年体育纠纷当事人在等待审判结果的过程中，可能已经失去了原先寻求诉讼救济的意义，其诉求的实际效益将大打折扣。例如，若案件涉及残疾青少年的参赛资格问题，漫长的诉讼程序可能会导致残疾青少年错过正在进行或即将开始的体育赛事，甚至可能会终结一个残疾青少年的体育生涯。

因此，在诉讼过程中引入临时性限制措施有利于弥补诉讼的延迟性。在残疾青少年体育纠纷进入到诉讼程序后，若遇紧急情况发生，应允许体育纠纷当事人向法院申请临时禁令，要求法院责令另一方当事人作为或不作为，以保护申请人的权利在诉讼过程中不会遭到无法挽回的损害。这一做法不仅可以缩短诉讼周期，还能减少诉讼延迟带来不利后果的可能性。我国的《体育法》及《民事诉讼法》尚未明确规定体育临时禁令的内容。但我国《民事诉讼法》中规定了保全制度，保全可分为行为保全和财产保全，其涉及阶段也包括了诉前和诉中。该制度与临时禁令制度有相似之处，但不

① 戴维·M·沃克．牛津法律大辞典［M］．北京社会与科技发展研究所，译．北京：光明日报出版社，1988.

完全相同。体育纠纷当事人可以通过请求行为保全或财产保全预防侵权风险，但由于残疾青少年体育纠纷具有特殊性，普通的民事诉讼程序并不能完全适用于体育纠纷诉讼。因此，我国应当引入体育临时禁令制度，防止残疾青少年体育纠纷当事人利用体育诉讼期间持续侵权，扩大损失。

（三）重视内外部监督结合

《残疾人保障法》第61条第1款规定："违反本法规定，对侵害残疾人权益行为的申诉、控告、检举，推诿、拖延、压制不予查处，或者对提出申诉、控告、检举的人进行打击报复的，由其所在单位、主管部门或者上级机关责令改正，并依法对直接负责的主管人员和其他直接责任人员给予处分。"① 这是从行政内部的角度监督有关工作人员。《民事诉讼法》第209条和第210条分别规定："各级人民法院院长对本院已经发生法律效力的判决、裁定、调解书，发现确有错误，认为需要再审的，应当提交审判委员会讨论决定。最高人民法院对地方各级人民法院已经发生法律效力的判决、裁定、调解书，上级人民法院对下级人民法院已经发生法律效力的判决、裁定、调解书，发现确有错误的，有权提审或者指令下级人民法院再审。""当事人对已经发生法律效力的判决、裁定，认为有错误的，可以向上一级人民法院申请再审；当事人一方人数众多或者当事人双方为公民的案件，也可以向原审人民法院申请再审。当事人申请再审的，不停止判决、裁定的执行。"② 上述法条分别规定了法院决定再审和当事人申请再审的两种情形。这是从法律层面监督诉讼程序的公正性。2012年教育部发布的《全面推进依法治校实施纲要》提出要依法健全校内纠纷解决机制和完善教师学生权利救济制度，并提出要完善学生申诉机制。这是从学校内部监督保障残疾青少年的救济权与实体权。

从学校内部视角着手，校内解纷机构与校内申诉机制是监督保障残疾青少年体育纠纷解决的重要切口。从外部解纷机制着手，行政诉讼、民事诉讼及仲裁等是体育纠纷当事人可利用的监督、纠正行政不作为、侵权行为等违法行为的手段，二审、再审程序又可以成为监督一审程序的手段。因此，残疾青少年要重视行政监督、校内申诉、法院审理等环节的对接，通过内外部双重监督保障残疾青少年的合法权益。

---

① 中华人民共和国残疾人保障法［EB/OL］. https://flk.npc.gov.cn/detail2.html?ZmY4MDgwODE2ZjEzNWY0NjAxNmYxZDEzNGM4ODEzMmI%3D，2018-10-26.

② 中华人民共和国民事诉讼法［EB/OL］. https://flk.npc.gov.cn/detail2.html?ZmY4MDgxODE4YTIxZGMxMzAxOGI0MjUzMDNiNzA4NmQ%3D，2023-09-01.

小 结

本章是关于我国残疾青少年体育纠纷解决机制的思辨。

首先，关于开辟校内解纷新途径，提出要建立校内解纷机构，阐明构建校内解纷机构的重要作用在于内部解决的时效优势和破除临时调解的弊端，其受案范围一般包括体育合同违约纠纷和侵权责任纠纷，并参考国外已有的解纷实践经验，明确校内解纷机构的职能、建立途径等。对于校内解纷机构人员的构成，提出要囊括校内人员与外部第三方，加以平衡，校内调解方式主要有“面对面调解”和“背对背调解”，同时探讨了校内调解与诉讼的对接。

其次，针对具有高效率且易化解纠纷的调解程序，分别从调解员的产生、选择、职责等方面对调解员进行了门槛设计，而后对残疾青少年体育纠纷调解的途径以及调解与诉讼的对接进行了设计。

再次，提出要发挥中国体育仲裁委员会的职能，围绕这一话题，指出中国体育仲裁制度的建立、体育仲裁委员会的设立、体育仲裁规则的制定有利于残疾青少年体育纠纷的解决。对于仲裁机构中仲裁员的组成、仲裁员的监督、仲裁程序进行了分析，并对仲裁与诉讼的对接进行了构思，具体包括在仲裁当中充分尊重意思自治以及司法对仲裁的认可和监督。

最后，关于优化诉讼机制，论述了诉讼在体育纠纷解决中的地位与作用，特别指出人民陪审员的特殊作用，并对诉讼介入残疾青少年体育纠纷进行论证。在此基础上，考察当前国内立法现状，主要是《体育法》和《残疾人保障法》，发现法律中尚未明确规定残疾人体育纠纷，也缺乏残疾人体育专门立法，缺少残疾人体育配套法规，在诉讼层面对于残疾青少年体育纠纷的解决存在一定的制约，进而提出从法律层面完善制度，明确和补充残疾青少年体育纠纷解决的相关规定是实现诉讼解纷的关键。而程序规范的完善、配套制度建设及监督则是权利实然化后的具体手段。

结　语

完善我国残疾青少年体育纠纷解决机制是使残疾青少年体育权利从应有人权向实有人权转换的根本保障。其目的在于使残疾青少年能够有尊严地生存和获得自由全面的发展。因此，基于《宪法》《体育法》《教育法》《残疾人保障法》《民法典》等相关法律法规的精神，构建涵盖校内申诉、调解、仲裁和诉讼在内的残疾青少年体育纠纷解决机制尤为必要。

可以说，要保证残疾青少年体育权利从应有人权过渡到法定人权，再升华到实有人权，纠纷解决机制的存在是不可或缺的。前文中，对残疾青少年的界定和特点、残疾青少年体育、中国残疾青少年体育纠纷的类型与成因、国内外残疾青少年体育纠纷解决机制现状及其相关经典案例进行了分析和探讨。研究发现：当前国内外体育纠纷解决机制在针对残疾青少年方面均有不足，但国外体育纠纷解决机制较为完备，可为我国残疾青少年体育纠纷解决机制的完善提供参考。对于如何完善我国残疾青少年体育纠纷解决机制，主要针对目前校内申诉、调解机制、国内新建立的体育仲裁机构和尚不完善的体育诉讼等进行探讨，提出残疾青少年体育纠纷解决机制的四个思辨：开辟校内解纷新途径，强化调解制度，发挥中国体育仲裁委员会的职能并优化诉讼机制。基于这一主要目标，本书的主要观点可以归纳为以下几个方面：

第一，残疾青少年是残疾人的重要组成部分，残疾人和残疾青少年在不同历史时期的定义是不同的，并在逐渐细化完善当中。对残疾人和残疾青少年的保障也在不断完善，从最初的医疗保障到社会保障，再到如今的人权保障，而无论何种保障形式，在体育权利的实现上，都需要有健全的纠纷解决机制作为屏障。因此在构建残疾青少年体育纠纷解决机制的当下，明确残疾青少年的定义是非常必要的，且针对不同类别的体育纠纷，其纠纷解决主体和机构也不尽相同。

第二，本研究基于对残疾青少年体育纠纷解决机制的理论分析，认为残疾青少年体育纠纷解决机制指的是各种体育纠纷解决机制的总和，涵盖了诉讼和非诉讼的纠纷解决方式。并且以残疾青少年体育纠纷所涉及的法律法规，权利义务内容，主客体及其之间的法律关系、法律地位、性质等为标准对体育纠纷的类型进行了分类，指出我国残疾青少年体育纠纷产生的原因。

第三，本研究通过考察我国现有的体育纠纷解决机制，认为我国体育仲裁委员会的建立有利于及时、公正解决体育纠纷并保护当事人合法权益，但目前仍没有专门针对残疾青少年的体育纠纷解决机制。无论是学校还是体育组织，在内部解决的程序中，机构设置不合理、不规范、不专业的情形时有存在。因此，通过对美国、英国、法国、日本和澳大利亚等国的体育纠纷解决机制进行考察发现，上述国家均设立有专门的体育纠纷解决机构，也有相对完善的程序加以保障。其共同点在于解决纠纷时坚持穷尽内部救济的原则、注重体育纠纷解决机构的独立性和中立性。而不同之处则在于美国主要适用诉讼（诉讼和解），英国民事诉讼制度与美国相类似；法国和澳大利亚则主要适用调解机制；日本则以体育仲裁为主。

第四，本研究最终对中国残疾青少年体育纠纷解决机制进行思辨，在理念上充分尊重当事人的意思自治和体育组织的自治，坚持穷尽内部救济原则，坚持将司法介入作为最后屏障，认为残疾青少年体育纠纷解决机制在程序上应当以内部救济为前置程序，以中立的体育调解、体育仲裁为中间路径，以体育诉讼为兜底。

我国残疾青少年体育尚处于发展阶段，但目前残疾青少年这一庞大群体对体育活动的需求客观存在。“一个人如果身体有了残疾，绝不能让心灵也有残疾。”体育不仅可以使残疾青少年这个群体获得强健的体魄，更能使其克服自卑心理，重拾信心，从而融入社会大家庭。可以说，残疾青少年参加体育活动，无论是对其自身、社会还是国家，都有着十分重要的意义。残疾青少年在社会当中是一个相对弱势的群体，残疾青少年体育权利的保障在我国仍处于基础薄弱、需要攻坚转型的阶段。他们与学校、俱乐部等不同主体之间的纠纷也可能会因为种种原因而难以得到及时、公正、有效的解决，不免阻碍残疾人体育事业的健康发展。目前，我国残疾青少年体育权利的法律保障仍落后于体育发达国家。但进入新时代以来，从《体育法》的修订到体育强国的建设，众多致力于建设中国特色社会主义法治体系的体育法专家学者呼吁加强残疾青少年体育权利的保障、倡导加快构建完善残疾青少年体育纠纷解决机制。

随着新《体育法》的实施和体育仲裁委员会的建立，体育法治不断完善。本书通过残疾青少年体育纠纷解决机制的研究，竭力为残疾青少年体育运动创造和谐友好的环境，使残疾青少年体育权利能够在有法可依的环境中得到更好的保障，使其从应有权利升华到实有权利，也期待整个体育事业都能在体育强国建设的背景下取得更辉煌的成就！

参考文献

[1] 包玉秋．我国体育仲裁的立法宗旨研究［J］．沈阳师范大学学报（社会科学版），2007（06）：107-110.

[2] 包万平，薛南．美国高校学生违纪处理中的正当程序及对我国的启示［J］．武汉科技大学学报（社会科学版），2018，20（06）：659-667.

[3] 陈书睿．反兴奋剂法律制度研究［J］．西安体育学院学报，2017，34（02）：147-157.

[4] 陈锐．《体育法》定义条款问题探析［J］．天津体育学院学报，2015，30（04）：332-338.

[5] 陈莹利，邓杨名．我国学校体育法律制度构建研究［J］．体育科研，2015，36（05）：93-99.

[6] 陈琳．高校学生校内申诉制度存在问题与对策研究［J］．兰州学刊，2008（S1）：201-203+191.

[7] 陈立春，朱晶．青少年体育活动的法律风险筛查与应对［J］．体育世界（学术版），2015（05）：33-34.

[8] 陈莉，胡启林．日本体育仲裁制度的借鉴研究［J］．武汉理工大学学报，2009，31（15）：161-164.

[9] 陈莉，常洪霞，张笑昆．我国残疾人体育权利断裂现象研究：以残疾人冰雪运动为实例［J］．中国培训，2015（10）：256.

[10] 陈婷，郑程浩，胡子航．"十三五"期间残疾人群众体育研究的回顾与展望［J］．闽南师范大学学报（自然科学版），2021，34（01）：127-132.

[11] 蔡晓平．关于高校大学生申诉制度的若干思考［J］．高教探索，2005（05）：50-52.

[12] 曹吉，杨春霞，徐华. 体育纠纷的多元化解决机制研究 [J]. 咸宁学院学报，2010，30 (6)：125-126+133.

[13] 丛湖平，杨升平. 民间足球竞赛组织的发展阶段特征及主导环境因素 [J]. 体育科学，2015，35 (04)：3-11.

[14] 董伟霞. 和谐社会与体育纠纷的多元解决机制的建构 [J]. 行政与法，2009 (07)：28-30.

[15] 董凤鸣，郑兆云. 浙江省特奥运动发展原因及其障碍分析 [J]. 运动，2012 (17)：152-154.

[16] 董亚琦，洪亮，毕楠楠. 全纳教育理念下我国学校特殊体育发展研究 [J]. 青少年体育，2019 (10)：105-107.

[17] 董小强. 权利与伦理双重视域下我国《体育法》的修改路向 [J]. 广西大学学报 (哲学社会科学版)，2018，40 (04)：90-95.

[18] 迪斯比纳·曼劳马蒂，马修·瑞伯，张婷. 国际体育仲裁院仲裁程序的语言问题 [J]. 仲裁研究，2019 (01)：93-105.

[19] 迪米特里奥·潘那吉奥托普勒斯，杨蓓蕾. 国际体育活动及全球体育法中的一般法律原则 [J]. 体育科研，2014，35 (01)：74-81.

[20] 段菊芳. 国外解决体育活动纠纷的实践及其述评 [J]. 河北体育学院学报，2011，25 (06)：5-9.

[21] 丁国民，高炳巡. 校园“毒跑道”的症结及法律对策研究 [J]. 武汉体育学院学报，2016，50 (11)：36-41.

[22] 范威，宋剑英. 日本 2011《体育基本法》解析 [J]. 武汉体育学院学报，2012，46 (03)：38-42.

[23] 扶健华，吴秋富. 竞技运动过程中体育纠纷解决的行动策略 [J]. 华南理工大学学报 (社会科学版)，2014，16 (02)：129-134.

[24] 郭树理. 日本体育仲裁制度初探 [J]. 浙江体育科学，2008 (01)：1-4.

[25] 郭树理. 多元的体育纠纷及其救济机制的多元化 [J]. 浙江体育科学，2005 (02)：1-7.

[26] 郭树理，周青山. 美洲杯帆船赛纠纷解决机制的启示 [J]. 体育学刊，2007 (03)：16-19.

[27] 郭树理，李倩. 奥运会特别仲裁机制司法化趋势探讨 [J]. 体育科学，2010，30 (04)：3-10+20.

[28] 郭树理. 论司法对体育行会内部纠纷的干预 [J]. 北京市政法管理干部学院学报，

2003（03）：26-30.

［29］郭树理. 国际体育仲裁院与体育纠纷法律救济机制［J］. 甘肃政法成人教育学院学报，2003（02）：1-7.

［30］郭树理，周青山. 体坛说法［M］. 长沙：湖南大学出版社，2009.

［31］郭树理. 外国体育法律制度研究［M］. 武汉：武汉大学出版社，2008.

［32］郭树理. 国际体育仲裁的理论与实践［M］. 武汉：武汉大学出版社，2009.

［33］郭树理. 体育纠纷的多元化救济机制探讨：比较法与国际法的视野［M］. 北京：法律出版社，2004.

［34］郭捍东. 青少年体育运动保险相关法律问题研究［J］. 体育科研，2017，38（05）：22-30.

［35］郭为禄，陈翁翔，曲玉梁，等. 修改《体育法》，完善我国体育法律体系［J］. 体育学刊，2008（04）：12-16.

［36］国家体育总局体育仲裁课题组. 我国体育纠纷的仲裁机制完善［J］. 法制资讯，2008（Z1）：58-61.

［37］高升，陆在春，金涛. 论司法对体育协会内部纠纷的介入：从足协风暴谈起［J］. 体育与科学，2011，32（02）：28-32.

［38］高升，周学荣，陆在春. 我国竞技体育纠纷仲裁机制缺陷与司法审查的介入［J］. 安徽师范大学学报（自然科学版），2014，37（01）：79-85.

［39］高升，陆在春，金涛. 社会转型视角下体育纠纷解决机制研究：兼论ADR机制的应用与完善［J］. 天津体育学院学报，2011，26（03）：242-246.

［40］高义景. 关于完善我国体育仲裁制度的几点思考［J］. 首都体育学院学报，2007（01）：41-43.

［41］高增，张玉萍，邱妍妍. 中国体育纠纷仲裁解决机制研究［J］. 兰州文理学院学报（自然科学版），2017，31（02）：90-94.

［42］高俊，邓玉明，张笑昆. 残疾人冰雪体育权利的现实困境与实现路径［J］. 首都体育学院学报，2015，27（01）：29-32+37.

［43］关晶，王国军. 我国体育保险的现状、瓶颈与突破［J］. 体育科学，2017，37（01）：81-89.

［44］关今华，关山虹. 运动员人身损害类型和救济机制研究［J］. 福建师范大学学报（哲学社会科学版），2005（01）：8-15+41.

［45］桂永锋，杜若飞，李欣，等. 残疾人参与体育活动状况及其影响因素研究［J］. 中国康复理论与实践，2018，24（11）：1241-1245.

[46] 黄世昌. 中外残疾学生体育权利保障比较研究［M］. 湘潭：湘潭大学出版社，2017.
[47] 黄世昌. 残疾学生融合体育教育权法律保障比较研究［J］. 西安体育学院学报，2018，35（01）：36-42.
[48] 黄世昌，谭江竹. 残疾学生体育权利保护立法的比较研究［J］. 武汉体育学院学报，2012，46（05）：28-33.
[49] 黄世昌，谢可欣. 残疾人体育权利法理分析与法律保障研究［J］. 北京体育大学学报，2020，43（01）：50-58.
[50] 黄世昌. 残疾人体育竞赛纠纷特殊解决机制比较研究［J］. 成都体育学院学报，2018，44（03）：39-44+75.
[51] 黄世昌. 美国残疾学生体育竞赛权保障及对我国的启示：基于麦克法登案的考察［J］. 体育与科学，2015，36（04）：94-98.
[52] 黄世席. 欧洲体育法研究［M］. 武汉：武汉大学出版社 2010.
[53] 黄世席. 奥林匹克赛事争议与仲裁［M］. 北京：法律出版社 2005.
[54] 黄世席. 国际体育争议解决机制研究［M］. 武汉：武汉大学出版社 2007.
[55] 黄鑫，宋鑫. 我国老年人的体育纠纷及其解决路径［J］. 体育成人教育学刊，2019，35（01）：29-33.
[56] 黄莹，常肖雯. 伦敦残奥会与北京残奥会分级管理的比较分析［J］. 残疾人研究，2015（01）：35-38.
[57] 何正兵. 我国体育仲裁程序制度的建构［J］. 北京体育大学学报，2005（11）：21-23.
[58] 何正兵. 我国体育纠纷解决制度框架构建研究［J］. 湖北体育科技，2010，29（02）：154-156.
[59] 何正兵，凌平. 我国学校体育竞赛纠纷预防与多元化解决机制［J］. 北京体育大学学报，2012，35（06）：32-37.
[60] 何敏学，全海英. 论特殊教育学校体育缺陷补偿功能［J］. 体育学刊，2010，17（05）：43-45.
[61] 何勤华. 法律文化史研究［M］. 北京：商务印书馆，2009.
[62] 贺荣. 行政争议解决机制研究［M］. 北京：中国人民大学出版社，2008.
[63] 郝晓岑. 改革开放 30 年中国残疾人体育法制建设回顾与对策研究［J］. 中国特殊教育，2008（10）：50-54.
[64] 韩勇. 体育纪律处罚研究［J］. 体育科学，2007（04）：84-94.

[65] 韩勇.《民法典》中的体育自甘风险 [J]. 体育与科学，2020，41（04）：13-26.
[66] 韩勇. 体育纠纷的法律解决机制 [J]. 首都体育学院学报，2004（04）：57-58+66.
[67] 韩勇. 美国体育法学发展及对中国的启示 [J]. 体育与科学，2015，36（03）：37-44.
[68] 韩勇. 美国学校体育伤害法律责任问题对中国的启示 [J]. 首都体育学院学报，2009，21（02）：192-197.
[69] 韩勇. 体育法的理论与实践 [M]. 北京：北京体育大学出版社，2009.
[70] 韩丹，杨士宝. 论我国体育体制和体育理论的改革创新 [J]. 体育与科学，2009，30（03）：1-7+15.
[71] 胡雅萍. 第三方介入体育纠纷解决机制 [J]. 西部皮革，2016，38（16）：96.
[72] 胡旭忠，王刚. 我国体育纠纷解决机制的研究 [J]. 搏击（体育论坛），2009，1（06）：24-25.
[73] 胡伟，程亚萍. 法社会学视阈下的体育纠纷解决机制研究 [J]. 北京体育大学学报，2013，36（01）：25-29.
[74] 侯海燕，张健. 加拿大体育纠纷 ADR 机制研究 [J]. 体育成人教育学刊，2016，32（02）：10-13.
[75] 姜熙. 奥运会法律备战策略研究 [J]. 体育学研究，2020，34（01）：59-68.
[76] 姜熙. 我国《体育法》“总则”部分修改研究 [J]. 成都体育学院学报，2018，44（03）：25-32.
[77] 姜熙，王家宏，谭小勇. 我国体育纠纷解决“或裁或审”制度研究 [J]. 体育学刊，2019，26（03）：58-64.
[78] 姜熙.《体育法》修改增设“体育纠纷解决”章节的研究 [J]. 天津体育学院学报，2015，30（05）：400-406.
[79] 姜熙. 依法治国背景下《体育法》修改若干问题的探讨 [J]. 上海体育学院学报，2016，40（01）：21-29+36.
[80] 姜熙. 日本《体育基本法》研究：兼议对我国《体育法》修改的启示 [J]. 西安体育学院学报，2021，38（01）：32-38.
[81] 姜熙. 依法治国背景下的中国体育法治：基于十八届四中全会《决定》的法学思考 [J]. 体育学刊，2015，22（04）：1-7.
[82] Santos B R，姜熙. 国际体育纠纷的种类、国际体育仲裁的特殊性和必要性及解决途径 [J]. 体育科研，2012，33（06）：16-18.

[83] 姜世波. 改革开放 40 年我国体育法治建设的回顾与展望 [J]. 北京体育大学学报，2019，42 (01)：87-97.

[84] 季铄人. 浅谈体育纠纷解决机制 [J]. 法制博览，2015 (36)：109-110+108.

[85] 季浏，马德浩. 新时代我国学校体育改革与发展 [J]. 体育科学，2019，39 (03)：3-12.

[86] 江涛. 日本体育仲裁与调停制度探析 [J]. 体育科研，2013，34 (02)：17-19+27.

[87] 纪进，徐雄杰. 体育赛事中的法律问题探讨 [J]. 合肥师范学院学报，2011，29 (06)：110-113.

[88] 贾宝童，骆意. 我国残疾人体育研究的文献计量分析 [J]. 韶关学院学报，2020，41 (09)：67-71.

[89] 中华人民共和国教育部发展规划司，中国教育统计年鉴 2019 [M]. 北京：中国统计出版社，2020.

[90] 孔云龙. 试论我国体育仲裁机构的建构 [J]. 安徽农业大学学报 (社会科学版)，2010，19 (04)：78-81.

[91] 刘苏，汤卫东. 体育纠纷的 ADR 初探 [J]. 首都体育学院学报，2006 (04)：89-91.

[92] 刘苏. 体育纠纷 ADR 的程序机制探析 [J]. 首都体育学院学报，2008 (01)：28-34.

[93] 刘永风，何金. 论残疾人体育权利的救济 [J]. 吉林体育学院学报，2010，26 (01)：32-34.

[94] 刘永风，汤卫东，何金，等. 我国残疾人体育权利研究 [J]. 体育文化导刊，2010 (03)：17-20.

[95] 刘永风，汤卫东，何金. 论我国残疾人体育权利保障中的软法体系建设 [J]. 首都体育学院学报，2010，22 (06)：10-13.

[96] 刘波. 体育与社会化关系研究 [J]. 体育科学，2012，32 (11)：90-97.

[97] 刘嘉秋，昝飞. 智力障碍者自尊与社会比较研究的综述 [J]. 中国特殊教育，2011 (08)：31-35.

[98] 刘顺，刘博雄. 浅议中国体育仲裁制度的建立 [J]. 河北青年管理干部学院学报，2009 (01)：79-82.

[99] 刘益飞. 如何从根本上遏制党内贿选之风：从“何智丽风波”谈起 [J]. 理论视野，2018 (01)：56-60.

[100] 刘丝丝，齐伟. 社会治理创新视角下体育纠纷多元化解决机制的构建［J］. 法制与社会，2017（33）：91-92.

[101] 刘建仓，盖文亮. 法社会学视阈下体育社会组织解纷机制分析［J］. 西安体育学院学报，2013，30（02）：150-154+167.

[102] 刘洋，陶玉流. 业态自治与自制：美国残疾人体育服务人才培养与启示［J］. 武汉体育学院学报，2015，49（11）：11-17.

[103] 刘同众，刘佳，唐晋，等. 国外体育仲裁范围与模式对我国体育仲裁立法的相关启示［J］. 体育与科学，2011，32（06）：42-44+57.

[104] 刘韵. 我国体育仲裁体系之初步建构：基于 CAS 仲裁体系中运动员仲裁权益视角［J］. 上海体育学院学报，2017，41（05）：49-56.

[105] 刘水庆，吴慧倩，刘山玉. 国际体育纠纷处理机构结构性平衡的研究：国际法的视野［J］. 体育成人教育学刊，2010，26（06）：25-26.

[106] 刘武俊. 仲裁业发展存在的问题及对策（下）［N］. 人民法院报，2007-06-20（005）.

[107] 刘茂林. 中国宪法导论［M］. 北京：北京大学出版社，2009.

[108] 刘想树. 国际体育仲裁研究［M］. 北京：法律出版社，2010.

[109] 刘昌松. 认真对待权力与权利［M］. 北京：法律出版社，2014.

[110] 刘海元. 学校体育教程［M］. 北京：北京体育大学出版社，2011.

[111] 刘作翔. 权利与规范理论：刘作翔法学文章与读书笔记选［M］. 北京：中国政法大学出版社，2014.

[112] 李耀磊，尚荣敏. 体育纠纷解决途径研究［J］. 河北法学，2018，36（07）：186-192.

[113] 李容. 体育法问题概述：兼议日本体育法制度［J］. 知识经济，2013（21）：28.

[114] 李国冰，孟庆宁. 建立复合型体育仲裁制度的探讨［J］. 山东体育科技，2005（03）：66-68.

[115] 李江，周玲美，肖威，等. 论体育仲裁的特征［J］. 南京体育学院学报（社会科学版），2005（02）：39-41.

[116] 李立新，李亚龙，张梦娣. 特殊教育学校体育教师的配备及工作状况［J］. 成人教育，2011，31（06）：105-106.

[117] 李亮，张奇. 破解竞技体育纠纷独立仲裁的法律困境及出路［J］. 武汉体育学院学报，2014，48（09）：61-65.

[118] 李波，岩岗研典，朱琳琳，等. 中日残疾人体育指导者培养体制及资格认定比较

分析［J］. 体育与科学，2014，35（03）：101-110.
［119］李文婷，刘婷，龚成秋. 对构建我国公正高效体育仲裁制度必要性的思考［J］. 当代体育科技，2014，4（09）：175+177.
［120］李培传. 论立法［M］. 北京：中国法制出版社，2013.
［121］李步云. 人权法学［M］. 北京：高等教育出版社，2005.
［122］李步云. 宪法比较研究［M］. 北京：法律出版社，1998.
［123］林世行. 国外体育仲裁制度及其启示［J］. 体育文化导刊，2010（03）：21-24.
［124］林卉. 浅析体育自治及其对司法介入的排除［J］. 浙江体育科学，2006（06）：20-23.
［125］林金茹，张恩利，易晓刚. 我国职业足球纠纷解决制度的不足与完善［J］. 安顺学院学报，2012，14（01）：86-88.
［126］卢扬逊，薛童. 我国兴奋剂争议解决机制的构建［J］. 天津体育学院学报，2018，33（04）：341-348.
［127］卢元镇. 体育社会学（第4版）［M］. 北京：高等教育出版社，2018.
［128］梁纯贞. 加拿大体育纠纷仲裁机制评析［J］. 法制与社会，2007（03）：682-683.
［129］梁宜勤. 我国体育仲裁制度的现状及发展若干问题研究［J］. 河北体育学院学报，2008（02）：18-21.
［130］梁西. 梁著国际组织法［M］. 武汉：武汉大学出版社，2011.
［131］凌辉，梅倩. 调解在体育纠纷解决机制中的应用［J］. 首都体育学院学报，2005（06）：14-16.
［132］凌辉，梅倩. 调解在体育纠纷解决机制中的应用［J］. 体育科技文献通报，2006（03）：79-80.
［133］雷金火. 论公民体育权利的法律化［J］. 军事体育进修学院学报，2006（02）：1-3.
［134］罗小霜. 论构建中国体育仲裁制度［J］. 军事体育进修学院学报，2012，31（03）：1-4.
［135］陆攀，孔云龙. 论我国体育仲裁程序的建构［J］. 安徽农业大学学报（社会科学版），2010，19（01）：66-69.
［136］连小刚，石岩. 义务教育阶段学生体育活动伤害保险的现实困境与破解之策［J］. 中国体育科技，2018，54（03）：12-21.
［137］茅铭晨. 介入与止步：司法权在体育纠纷中的边界［J］. 北京体育大学学报，

2014，37（01）：24-31+87.

[138] 马修J. 米顿，郭树理. 种族、性别与残疾：美国体育领域中的反歧视法律问题[J]. 苏州大学学报（法学版），2016，3（04）：32-52.

[139] 马宏俊. 试论我国体育法律体系的建立与完善：以《中华人民共和国体育法》修改为视角[J]. 体育科学，2021，41（01）：7-20.

[140] 纳塔利娅·帕尔蒂卡：乒坛维纳斯[N]. 北京日报，2008-08-14（003）.

[141] 那武，何斌. 和谐社会体育法律与体育道德关系之研究[J]. 泰山学院学报，2009，31（06）：116-119.

[142] 彭国强，高庆勇. 美国大众体育制度治理的特征及启示[J]. 西安体育学院学报，2020，37（01）：1-9.

[143] 彭国强，舒盛芳. 美国体育治理的思想渊源、特征与启示[J]. 上海体育学院学报，2019，43（04）：7-15+21.

[144] 彭霞光. 保障所有残疾儿童的义务教育权利：《残疾人教育条例》解读[J]. 中国特殊教育，2017（06）：13-17+62.

[145] 庞茂勇，伊超，栾永鑫. 基于知识图谱的我国残疾人体育研究态势可视化分析[J]. 四川体育科学，2019，38（06）：19-22.

[146] 潘喜梅. 日本体育仲裁运作模式对我国体育仲裁机制建设的借鉴研究[J]. 西安体育学院学报，2011，28（04）：423-427+432.

[147] 浦义俊，吴贻刚. 美国竞技体育发展方式的历史演进及动因研究：兼谈对我国竞技体育发展方式转型的启示[J]. 南京体育学院学报（社会科学版），2016，30（06）：98-106.

[148] 钱小强. 我国管理型体育行会体育纪律处罚纠纷解决机制的探讨[J]. 体育成人教育学刊，2009，25（06）：4-6.

[149] 钱静. 中国足球协会内部纠纷解决机制的完善：以体育自治为基础的考量[J]. 体育与科学，2014，35（03）：44-48.

[150] 强翔宇. 我国体育仲裁机制探讨：以中国足球协会的纪律处罚为例[J]. 江苏理工学院学报，2020，26（01）：60-65.

[151] 孙笑侠. 论行业法[J]. 中国法学，2013（01）：46-59.

[152] 孙艳红. 构建我国体育纠纷的多元解决机制[J]. 中国职工教育，2013（04）：17.

[153] 孙彩虹. 体育调解：多元化解决体育纠纷的新路径[J]. 温州大学学报（社会科学版），2018，31（03）：35-42.

[154] 孙微，李倩，陈卫. 法律解释学与法律社会学相结合：我国竞技体育纠纷解决机制［J］. 河北体育学院学报，2015，29（04）：49-53.
[155] 孙波. 美国公立高校学生申诉权保障的理论与实践：兼论我国高校学生申诉权的保障与校内申诉制度的完善［J］. 政治与法律，2016（06）：93-106.
[156] 石道兴. 体育社团争端解决机制现状分析［J］. 体育文化导刊，2012（07）：13-17.
[157] 石俭平. 国际体育纠纷调解机制比较探究：以美国、英国和 CAS 为主要视角［J］. 体育科研，2013，34（06）：23-28.
[158] 石育斌. 国际商事仲裁研究 总论篇［M］. 上海：华东理工大学出版社，2004.
[159] 宋彬龄. 美国和日本兴奋剂案件独立仲裁程序研究［J］. 中国体育科技，2014，50（02）：133-139.
[160] 宋彬龄，王艺明. 学校体育伤害救济的程序法进路：论人民调解在学校体育伤害纠纷中的扩大适用［J］. 北京体育大学学报，2020，43（01）：59-69.
[161] 宋识径. 维权之路举步维艰 体育协会真让俱乐部奈何不得？［N］. 检察日报，2008-10-19（002）.
[162] 沈建华，汤卫东. 职业足球俱乐部纠纷解决机制探析［J］. 上海体育学院学报，2005（03）：4-7+16.
[163] 沈柳红，杨海江. 广西残疾人体育公共服务现状及改善对策［J］. 体育科技，2018，39（06）：58-60+62.
[164] 沈柳红. 民生需求视域下广西残疾人体育公共服务均等化发展路径［J］. 辽宁体育科技，2019，41（02）：1-5.
[165] 苏力. 法治及其本土资源［M］. 北京：中国政法大学出版社，1996.
[166] 邵月，刘鹏启. 美、英、日、中四国残疾学生体育权利保护的立法比较［J］. 吉林体育学院学报，2015，31（03）：82-84.
[167] 谭小勇. 建立体育纠纷解决的正义天平［J］. 体育科研，2010，31（05）：1-2.
[168] 谭小勇. 我国竞技体育纠纷非诉讼解决机制框架体系的构建［J］. 体育科研，2010，31（05）：3-9.
[169] 谭小勇. 新时代中国体育法治框架体系及发展论纲［J］. 北京体育大学学报，2021，44（02）：10-21.
[170] 谭小勇. 替代性体育纠纷解决机制研究［J］. 贵州工业大学学报（社会科学版），2008，10（03）：65-68.
[171] 谭小勇. 中国体育行会内部纠纷解决机制的重构：基于我国现实［J］. 南京体育

学院学报（社会科学版），2009，23（05）：59-66.
［172］谭丽清. 我国残疾人体育运动发展历程的思考［J］. 中国特殊教育，2005（12）：21-24.
［173］田思路. 社会法治背景下的争议（纠纷）解决［J］. 温州大学学报（社会科学版），2018，31（03）：9-10.
［174］王显荣. 司法介入竞技体育纠纷之基本理论［J］. 西安体育学院学报，2012，29（06）：665-670.
［175］王显荣. 关于确立我国竞技体育纠纷解决有限自治原则的思考［J］. 天津体育学院学报，2012，27（01）：49-53.
［176］王凯. 论“新举国体制”［J］. 体育学研究，2018，1（04）：8-15.
［177］王江. 体育纠纷解决机制研究［J］. 山西师大体育学院学报，2011，26（03）：26-28.
［178］王蓉. 国际体育仲裁院授予临时措施的审查标准评析［J］. 体育学刊，2009，16（09）：15-20.
［179］王振洲. 我国高校残疾人招生考试政策的历史、现状及趋势［J］. 残疾人研究，2019（03）：46-55.
［180］王晓云，杨占东. 中美体育交流的成果、特点与趋势探析［J］. 体育文化导刊，2018（02）：34-37+52.
［181］王志强. 论体育仲裁受案范围：以规范分析为视角［J］. 首都体育学院学报，2011，23（01）：22-26.
［182］王岩芳，高晓春. 学校体育伤害事故纠纷解决机制研究［J］. 太原城市职业技术学院学报，2014（12）：113-115.
［183］王立国，王美红. 高校体育伤害事故侵权纠纷解决机制研究［J］. 南京体育学院学报（社会科学版），2014，28（02）：91-95.
［184］王家宏，刘广飞，赵毅，等. 中国体育深化改革相关法律问题研究［J］. 体育科学，2019，39（11）：3-14.
［185］王世杰. 武汉大学百年名典：比较宪法［M］. 武汉：武汉大学出版社，2013.
［186］王利明. 侵权责任法研究（上、下卷）［M］. 北京：中国人民大学出版社，2011.
［187］王利民. 论人的私法地位：从一个制度的分析［M］. 北京：法律出版社，2007.
［188］汪永涛. 残疾青少年的康复发展状况研究［J］. 中国青年研究，2015（04）：5-9+17.

[189] 汪全胜，陈光，张洪振. 体育法律责任的设定及其完善［J］. 体育学刊，2010，17（02）：12-17.
[190] 汪跃平. 论我国体育纠纷法律解决机制的优化［J］. 南昌大学学报（人文社会科学版），2006（03）：53-56.
[191] 汪习根，安效萱. 2030可持续发展议程下体育权利理念的优化［J］. 北京体育大学学报，2018，41（03）：1-7.
[192] 汪斯斯，邓猛，赵勇帅. 培智教育教师对智力残疾学生自我决定教学认识与教学实践的混合研究［J］. 教师教育研究，2018，30（03）：86-94.
[193] 韦小明.《侵权责任法》视域下学校责任承担的有效应对［J］. 教学与管理，2011（01）：36-38.
[194] 韦燊. 体育纠纷与体育仲裁的法律冲突及矛盾化解机制［J］. 体育科技文献通报，2006（03）：78-79.
[195] 韦燊. 体育纠纷与体育仲裁的法律冲突及矛盾化解机制［J］. 军事体育进修学院学报，2005（04）：9-11.
[196] 吴义华，张文闻. 美国体育立法概况及体育纠纷解决机制研究［J］. 山西师大体育学院学报，2009，24（01）：24-26.
[197] 吴义华，张文闻，李爽. 我国体育法律治理的理念、制度与结构：对全球体育法律治理的回应［J］. 成都体育学院学报，2018，44（05）：47-53.
[198] 吴玉章. 论自由主义权利观［M］. 北京：中国人民公安大学出版社，1997.
[199] 魏波，罗大钧. 体育纠纷司法介入之思考［J］. 武汉体育学院学报，2005（04）：5-8.
[200] 温辉，阮丹生. 论未成年人受教育权的平等保障［J］. 预防青少年犯罪研究，2012（10）：24-30.
[201] 万俊人. 现代西方伦理学史（上、下卷）［M］. 北京：北京大学出版社，1990.
[202] 肖永平. 体育争端解决模式研究［M］. 北京：高等教育出版社，2015：332-334.
[203] 肖永平，周青山. 英国体育仲裁制度及其对我国的启示［J］. 贵州警官职业学院学报，2010，22（01）：10-13.
[204] 肖江涛. 国际体育纠纷解决机制的困境与出路：穆图系列案的法理分析［J］. 首都体育学院学报，2017，29（05）：411-415.
[205] 徐士韦. 论职业体育保险纠纷与体育仲裁［J］. 体育科研，2010，31（05）：23-26+30.

[206] 徐士韦. 体育行政纠纷解决路径研究 [J]. 西安体育学院学报，2017，34（04）：412-419.

[207] 徐士韦，倪京帅，时维金. 体育仲裁的适用范围分析 [J]. 体育科研，2019，40（04）：51-57.

[208] 徐知宇，徐思思，王雁. 三类特殊教育学校贯彻落实课程标准的现状分析与建议 [J]. 中国特殊教育，2020（09）：22-28+8.

[209] 熊瑛子. 论国际体育仲裁之公开听证机制 [J]. 天津体育学院学报，2020，35（06）：716-721.

[210] 熊瑛子. 国际体育仲裁中审查权边界探讨：以重新审查原则为中心 [J]. 天津体育学院学报，2016，31（04）：310-315.

[211] 熊熠，童志波. 加拿大体育非诉讼纠纷解决机制的运行特点及启示：以加拿大体育纠纷解决中心为例 [J]. 广州体育学院学报，2014，34（06）：23-26.

[212] 向会英. 国际体育仲裁院调解的新发展及对我国的启示 [J]. 体育科研，2014，35（06）：33-37.

[213] 向会英，谭小勇，姜熙. 法律多元视角下的体育法概念 [J]. 武汉体育学院学报，2015，49（04）：33-38.

[214] 谢清，裴东光. 残疾人体育起源、残奥会与奥运会的关系 [J]. 首都体育学院学报，2014，26（03）：206-208+222.

[215] 席志文. 我国体育仲裁的理想与现实：对现有研究的批判与反思 [J]. 天津体育学院学报，2011，26（06）：516-520.

[216] 于善旭，张剑，陈岩，等. 建立我国体育仲裁制度的研究 [J]. 体育科学，2005（02）：4-11.

[217] 于善旭，张剑，陈岩. 建立以《体育法》为核心的我国体育法规体系的框架构想 [J]. 中国体育科技，1999（01）：3-11.

[218] 于善旭，吕伟，杨珍. 保障和发展体育人权：全球化时代体育法治的价值依归 [J]. 北京体育大学学报，2014，37（05）：1-10.

[219] 于善旭，张振龙，李先燕. 中国的体育仲裁探索和对国际体育仲裁效力的理解 [J]. 武汉体育学院学报，2011，45（01）：5-10+23.

[220] 于文豪. 基本权利 [M]. 南京：江苏人民出版社，2016.

[221] 于德生. 关于完善中国体育纠纷解决机制的研究 [J]. 哈尔滨体育学院学报，2011，29（06）：55-58.

[222] 于鸿贤. 我国大众体育赛事纠纷的司法化解：以孙志强等人诉城俱杯案为分析视

角［J］. 体育学刊，2021，28（01）：65–72.
［223］杨帆. 我国体育纠纷诉讼解决机制的不足与完善［J］. 天津体育学院学报，2006（02）：106–107+119.
［224］杨帆. 论我国体育纠纷诉讼解决机制的不足与完善［J］. 成都体育学院学报，2006（02）：8–10.
［225］杨洪云，张杰. 论体育纠纷的争端解决机制［J］. 体育学刊，2002（04）：29–32.
［226］杨运强. 听障青少年的污名及其应对策略［J］. 当代青年研究，2016（05）：47–53+78.
［227］杨解君. 行政诉讼法［M］. 北京：清华大学出版社，2009.
［228］袁杜娟. 我国内部体育纠纷的司法介入［J］. 体育学刊，2014，21（01）：44–48.
［229］袁杜娟. 论司法介入内部体育纠纷解决的思考［J］. 河北法学，2013，31（07）：110–115.
［230］余其刚，李子煊. 我国建立竞技体育仲裁制度的必要性、可行性及相关热点问题探讨［J］. 安徽理工大学学报（社会科学版），2008，10（04）：46–52.
［231］余其刚，李子煊. 竞技体育纠纷最佳解决方式：以建立我国竞技体育仲裁制度为视角［J］. 安徽理工大学学报（社会科学版），2010，12（01）：26–31.
［232］虞荣娟. 中美德日大众体育比较研究［J］. 体育文化导刊，2010（04）：40–44.
［233］应奇. 从自由主义到后自由主义［M］. 北京：生活 · 读书 · 新知三联书店，2003.
［234］尹晓峰. 日本体育法规及政策制度的发展动向［J］. 体育科研，2009，30（05）：34–40+59.
［235］闫士展. 我国竞技体育纠纷解决机制刍议［J］. 长江大学学报（社会科学版），2010，33（03）：212–213.
［236］姚佳文. 法国残疾人体育教育权法律保障及对中国的启示［J］. 安徽体育科技，2020，41（01）：5–8+44.
［237］叶才勇，周青山. 体育纠纷调解解决及我国体育调解制度之构建［J］. 体育学刊，2009，16（07）：23–26.
［238］严红，刘家库. 我国体育协会章程与体育纠纷解决方式的研究：以足球协会章程研究为中心［J］. 河北法学，2006（03）：147–151.
［239］张文显. 法理学［M］. 北京：法律出版社，1997.

[240] 张文显. 法学基本范畴研究［M］. 北京：中国政法大学出版社，1993.

[241] 张奇，李亮. 体育纠纷的法理重述与规范治理：以体育治理法治化为指引［J］. 武汉体育学院学报，2016，50（01）：48-53.

[242] 张奇，李亮. 我国体育纠纷化解机制的法治化路径选择：基于体育治理现代化的视角［J］. 武汉体育学院学报，2015，49（09）：38-42.

[243] 张林芳. 论当代日本体育政策［J］. 体育文化导刊，2013（03）：21-24.

[244] 张笑世. 体育纠纷解决机制的构建［J］. 体育学刊，2005（05）：15-18.

[245] 张秀雄. 公民教育的理论与实施［M］. 北京：师大书苑有限公司，1987.

[246] 张伟伟. 对我国强制体育仲裁的思考［J］. 湖北警官学院学报，2013，26（01）：121-122.

[247] 张莉清，杨清华. 美国青少年体育制度研究［J］. 青少年体育，2017（09）：139-140+108.

[248] 张春良. 体育纠纷救济机制的法理学分析［J］. 福建论坛（社科教育版），2007（04）：15-21.

[249] 张毅，钟惠燕. 论体育纠纷的替代性解决机制的构建［J］. 体育科技文献通报，2007（06）：7-8.

[250] 张玉红. 新疆特殊教育学校项目建设现状、问题与对策［J］. 中国特殊教育，2013（11）：25-30.

[251] 张进德. 论人民调解的复兴与转型［J］. 中国海洋大学学报（社会科学版），2018，（5）：103-109.

[252] 张松年，孙艳芳. 江苏残疾人击剑项目可持续发展研究［J］. 当代体育科技，2020，10（30）：45-47.

[253] 张涛. 日本体育仲裁运作模式对我国体育仲裁机制建设的借鉴研究［J］. 运动，2018（11）：145-146.

[254] 张冬梅，马启华. 中美高校学生申诉制度的比较分析：以北京邮电大学和麻省理工学院为例［J］. 北京邮电大学学报（社会科学版），2015，17（04）：106-110.

[255] 周青山. 论中国体育治理法治化［J］. 北京体育大学学报，2016，39（06）：1-6.

[256] 周青山. 在体育与法学之间：《体育纠纷的多元化救济机制探讨》评介［J］. 体育文化导刊，2005（09）：78-79.

[257] 周秋光，张少利，许德雅，等. 湖南慈善史（湖湘文库）［M］. 长沙：湖南人民

出版社，2010：325-326.
[258] 周庆谊，杜海英. 论我国体育纠纷仲裁解决机制的构建［J］. 赤峰学院学报（自然科学版），2008，24（11）：66-68.
[259] 赵毅. 法治化进程中的中国足协内部纠纷解决机制：进展与问题［J］. 上海体育学院学报，2020，44（06）：12-22.
[260] 赵毅. 从公平责任到损失分担之嬗变：近年我国法院裁判体育伤害案件的最新立场［J］. 体育学刊，2014，21（01）：38-43.
[261] 赵豫. 论世界体育仲裁的发展［J］. 中国体育科技，2004（05）：14-16.
[262] 赵永如. 纠纷的“可体育仲裁性”：以 CAS 仲裁规则为视角［J］. 体育科研，2019，40（04）：42-50.
[263] 赵巧宁，郭琪，李志翔. 仲裁制度在我国体育赛事纠纷处理中的作用与范围辨析［J］. 西安体育学院学报，2015，32（03）：274-277.
[264] 朱亚成，季浏. 回顾·反思·展望：残疾人体育研究（1985-2019）［J］. 四川体育科学，2020，39（05）：1-5.
[265] 朱亚成，张青，季浏. “一带一路”框架下残疾人竞技体育发展研究［J］. 四川体育科学，2020，39（02）：11-14+23.
[266] 郑芳，林小美. 我国体育竞赛纠纷解决机制探讨［J］. 中国体育科技，2004（03）：15-17.
[267] 中国健康事业的发展与人权进步［J］. 人权，2017（06）：125-144.
[268] 中国青少年研究中心课题组，孙云晓，孙宏艳，等. 中国未成年人权益状况报告［J］. 中国青年研究，2008（11）：20-31.
[269]〔美〕安格斯·迪顿. 逃离不平等：健康、财富及不平等的起源［M］. 崔传刚，译. 北京：中信出版社，2014.
[270]〔美〕艾伦·德肖维茨. 你的权利从哪里来［M］. 黄煜文，译. 北京：北京大学出版社，2014.
[271]〔美〕博登海默. 法理学、法律哲学与法律方法［M］. 邓正来，译. 北京：中国政法大学出版社，2004.
[272]〔美〕卡尔·威尔曼. 真正的权利［M］. 刘振宇等，译. 北京：商务印书馆，2015.
[273]〔美〕罗纳德·德沃金. 至上的美德：平等的理论与实践［M］. 冯克利，译. 南京：江苏人民出版社，2003.
[274]〔美〕罗纳德·德沃金. 认真对待权利［M］. 信春鹰，吴玉章，译. 上海：上海

三联书店，2008.
[275]〔美〕罗斯科·庞德. 法律与道德［M］. 陈林林，译. 北京：商务印书馆 2015.
[276]〔美〕列奥·施特劳斯. 自然权利与历史［M］. 彭刚，译. 北京：生活·读书·新知三联书店 2003.
[277]〔美〕迈克尔·桑德尔. 自由主义与正义的局限［M］. 万俊人等，译. 北京：译林出版社 2001.
[278]〔美〕迈克尔·沃尔泽. 正义诸领域：为多元主义与平等一辩［M］. 褚松燕，译. 北京：译林出版社 2002.
[279]〔美〕塞缪尔·亨廷顿. 文明的冲突与世界秩序的重建［M］. 周琪等，译. 北京：新华出版社 2002.
[280]〔美〕约翰·罗尔斯. 正义论［M］. 何怀宏，何包钢，廖申白，译. 北京：中国社会科学出版社 1988.
[281]〔美〕约翰·罗尔斯. 万民法：公共理性观念新论［M］. 张晓辉等，译. 吉林：吉林人民出版社 2011.
[282]〔美〕约翰·罗尔斯等. 政治自由主义：批评与辩护［M］. 万俊人等，译. 广州：广东人民出版社 2003.
[283]〔美〕约翰·罗尔斯. 作为公平的正义：正义新论［M］. 姚大志，译. 北京：中国社会科学出版社 2011.
[284]〔美〕亚历克斯·卡利尼克斯. 平等［M］. 许朝友，译. 南京：江苏人民出版社 2003.
[285]〔英〕艾恩·S·布莱克肖. 体育纠纷的调解解决：国内与国际的视野［M］. 郭树理，译. 北京：中国检察出版社，2004.
[286]〔英〕边沁. 道德与立法原理导论［M］. 时殷弘，译. 北京：商务印书馆，2000.
[287]〔英〕保罗·赛格特. 人类的法定权利［M］. 张伟，译. 北京：中国人民大学出版社，2016.
[288]〔英〕戴维·米勒. 社会正义原则［M］. 应奇，译. 南京：江苏人民出版社，2001.
[289]〔英〕戴维·M·沃克. 牛津法律大辞典［M］. 北京社会与发展研究所，译. 北京：光明日报出版社，1988.
[290]〔英〕霍布斯. 利维坦［M］. 黎思复等，译. 北京：商务印书馆，1985.
[291]〔英〕哈特. 法律的概念（改版）［M］. 许家馨，李冠宜，译. 北京：商周文化，2010.

［292］〔英〕米歇尔·贝洛夫，蒂姆·克尔，玛丽·德米特里. 体育法［M］. 郭树理，译. 武汉：武汉大学出版社，2008.
［293］〔英〕约翰·密尔. 论自由［M］. 许宝骙，译. 北京：商务印书馆，2014.
［294］〔德〕卡尔·施米特. 合法性与正当性［M］. 刘小枫，编. 冯克利等，译. 上海：上海人民出版社，2015.
［295］〔德〕施塔姆勒. 正义法的理论［M］. 夏彦才，译. 北京：商务印书馆，2016.
［296］〔德〕维尔特劳特·图斯特，彼德·特伦克·欣特贝格尔. 残疾人法：对实践和研究的系统论述［M］. 刘翠霄，译. 北京：法律出版社，1999.
［297］〔德〕耶林. 为权利而斗争［M］. 郑永流，译. 北京：商务印书馆，2016.
［298］〔法〕阿兰·图海纳. 我们能否共同生存？［M］. 狄玉明，李平沤，译. 北京：商务印书馆，2003.
［299］〔法〕孟德斯鸠. 论法的精神（上、下卷）［M］. 许明龙，译. 北京：商务印书馆，2014.
［300］〔法〕皮埃尔·勒鲁. 论平等［M］. 王允道，译. 北京：商务印书馆，1988.
［301］〔奥〕曼弗雷德·诺瓦克. 国际人权制度导论［M］. 柳华文，译. 北京：北京大学出版社，2010.
［302］〔日〕川本隆使. 罗尔斯：正义原理［M］. 詹献兵，译. 石家庄：河北教育出版社，2001.
［303］〔古希腊〕亚里士多德. 政治学［M］. 吴寿彭，译. 北京：商务印书馆，1983.
［304］〔古希腊〕亚里士多德. 尼各马可伦理学［M］. 廖申白，译注. 北京：商务印书馆，2014.
［305］〔爱尔兰〕杰拉德·奎因，李敬. 残疾人权利公约研究：海外视角［M］. 陈博等，译. 北京：人民出版社，2015.
［306］〔加拿大〕查尔斯·泰勒. 自我的根源：现代认同的形成［M］. 韩震等，译. 北京：译林出版社，2001.
［307］AKC Koo. Exploring Mediator Liability in Negligence［J］. Common Law World Review，2016，45（2）：165-185.
［308］Andrew Novak. Developments in International Disability Sport Law Foreword［J］. Boston University International Law Journal，2009，27（2）：xi-xiii.
［309］Brendan Burkett，Mike McNamee & Wolfgang Potthast. Shifting Boundaries in Sports Technology and Disability：Equal Rights or Unfair Advantage in the Case of Oscar Pistorius?［J］. Disability & Society，2011，26（5）：643-654.

[310] Joy Cumming J, Dickson E A. Equity in Assessment: Discrimination and Disability Issues from an Australian Legal Perspective [J]. Education and the Law, 2007, 19 (3): 201-220.

[311] David McArdle. Elite Athletes and Disability Discrimination [J]. Cambrian Law Review, 2009 (40): 49-62.

[312] Donna Goodwin. The Voices of Students with Disabilities: Are They Informing Inclusive Physical Education Practice? [M]. London: Routledge, 2008.

[313] Gudrun Doll-Tepper. Physical Education and Sport and Special Needs in Germany [J]. The Curriculum Journal, 1997, 8 (2): 299-315.

[314] Bernard Hanotiau. The Law Applicable to Arbitrability [J]. Singapore Academy of Law Journal, 2014, 26: 874-885.

[315] Anne Marie Canali Hermann. Sports and the Handicapped: Section 504 of the Rehabilitation Act of 1973 and Curricular, Intramural, Club and Intercollegiate Athletic Programs in Postsecondary Educational Institutions [J]. Journal of College and University Law, 1978, 5 (2): 143-159.

[316] A. Jason Huebinger. Beyond the Injured Reserve: The Struggle Facing Former NFL Players in Obtaining Much Needed Disability Assistance [J]. Sports Lawyers Journal, 2009, 16 (1): 279-300.

[317] Ian Brittain. Perceptions of Disability and their Impact upon Involvement in Sport for People with Disabilities at all Levels [J]. Journal of Sport & Social Issues, 2004, 28 (4): 429-452.

[318] James R. Coben. My Change of Mind on the Uniform Mediation Act [J]. Dispute Resolution Magazine, 2017, 23 (2): 6-11.

[319] Hu J. Evaluation on Samaranch's Innovations for Olympic Development [J]. Advances in Physical Education, 2011, 1 (2): 23-26.

[320] John Grady, Jane Boyd Ohlin. The Application of Title III of the ADA to Sport Web Sites [J]. Journal of Legal aspect of sport, 2004, 14 (2): 145-162.

[321] Matthieu Reeb. The Court of Arbitration for Sport (CAS): History, Evolution and Operation [C]. The Seminar on CAS Development and Lex Sportiva, 2012: 8.

后 记

本书是我主持的国家社科基金一般项目“残疾青少年体育纠纷解决机制研究”(17BTY068)的结项成果。选择这一特殊群体的体育纠纷作为研究对象，一是作为一个具有法学背景的体育工作者，长期致力于体育调解、体育仲裁、体育诉讼、兴奋剂和各国体育立法研究，重点关注残疾人这一领域；二是在建设体育强国背景下，残疾人体育事业被纳入“五位一体”总体布局和“四个全面”战略布局。残疾人体育权利越来越受到重视。通过对残疾青少年提供公正、有效的体育纠纷解决途径，可以维护他们的合法权益，促进社会公平与正义的实现。

2017年本课题获得立项时，课题组在湘潭大学法学院东附一楼组织、召开了课题研究开题会，就工作重点、难点和疑点，组织分工等，进行深入讨论并交换意见。本课题的主要研究内容是在推进建设体育强国背景下如何构建完善残疾青少年体育纠纷解决机制，与会成员就如何开展研究工作谈了自己的看法，并给出了一些良好的意见和建议。此后，在研究过程中，课题组成员发表了《残疾人体育竞赛纠纷特殊解决机制比较研究》《美、日、英、澳残疾人体育权利保护立法比较研究》《残疾人体育权利法理分析与法律保障研究》《法国残疾人体育教育权法律保障及对中国的启示》《健康：新时代中国体育的首要伦理价值》等一系列阶段性成果。

本课题立项时，中国体育仲裁委员会尚未建立。2017年，《体育法》修订工作启动以来，我有幸参与《体育法》修订研讨会、论证会，建言献策，多次就体育纠纷解决机制的法律问题作大会主题发言，提出在体育纠纷解决领域应建立独立的体育仲裁机构，并向全国人大常委会提交书面意见。该意见被采纳。

本课题结项时，我在书稿中也多次提到需要建立中国体育仲裁委员会，2022年6月24日新修订的《体育法》通过，2023年12月本书稿交付出版时，中国体育仲裁委员会已经建立，因此，书稿针对这一部分进行了相应的修改，我也由衷感到欣慰，同时也祝贺中国体育仲裁委员会的建立。

回顾本书稿的撰写过程，首先要感谢多年来一直指导和帮助我的三位导师。

我大学毕业后被分配到湘潭大学体育教学部工作。来到湘潭大学工作之后，才渐渐了解到湘潭大学法学学科全国有名，体育法学方向是其特色学科，郭树理教授是全国著名的体育法学青年专家，我抱着对体育法学的浓厚兴趣，跟随郭树理教授研习国际体育法学，长期得到导师的关照和帮助。

2016 年我加入王家宏教授的研究团队，开始了对体育法学较为全面深入的研究。我于 2017 年成功申报国家社科基金一般项目“残疾青少年体育纠纷解决机制研究”（17BTY068），经过多年的努力，终于得以完成。感谢王家宏教授长期以来的学术指导和培养。

同时，我在湘潭大学法学学部学习和兼职工作的十多年以来，一直得到廖永安教授的关心和扶助。

本书出版之际，衷心感谢三位导师。没有他们多年来的教育和帮助，就没有我今天的学术生涯，也没有这部书稿的出炉。特别是王家宏教授，百忙之中欣然赐序，对我未来的科研之路提出期望，饮水思源，师恩永志不忘。

感谢湘潭大学出版社，在书稿出版过程中所付出的辛勤劳动，书稿从初审、复审再到终审，出版社的专家和编辑提出的宝贵意见以及其认真、严谨的工作作风，使我深受感动。

感谢我的爱妻湘潭大学外国语学院谭江竹女士，她既是我的课题组成员，在外文翻译整理和校对方面给我提供了许多帮助；又是我志同道合的人生伴侣，在生活中对我提供了无微不至的关爱和照顾。

由于水平有限，书中疏漏在所难免，不足之处，恳请学界同仁和读者批评指正。

黄世昌

2023 年 12 月 20 日于湘潭大学

图书在版编目（CIP）数据

残疾青少年体育纠纷解决机制研究 / 黄世昌著.
湘潭 : 湘潭大学出版社, 2024. 8. -- ISBN 978-7-5687-1515-7
Ⅰ. D912.104
中国国家版本馆 CIP 数据核字第 2024PZ2382 号

残疾青少年体育纠纷解决机制研究

CANJI QINGSHAONIAN TIYU JIUFEN JIEJUE JIZHI YANJIU

黄世昌 著

责任编辑：丁立松　陈秀红
封面设计：张博雅
出版发行：湘潭大学出版社
社　　址：湖南省湘潭大学工程训练大楼
电　　话：0731-58298960 0731-58298966（传真）
邮　　编：411105
网　　址：http://press.xtu.edu.cn/
印　　刷：长沙超峰印刷有限公司
经　　销：湖南省新华书店
开　　本：787 mm×1092 mm 1/16
印　　张：15
字　　数：291 千字
版　　次：2024 年 8 月第 1 版
印　　次：2024 年 8 月第 1 次印刷
书　　号：ISBN 978-7-5687-1515-7
定　　价：58.00 元